张剑华 张志峰／著

育高尚纯正之人
办切实适用之校

苏州大学出版社
Soochow University Press

图书在版编目(CIP)数据

育高尚纯正之人　办切实适用之校 / 张剑华, 张志峰著. —苏州: 苏州大学出版社, 2022.9
ISBN 978-7-5672-4068-1

Ⅰ.①育… Ⅱ.①张… ②张… Ⅲ.①中华教育-苏州-文集 Ⅳ.①G63-53

中国版本图书馆 CIP 数据核字(2022)第 164885 号

### 育高尚纯正之人　办切实适用之校

张剑华　张志峰　著

责任编辑　杨宇笛

苏 州 大 学 出 版 社 出 版 发 行
(地址: 苏州市十梓街 1 号　邮编: 215006)
苏州市深广印刷有限公司印装
(地址: 苏州市高新区浒关工业园青花路 6 号 2 号楼　邮编: 215151)

开本 700 mm × 1 000 mm　1/16　印张 12.5　字数 231 千
2022 年 9 月第 1 版　2022 年 9 月第 1 次印刷
ISBN 978-7-5672-4068-1　定价: 58.00 元

若有印装错误, 本社负责调换
苏州大学出版社营销部　电话:0512-67481020
苏州大学出版社网址　http://www.sudapress.com
苏州大学出版社邮箱　sdcbs@suda.edu.cn

# 前　言

苏州市桃坞高级中学是一所具有120年历史的名校，创始于1902年（清光绪廿八年），前身系美国基督教圣公会创办的"苏州桃坞中学"，为上海圣约翰大学附属中学。以"培养高尚纯正之品格，切实适用之学谊"为办学宗旨，治学严谨，名师执教，特色鲜明，文化泰斗钱钟书及中科院院士钱钟韩、张青莲、刘元方等早期都在此求学，是著名的学府。

1952年，学校由苏州市政府接收，更名为"苏州市第四中学校"，至"文化大革命"前，中科院院士潘承洞及其兄弟潘承彪、中科院院士姚熹、北京航空航天大学原副校长邓学銮、内蒙古大学原常务副校长许柏年、浙江省政协原副主席丁德云以及金士尧、叶立润等一大批杰出人才都毕业于此校，很多学生考取北大、清华、南大、交大、复旦和同济等重点大学。

"文革"期间，学校响应国家号召，学工学农学军，培养"又红又专"的社会主义可靠接班人，一大批学子毕业后在各行各业大显身手，有的成为政府干部，有的成为劳动模范，有的成为工作标兵，有的成为见义勇为的英雄。

改革开放以后，学校创办苏州电子元件五厂，产学结合，发展生产，改善教职工条件，成为教育系统的改革先锋。同时，抓紧教育改革，成为苏州市首批双语实验学校之一，学生高考成绩显著。初中教育在全市教育系统成绩斐然，名列前茅。

21世纪初，学校改制为全日制普通高中，继续大力改革创新，率先在全国创办高中空乘基地班，成为全国普职融通的办学典型，为高中多样化办学开创了一条新的道路，多方位多渠道培养社会需要的各种人才。

2010年以来，学校坚持"守正"和"创新"并举，传承百年品格教育，把育人与教学相结合，构建"立德树人"的新教育模式，不断探索，勇于进取，年年获得苏州市科学提高教学效果进步奖，还获得第五届江苏省教育科学优秀成果二等奖，多次被评为市文明单位，两次被评为省文明单位。

2021年，学校更名为"苏州市桃坞高级中学校"，简称"桃坞中学"。学校办学至今120年，前50年为苏州桃坞中学，后70年为苏州市第四中学校。现今再次更名，标志着学校办学进入了一个新的纪元。

今天的桃坞中学，空乘教育打开了特色教育一片天。中国教育报以及其他媒体报刊以"错位发展，学校各展其长"等标题对学校进行了50多次报道，学校还被中国教育科学研究院认定为"普职融通高中"的典型和"最有发展前景的学校"，成为"苏州领先、江苏知名、全国有影响力"的特色教育品牌。

今天的桃坞中学，高考成绩年年创新高，取得了普高与空乘融通办学的双丰收。苏州市教育局在我校成立了苏州市中小学文明行为礼仪指导中心，文明行为礼仪指导中心工作推广到了苏州地区的各级中小学，成为苏州教育的一道亮丽风景线。

今天的桃坞中学，一代新人正在不断成长，他们是传统优势科目生物组的俞菁、姚炜雯等老师以及他们的带头人计华老师；他们是语文组的王惠梅博士、许祯硕士和作家余嘉等老师；他们是数学组的陈广山、薛宏伟、薛荣明等老师；他们是英语组的李长英、王兰、曹爱雅等老师……在全体师生的共同努力下，古老的学校又焕发出了新的生命活力。

本书为校庆120周年系列成果之一，描绘了2010年以来的教育实践与改革成果，分为两个部分。第一部分包括起航篇、奋进篇、发展篇、开拓篇，第二部分包括管理篇、德育篇、课改篇和课题篇。

第一部分：起航篇主要包括学校发展从低谷期觉醒、奋起的艰苦卓绝的过程，彰显学校创新办学的探索之路；奋进篇主要包括学校善于把握机遇与时俱进，开创发展新局面等；发展篇主要包括学校传统文化的传承以及品格教育的坚守，学校发展的内涵建设和自主型的可持续发展，反映学校发展中所取得的经验和成果；开拓篇主要包括学校办学中的重大创新举措，呈现办学过程中的突出成绩。

第二部分：管理篇主要包括教师专业队伍建设，反映学校通过教师培训、制度管理、人文关怀等多种途径加强师资队伍建设的过程和取得的成绩；德育篇主要包括品格教育的理论研究和实践探索，凸显学校品格教育的历史渊源和在德育工作中与时俱进的成效；课改篇主要包括课堂教学模式变革、课例研究和课程建设等，昭示品格教育的重要地位和显著成效；课题篇包括"十一五"以来的国家级课题和省重点资助课题等，反映十多年来学校的课题研究水平和重大突破。

由于时间仓促，且作者水平有限，本书难免存在疏漏之处，恳请诸位读者、同行与专家批评指正！

张剑华　张志峰<br>2022 年 3 月 30 日

# 目 录

## 第一部分

一、起航篇：迎难而上，集思广益，迈开走向成功新步伐

 （一）寻找根源，捋清思路，把握发展变革方向 / 004

 （二）立足实际，更新理念，寻找重点办学路径 / 006

 （三）循序渐进，稳步发展，初见办学创新成效 / 011

二、奋进篇：深化内涵，拓宽渠道，跨步走向成功新大门

 （一）把握机遇，勇于挑战，开创发展新局面 / 017

 （二）审时度势，与时俱进，确定办学新思路 / 018

 （三）落实任务，一以贯之，提升教育新高度 / 021

 （四）立德树人，落地生根，凸显保障新水平 / 026

 （五）春华秋实，桃李芬芳，喜获改革新成果 / 036

三、发展篇：承上启下，稳固发展，迈入通往成功新轨道

 （一）丰富内涵，彰显特色，全面提高教育质量 / 046

 （二）明确任务，突出主题，全面推进品格教育 / 047

 （三）加强领导，发挥民主，全面落实依法治校 / 066

 （四）创立品牌，彰显成果，全面提升办学水平 / 067

四、开拓篇：创新办学，提升品位，打造特色教育新品牌

（一）继往开来的追寻与坚守 / 070

（二）以创新实现学校内生自主发展 / 073

（三）普职融通打开空乘一片天 / 077

（四）蓝天写青春，名校焕新彩 / 079

---

## 第二部分

一、管理篇：破解困境，搭建平台，加快教师专业新发展

（一）加快普通教师专业成长 / 086

（二）重视研究型教师的培养 / 089

（三）变教师"被发展"为主动发展 / 092

（四）把好教师岗位聘用这一关 / 094

（五）正确处理学校管理中的人际冲突 / 099

（六）重视教师培训中对专家讲座的需求 / 104

（七）做好教师专业发展的引路人 / 108

（八）剔除"去道德化"，重树师德规范 / 112

（九）协调构建和谐校园的三大关系 / 117

二、德育篇：继往开来，注重品格，培养社会合格新公民

（一）品格教育：我们的共同任务 / 121

（二）品格教育：学校德育的必由之路 / 124

（三）学生品格培养的路径选择 / 127

（四）促进学生健康品格发展 / 130

（五）以百年品格教育培养新时代合格公民 / 132

三、课改篇：变革课堂，创新模式，凸显教学育人新导向

（一）将品格教育渗透到课堂教学的每个环节 / 136

（二）学科品格教育案例选 / 138

（三）文明礼仪课程培育内外兼修人才 / 149

（四）以教研组调研加强学科团队建设 / 151

四、课题篇：教研结合，自主发展，彰显科研兴校新成果

全国教育科学"十一五"教育规划立项课题"普通高中空乘特色教育的实践研究"结题报告 / 158

中国教育学会"十三五"教育科研规划立项课题"高中英语学科品格教育的实践与探索"结题报告 / 166

江苏省教育科学"十二五"规划重点资助课题"中学品格教育的实践与探索"结题报告 / 171

江苏省"十二五"教育科学规划立项课题"'教是为了不教'教育思想与校本教研的实践与创新"结题报告 / 181

文献资料 / 187

后　记 / 189

# 第一部分

# 一、起航篇：迎难而上，集思广益，迈开走向成功新步伐

苏州桃坞中学始创于1902年，系美国基督教圣公会创办，为上海圣约翰大学附属中学。学校以"培养学生高尚纯正之品格，切实适用之学诣"为办学宗旨，名震苏州，成绩斐然，是当时著名的中学。

建校时，学校分为初中部和高中部，学制各为三年；开设中文班和英文班。中文班课程以学习古文为主，内容包括历史、诸子、诗歌、散文、书牍等，也学习文学史、哲学史、社会学、伦理学等课程，此外，还有中国地理和法制、经济、珠算和图画等课程。英文班除学习英文外，还设有数学、物理、化学、生物、制图、世界历史、世界地理等课程。学校又规定中、英文班的所有课程是兼修的而非选修的，中、英文班是分班而非分科。学生必须在中文班和英文班都修业期满，取得两张毕业文凭后，才能毕业。

1952年，学校由苏州市人民政府接管，更名为"苏州市第四中学"；2021年，学校经苏州市机构编制委员会办公室批准，更名为"苏州市桃坞高级中学"（简称"桃坞中学"）。学校现为全日制普通高中，坐落在古城区的西北角，毗邻唐伯虎故居桃花坞，小桥、流水、人家，景色宜人，走进校园便宛如走进了清幽美丽的姑苏园林。学校坐北朝南，东为理堂，西为健身房，北为钟书楼。校内建筑井然有序，绿树红墙、鸟语花香、书声琅琅、环境优美。19世纪80年代初，基督教堂被拆除，健身房和膳堂得以重建；学校现在保存完好的建筑有钟书楼、理堂、梅香楼和泌馨楼。学校为苏州市重点文物保护单位。

在120年的办学历史中，学校经历了辛亥革命、五四运动、抗日战争、解放战争，经历了"大跃进""文化大革命"和改革开放，先辈们在120年的校史上写下了可歌可泣、雄伟壮丽的诗篇，为我们留下了很多宝贵的财富。

中华人民共和国成立前，学校注重师资队伍的建设，强调中西文化的结合，是当时的一所名校，被称为"美国在远东地区办得最好的学校"。文化泰斗钱钟书及中科院院士张青莲、钱钟韩、刘元方、潘承洞都曾在这里度过了

他们的中学时代。

中华人民共和国成立后，学校坚持德智体美劳全面发展的教育方针，在转型期间，任用名师执教，坚持教学与实践相结合的道路，注重学生的基本技能教学，学校规模不断扩大，培养了一大批社会主义建设的优秀人才，有财政部原部长金人庆、"银河计算机"的总设计师金士尧教授、两弹工程师叶立润、北京航空航天大学原副校长邓学蓥教授、内蒙古大学原常务副校长许柏年、江苏省检察院原副检察长吴汝信等。学校保持着稳定的发展态势。

"文化大革命"期间，教育为工农兵服务，广大师生进工厂、下农村，学校呈现教育与社会劳动相结合、与工农兵相结合、与为人民服务相结合的时代特征。

120年来，学校培养了一大批国之栋梁。成千上万的学子为我国的社会主义建设做出了伟大的贡献。

### （一）寻找根源，捋清思路，把握发展变革方向

纵观120年的历史，学校的发展不是一成不变的，有起始期、发展期、高峰期、下降期和低谷期，有时停滞不前，有时高速发展。如果不能及时发现这一变化过程，不能把握这两种发展状态的转折点，那么，学校就会陷入发展的困境。

改革开放初期，学校没有抓住机遇站立在时代的潮头，没有被列为重点学校，故而优质生源得不到保障，加之因循守旧，没有走有特色的学校发展之路，历经20多年后，学校陷入了困境。

针对这一严峻形势，学校新的领导班子组织大家讨论、思考以寻求对策。我们在具体的研究中发现，学校发展的曲线具有相对的稳定性和一定的不确定性，在相对的稳定性中研究发展变化的不确定性，有助于学校找到新的突破口，持续发展。学校的发展由起始期到发展期、再到高峰期，然后进入停滞期。这时，学校就需要找到发展的新起点，进入发展期。如果没有找到新的发展点，即会落到下滑期。这种下滑得不到控制，则会跌入低谷期。如果在下滑期找到了新起点，则又可进入发展期。

学校的发展曲线与特色学校的发展曲线不同，特色学校的发展曲线是学校在办学过程中体现特殊性或个性，学校的发展曲线则是指向未来的办学目标或模式，而这种办学目标或模式可能是具有本校特色的，也可能没有明显特色和个性。因此，无论是办学成功还是陷入困境，学校领导为了寻求新的突破，需要达到一种新的办学目标而实施一种面向未来的学校发展策略。

恢复高考以后，大批老教师又走上讲台，为学校增强了师资方面的优势，

不少教师成为当地的名师，形成了名师团队，学校教学蒸蒸日上。不少学生考取了清华、北大、南大等著名的大学。学校又进入了发展期。

改革开放初期，为了培养高尖端人才，各地设立了重点学校，但是，我校没有抓住机遇跻身重点学校之列。随着大批知名教师退休，师资队伍青黄不接，学校在市内逐渐失去原有的影响力，逐渐陷入了下滑期。

在2004年至2007年的三年内，离职的教师达35人，占教师总人数的30%以上。其中，领导层4名，中层干部5名，市、区学科带头人4名，其余都为学校骨干教师。所有离职的教师都是中学中、高级教师。而后几年里，学校没有一位教师是区学科带头人，更没有一位是市学科带头人、名教师或特级教师，教学工作受到了严重影响；有的学科缺少教师，甚至难以应对开设的有关课程。学校又逐渐跌落到了低谷期。这所曾经辉煌的百年老校处于危机之中。百年老校如何摆脱困境，已经成为所有关心、热爱学校的有识之士迫切想要解决的问题。

学校陷入发展的困境并不是偶然的。原因是，第一，领导层没有认真思考学校发展路线。19世纪七八十年代，学校的教育改革已经启动，但处于成功期的学校，没有把握好发展时机，很快陷入停滞期，以致又跌入下滑期。第二，学校发展的指导思想有偏差。学校为了赶上其他学校发展的步伐，重视学校硬件建设，想以此来促进学校的教育工作，但是，生源质量下降和师资流失严重没有得到控制，以致学校陷入教育发展的严重困境。第三，学校"三位一体"的领导体制没有发挥应有的作用。校长作为学校的最高决策者，个人说了算，党支部难以起到监督促进学校发展的作用，教职工代表大会（简称"教代会"）民主管理作用极为有限，难以起到民主管理学校的应有作用，以致错误的决策得不到纠正，这对学校的发展造成严重的不良影响。对此，学校需要进行整改，明确校长负责制，从法律上确立校长、书记与教代会民主管理"三位一体"的领导体制，同时确定校长的法人地位。

学校要发展，必须有前瞻性、开创性和持续性。校长是学校的领头人，必须与时俱进，洞察教育发展的动向，把握时代对教育发展的要求；必须有先进的教育理念、丰富的思想和正确的办学思路，领导教职工开创未来；必须有坚定的信念、开拓的精神和百折不挠的毅力，沿着学校发展的正确路线勇往直前。没有一个正确的领路人，学校就难以步入发展期，难以看到希望。同时，还要加强干部队伍建设，形成一支干练、有效、高素质的优秀干部队伍，建立良好的学校服务体系，为学校教育的发展创造有利条件；改进和完善学校的制度，以制度创新促进人才发展，以人才发展促进制度完善；加强民主建设，调动广大教职工的积极性，充分发挥他们的聪明智慧，确立学校发展的愿景，实现发展的目标。

教育要发展，必须尊重学校的发展规律，走学校内涵式发展和外延式发展相结合之路；尊重师生成长和发展的规律，挖掘课程资源、学校传统资源以及师生内在的资源；善于建立社会发展的共同体，走社会、家庭和学校一体化发展道路，借助外力实现学校的发展；实事求是，不图虚名，不急功近利，把学校发展的长远目标与近期目标相结合，为学校的可持续发展奠定良好的基础。

教育要重质量，必须造就一支高素质的教师队伍。学校的发展关键在于师资队伍的建设，因此，校长必须关注教师的发展。要帮助教师摆脱传统的教育观念的束缚，确立新的教育思想，坚持改革创新；加强对教师的培训，提高教师的业务水平，推进学校的课程改革；必须坚持以课堂教学为主线，坚持以育人为根本，坚持以科研为引领，三者紧密结合，不断提高学校的教育质量；引导教师确立新的发展目标，帮助教师及时调整发展策略，使他们快速进入发展期，推动教师队伍的建设和发展。

要重视学校的战略管理。在处于下滑期时学校组织应不断改进，不断完善现有的办学状态；而处于上升期时要尝试不同的办学策略和学校组织模式，直到找到一种合适的新策略和模式。要善于把握转换学校发展曲线的时机。当学校发展到一定阶段，靠已经有的办学模式寻找不出发展的道路时，要认清这既是学校周期性发展的必然结果，也是学校根据社会发展变化，结合学校实际重新选择未来发展方向的时机。

### （二）立足实际，更新理念，寻找重点办学路径

初创之时，学校是"西学东渐"的产物；发展中，逐渐成为东西合璧的结晶。新时期，传统与现代和谐交融，"培养学生高尚纯正之品格，切实适用之学诣"的办学思想是我校的历史精神、现实精神和指向未来的办学精神。

我们立足校情，提出"进步就是成功"，"为每一个学生提供张扬个性的发展空间"的发展模式，在改革中求生存，在创新中求发展。学校与中国民航大学乘务学院合作，建立"空乘生源基地班"，为学校的发展带来契机。

学校把空乘特色教育建设看作谋求持续发展、形成自身特色、强化办学优势的一项战略性任务。我们以科学的教育理念引领特色化、优质化的资源配置，以学生、教师、学校的"共生"为发展目标，努力实现"让学生快乐地学习，让教师幸福地工作，让学校快速地发展"。

1. 明晰发展思路

学校明确发展目标，建设富有教育活力、彰显教育特色、具有教育实力

的四星级普通高中。一是确定两个阶段性工作任务：第一阶段（2006—2010），到2010年，学校高标准通过省三星级复评；第二阶段（2011—2015），学校创建成江苏省四星级高中。二是把握"三个重点"：办好学校，教好学生，发展好教师。三是采取"五大行动计划"：学校创新发展规划、教师发展规划、学生成长规划、校园文化建设发展规划、教育质量发展规划。学校在促进教育工作一年更比一年好的基础上，实现教育的良性循环和可持续发展。学校目标规划出江苏省教育科学研究院及苏州市教育科学研究院专家、市教育局领导、兄弟学校领导进行了论证。

2. 更新办学理念

办学理念是学校贯彻落实党的教育方针和遵循教育发展规律，并将其在学校建设与发展中具体化的行动指南。学校坚持"在传承中创新"，针对生源实际提出"以人为本，进步就是成功"的教育理念、"素质培养，文化关怀"的教育策略，走"适合自己的才是最好的"特色之路。把学校看作师生共同的文化家园，一方面加强学生综合素质培养，注入惠及人生的精神营养；另一方面，关注教师成长，把"师本"看作"生本"的前提和保障，把"生本"看作"师本"的归宿和升华。

3. 拓展办学渠道

为了让百年老校、历史名校焕发新的生机和活力，学校师生努力传承百年文化，弘扬名人精神，延续百年校史，继往开来，用智慧和力量，在全面实施素质教育和新一轮高中课程改革的基础上，总结百年办学经验，并与现代教育需求相结合，积极探索符合学校生源状况的学校发展模式，拓宽办学渠道，探索新的亮点，在改革中求生存，在创新中求发展，走普通高中特色发展之路。

2004年学校与中国民航大学乘务学院合作，在学校建立全国唯一的空乘特色班，为学校的发展带来了契机。自开设空乘特色班以来，我校为高校空乘专业院校输送了优质生源，获得了社会的广泛认同，同时也积累了一定的教学经验，培养了一批优秀教师，编写了校本教材，引进了必要的设备与器材，建立了办空乘特色教育的保障机制。学校利用这一显著优势，不断拓展特色教育的空间。

学校既抓好学生的文化成绩，又关注其专业发展方向。为此，在结合高中教育新课程的理念的基础上，学校与中国民航大学等高校密切联系，积极探索空乘专业生源基地班的办学模式、课程设置和管理特色，引领空乘班学生实现"飞天"梦想，并最大限度地推广空乘办学的成功经验。

为全面提高学生综合素质，学校实施"素质培养，文化关怀"教育策略。

在思想素质方面，突出优良品行、爱心服务、团队精神等的培养；在心理素质方面，突出积极、健康、向上的个性心理的培养；在能力素质方面，突出学习能力、生存能力、交往能力、才艺等的培养；在身体素质方面，突出健康、形体、运动能力等的培养。

为真正落实学生的培养目标，学校于2006年制定了《空乘班学生综合素质考核暂行办法》。根据普通话和英语口语、身心素质、特长展示、个案分析、仪容仪表和文明礼仪等五个项目，采取面试的形式，每学期对每个学生进行综合素质考核。综合素质考核记录了每个学生的成长，通过对成长记录的归纳与总结，形成直观的表格，体现了评价的过程与结果的有机统一。从人的培养的角度来看，素质培养也是人的内在需求，与当前的学校教育提倡的注重每个学生全面发展的目标相呼应。空乘特色教育给学校的基础教育注入了新的活力和生机，为学校找到了新的发展和腾飞的途径。

同时，为更好地满足社会对高质量教育和高素质人才的迫切需求，探索普通高中办学体制和办学模式多样化的有效途径，2008年，学校与江苏省苏州第十中学联办高中实验班，全面引入十中的先进教育教学模式。在平时的教育教学中，实验班由两校的名师执教，重视学生的非智力因素开发，致力于调动学生的积极性，培养学生主动学习的意识和良好的学习习惯，激发学生的学习潜能。明确实验班作为龙头的教学管理定位，把握学情、教情、学法、教法，使学生积极阳光、善思善辩、善学善做、综合素质好、能力强。接下来，学校要拿出更大的劲头，付出更大的努力，迈出更大的步伐，取得更大的进步，进一步打造普高教育品牌，推动学校教育的良性循环。

4. 加强课程开发

（1）开设特色教育课程

为促使学生知识与技能、情感、态度与价值观等素质的整体发展，秉承百年老校"培养高尚纯正之品格，切实适用之学诣"的办学宗旨，学校把空乘班的教育教学内容分为三大板块，即文化课程、特长课程、实践课程。文化课程开设国家规定的普通高中所有科目，高考选考科目侧重文科类；特长课程有艺术特长、英语交际口语、形体训练、游泳、文明礼仪与化妆、航空专业知识讲座等；实践课程有社会公益活动、航空基地实践等。

其中，艺术特长课程以选修的形式开设，从学生个人的兴趣爱好出发，设置了声乐、器乐、书法、绘画、朗诵、舞蹈、昆曲、京剧、话剧、播音主持等课程，使每个学生具有一定的特长，同时传承中华文明，陶冶情操，提高艺术修养。

(2) 实施发展性评估

为构建学校新课程背景下的教学创新体系,促使学生的学习方式和教师的教学模式发生一定的变革,学校结合学生的实际,结合空乘班教学的特点,制定了发展性的阶段教学目标。第一年:适应高中学习,树立空乘服务意识,培养特长爱好;第二年:掌握高中课程,增强空乘服务意识,特长初见成效;第三年:取得较好的学习成绩,培养较强的个人素质,达到较高的录取率。

每个学生有不同的个性特点,文化基础、志向情趣等方面也有很大差异,因此,学校坚持"以人为本,进步就是成功"的办学理念,根据螺旋式上升的发展规律,针对不同的年级制定不同的教育教学目标,关注每一个学生的健康成长和全面发展。

(3) 加强校本课程开发

学校倡导推动校本研究,鼓励教师争当空乘特色教育的实践者和探索者,努力成为学校特色教育资源的开发者。基于空乘专业的特殊要求,学校开设了形体礼仪课程,教师们搜集教学资料,共同研究编写形体课校本教材,如林蔚老师主编的《形体与礼仪》。这对于学生保持良好的形体、养成良好的礼仪习惯、塑造高雅的气质具有良好的指导作用。

同时,空乘专业需要学生具备良好的英文口语表达能力。双语教学是学校的传统特色,早在创办之初,学校就以英语实施自然科学教学,学校成为苏州市首批双语实验学校。在秉承传统的基础上,为了凸显空乘特色教育,我们要求空乘班的英语教师,最大限度地利用课堂阵地,训练学生"说"的能力。学校还聘请了外教,选聘有国外研修经历的教师,加强口语训练。通过近几年教学实践的积累,由英语教研组组长李长英老师编写的《空乘英语》校本教材在提高空乘班学生的英语口语表达能力和帮助学生掌握机舱内专业术语方面起到了重要作用。

化学教研组原有中科院院士刘元方指导的"绿色化学"校本课程,为适应现代国际航空安全管理的需求,进一步丰富学生的空中安保知识,激发学生对化学课程的兴趣,化学教研组又努力开发了"航空与化学"的校本课程。

(4) 推行精细化管理

学校不断加大对空乘班的管理力度,专门设立空乘班教育教学管理处,具体负责空乘班的教育教学管理工作。首先,选派合适的干部加强管理,把不同特点、不同能力的人组合在一起,做到"人事相适,同频共振",让干部在合适的岗位上做合适的事,让优化的组合产生优化的效果。

其次,精心营造浓郁的空乘文化氛围,创设良好的育人环境。学校专门开辟了空乘展示室,向学生、家长等展示空乘办学特色及成果;育萃楼的每一楼层根据不同年级进行布置,展示不同的奋斗目标、学习榜样、特长成果等。每个班级除进行各具风格的布置外,门口都挂着学生身穿制服的集体照;每天在大厅设置文明礼仪岗,展示空乘学子风采。

再次,强化组织纪律、集体团队观念和行为规范教育。通过开展有针对性的组织纪律教育、"团队精神"教育和准军事化的管理,树立学生"空乘团队"的观念,让空乘班在学校各年级中起到表率的作用,成为优秀行为规范的先行者。

最后,建立《空乘班学生综合素质培养跟踪记录卡》,对学生思想素质、心理素质、能力素质和身体素质等方面的发展和表现进行实时记录,形成空乘班学生的个人成长档案。

5. 优化办学条件

学校校舍建筑面积(不含师生宿舍)17 735平方米,生均面积15.78平方米;绿化面积5 165平方米,生均4.5平方米。学生宿舍1 323平方米,住校生生均8.1平方米。学校基础设施完善,教学设备先进,有闭路电视和智能广播系统,有覆盖各处、室的校园网,达到了"校校通"工程的第三层次要求。学校的电教室、微机室器材设备标准高、数量足,更新电脑100台,现有高配置学生电脑144台。学校不仅有适合组织开展大型教育教学活动的多媒体大教室两间,而且在班班配齐三机一幕的基础上又新添了液晶投影装置,多媒体教学手段进入课堂,建立未来教室,打开连接世界的窗口。图书室实行信息化管理,图书种类齐全,且每年投入4万多元用于图书的更新及电教资料的购置。学校有标准化物理实验室4间,化学实验室3间,生物实验室3间,另有音乐室、美术室、语音室、心理咨询室、演播室、课件制作室、卫生室、体育器材室、健身房、形体房等。这些硬件设施满足了师生学习、生活的需要。

2011年7月25日,苏州市发展和改革委员会批准学校对原二号教学楼和总务楼进行整体改造,建筑面积5 000平方米,2012年暑假动工,2016年完工,大大改善了师生的办公和学习环境。

6. 强化教师队伍

学校以"发展好每一个教师"的先进理念为指导,通过请进来、送出去的方式给教师创设学习机会,促进教师专业成长,校内集中培训人均课时数每学年40节,教师校外听课、培训人数每学年达126人次,教师出国进修人数总计24人,教师进修高一级学历人数总计26人;学校还通过搭台子、压担子的方式给教师创设成长机会,促进教师个人事业发展。

学校领导通过学习、引进先进管理制度,进一步实践科学管理,建设起精干的领导班子和师资队伍。学校行政班子由来自教学一线人员组成，学科结构和年龄结构合理，教育教学经验丰富，科研能力强；班子成员开拓务实，进取拼搏，廉洁自律，率先垂范，师生满意度高。

为了加快教师素质的提高，学校注重师资队伍的整合和研训，通过拓展师资校本研训渠道，创新师资校本研训形式，实现了师资培养的六大保障：组织保障、经费保障、学习环境保障、师资保障、时间保障、制度保障。学校增加用于师资培训的经费，采取因人制宜，分类培训、分层训练的方法。一是开展适应性训练，对于刚从师范院校毕业的教师，组织他们学习各种常规工作，采用师徒结对的方法，促使他们尽快适应教育工作。二是开展提高性训练，对于已初步熟悉教育业务的教师，把提高他们的业务能力作为重点，开展以教学"七认真"为主要内容的示范课、观摩课等活动，促使大部分教师提高把握教材、驾驭教材的能力，使其能胜任教育教学工作。三是开展拔尖性训练，对于素质好、有发展前途的教师，进行重点培养。推荐他们参加各级骨干教师培训，优先安排他们外出参加各种教育、教学研讨活动，邀请专家对他们进行跟踪辅导，使他们成为学校的学科带头人。四是开展特长性训练，安排青年教师参加学习特长的培训，巩固其特长。坚持以上做法几年来，很多中青年骨干教师慢慢凸显出来。

在教师发展上坚持"三要"和"三不同"的原则，即每个教师都要发展，但发展方向各不相同；每个教师都要提高，但提高程度各不相同；每个教师都要优秀，但优秀侧重点各不相同。为此，学校首先建立教师的自我设计、自我更新与自我发展个性化成长机制，让教师进行自我设计。教师通过分析自我条件、优势与不足来制定学习、教学、科研等方面的目标与步骤，这样就由要我发展变成了我要发展。其次采取重点培养策略，通过选苗子、做计划、定目标、施压力、促成长、帮教学、供机会、评优先、助外出、解后顾等一系列有效措施，先培养出一个或几个名教师或教学能手，形成氛围，然后辐射带动，引领示范，从而共同进步成长。实践证明这样的思路是对的，通过这几年的扎实工作，以青年教师为主力军的教师队伍焕发着勃勃生机。

### （三）循序渐进，稳步发展，初见办学创新成效

经过全体教职工五年的不懈努力、艰苦奋斗，学校取得了以下成绩。

#### 1. 德育体系初见成效

学校坚持"育人为本，德育为先"的信念，牢固树立"德育就是质量"意识。研究适合学校学生实际的教育方式方法，完善学校德育工作网络，建立一支强有力的德育工作队伍和常规管理检查评估队伍。

以学生为主体，积极探索学生自主管理新模式。让学生主动参与学校管理，丰富学生课余生活，促使学生管理自律化。提倡"个性化"班级管理，让班主任的创造潜能得以释放。重视学生文化建设，开展社团活动，组织外语、音乐、心理、文学、美术、戏曲、体育、动漫等方面的社团十多个，如昆曲社、篮球社、足球社等，丰富了学生的校园生活，培养了学生的审美情趣，发展了学生兴趣、爱好和个性。举办学生论坛，学生有了相互了解、相互合作、相互学习、相互交流的机会，为他们的成才搭建了舞台。

学校工作注重全面、协调推进。通过组建家长委员会、召开家长会、举办家长学校、设立教学开放周、家访、校访、开通家校路路通短信平台、印发《告家长书》等方式，与家长保持密切联系，逐步形成教育共识和合力。2010年再次荣获"苏州市德育先进学校"的荣誉称号。

2. 学校教学质量大幅提高

学校高中招生形势良好，录取分数线逐年攀升。2006年高中招生统招分数线为472分，择校分数线为450分；2007年高中招生统招分数线为507分，上升35分，择校分数线为500分，上升50分；2008年高中招生统招分数线为568分，上升61分，择校分数线为556分，上升56分；2009年高中招生统招分数线为600分，上升32分，择校分数线为580分，上升24分。高中招生连续三年成为市区高中录取分数线提高幅度最大的学校，空乘班的招生更是场面火爆。高中生源质量逐年得到改善。

学校开展期初行政干部随堂听课、期中教育教学专题调研、"高效课堂"对外公开课、"有效指导学生自学"主题教育沙龙、"真我风采"青年教师基本功大赛、"有效作业"专题教学调研等"教学研究周"系列活动，召开考试质量分析会，抓教学常规基础，促教学管理水平提高，积极探索"减负增效"的有效途径，保教学质量提升，努力提高各年级、各学科教学质量目标管理的达成度。

学校秉承"进步就是成功"的教育理念，走"适合自己的才是最好的"特色之路，抓龙头、创特色，立足实际，以空乘特色教育为突破口，在现有的生源基础上努力培养高素质、有特长的学生，在特色形成和教育品牌的培育中，激发办学活力，增强学校发展的竞争力。学校更加密切与中国民航大学乘务学院、郑州航空工业管理学院等空乘院校的联系，主动与高校空乘人才培养接轨，借助高校优势，加强教育合作与交流。

五年来，共有328名学生、41名教师获得市级以上各类荣誉、表彰。2007—2009年，高考质量稳步提升，连续三年荣获市教育局高考艺术教育特色奖、发展奖等。2010年空乘班学生高考成绩继续攀升，参加高校空乘专业面试合格率达96.3%，高校空乘专业录取率达94.3%，空乘专业本科录取率达45.3%，其中公办本科录取率为41.5%，比2009年提高15.0%。此外，学生考取本科、国内知名空乘专业院校（中国民航大学、中国民航飞行学院）比例达83%。

学校继续加强空乘实验班的管理，进一步做精做优做强空乘班，着力打造空乘教育品牌，努力建设空乘特色学校。学校根据"名校办班、名师执教、名牌打造"和"高分编班、小班化教学、本科目标管理"的思路，继续着力打造十中联办班，做强高中综合实验班，为教育发展注入新的生机和活力，着力打造高中教育品牌，进一步推动学校教育的良性循环。

3. 教师队伍建设进入发展轨道

学校高度重视教师队伍建设，把"发展好教师"作为学校工作的重点。不断强化教师队伍管理和培训，不断提高广大教师的职业道德素质和教育教学水平，充分发挥其在规范办学行为、实施素质教育中的主体作用。学校制定并落实教师发展规划，创设教师专业发展平台。

学校深入开展新教师达标活动，健全教师成长档案和新教师德育教学双导师制，加强新教师"三年过三关"（备课关、上课关、成绩关）工作，加强骨干教师梯队建设；做好教坛新秀、教学能手和德育能手、学科带头人和德育带头人、教改特色奖的评选工作，激励教师快速成长；不断加强教师的继续教育、终身教育。

学校现有教职工136人，其中专任教师124人，专任教师中本科及以上学历116人，专任教师学历达标率91.3%。截至2022年，专任教师中具有中学高级职务教师25人，中学一级职务教师48人，中、高级职务的教师占专任教师人数的57.5%。学校共有硕士研究生学历教师12人，占专任教师的9.4%，另有在读硕士研究生的教师13人。

学校有41位获得国家、省、市级荣誉称号的骨干教师，占全体教职工的32.5%，其中有全国基础教育研究先进个人1名、苏州市区学科带头人6名、苏州市优秀教育工作者5名、苏州市优秀德育工作者6名、苏州市（市区）优秀班主任8名等。

学校英语教研组、地理教研组被评为苏州市"巾帼文明示范岗"，生化组两次被评为苏州市"优秀青蓝文明岗"，并被评为苏州市教育系统"青年文明号"。学校有45名青年教师参加市级以上教师基本功竞赛获奖，6名教师在大市级评优课比赛中获奖，26名教师在市区级评优课比赛中获奖（其中8人获一等奖）。

4. 学校管理制度逐步健全

学校实行校长负责制、党组织监督保证、教代会民主管理"三位一体"的领导体制。依据有关法律法规，学校进一步建立健全管理的各项规章制度，以制度管理人、教育人、规范人，使学校的各项工作有章可循。深化人事制度改革，全面推进教职工全员聘用制、岗位责任制、专业技术职务聘任制和教师资格证制度；积极推行公开选拔、竞争上岗、择优聘任的干部选拔任用机制，进一步健全干部考核、培训、激励、监督、流动、轮岗等制度；切实改进教师考核与评价办法，深化学校内部分配制度改革，形成分配重心向关键岗位和优秀教师倾斜、多劳多得、优质优酬的分配激励机制，形成了能上能下、能进能出的人员流动机制。

5. 学校干部队伍建设正在成长

学校多次被评为市、局级文明单位，先进基层党组织。学校的干部队伍向来重视学习、善于学习，一直将加强学习当作自身建设的永恒主题。通过一系列密集的学习活动，党的各项方针政策更加符合全校的利益，顺应时代发展潮流，进一步提升了学校干部队伍的创造力、凝聚力、战斗力，提高了领导干部的思想认识和服务能力，从而保证他们更好地发挥先锋模范作用。

校长长期从事教育工作，对教育工作和学校管理颇有研究，能吸收先进的办学思想，并运用于学校工作，具有改革创新精神；领导班子及干部队伍结构较合理，团结协作，熟悉教育，工作负责，师生员工评议良好。

学校的校级领导班子由3人组成，在张剑华校长的带领下，领导班子团结合作，分工明确，齐心协力，为学校发展共谋大计。学校中层干部现有14人，所有中层干部均从事一线教学工作。学校注重行政干部队伍作风建设和创新意识的培养，着力打造实干型、思考型、创新型的干部队伍。学校干部队伍富有团队精神，具有大局意识、合作精神，密切联系群众，各项工作开展得卓有成效，得到全体师生的肯定和好评，受到家长、社会的普遍赞誉。在每年学校教代会民主测评中，校长的工作得到学校教职工的充分肯定和高度赞扬，优秀率在90%以上；中层干部的满意率超过90%。

6. 国际文化交流建设的形成

学校是著名的教会学校——上海圣约翰大学附属中学，于1902年建校之初就开始了双语教育的探索与实践，学生毕业文凭为中英文两张文凭。2002年，学校又成为苏州市首批31所双语实验学校之一。在各级领导的关心和支持以及学校全体师生的共同努力下，学校通过"氛围营造、重点突破、综合渗透"三个阶段，逐步走出了一条适应自身发展、具有自身特色的国际合作与交流之路。五年来学校参加苏州市教育局"外籍教师课堂项目"（外籍教师援助项目），聘请专职外教7名，在初二年级及高中各年级每周开设口语课，形成了富有特色的国际合作与交流局面。

7. 信息化网络的形成和发展

2005年，在新一届校级领导班子的正确指导下，学校信息技术工作开创了一个新局面，第一次制定并明确了"苏州市第四中学信息技术工作规范"，为十一五开局奠定了良好的基础。建立学校内部局域网FTP站点，每个部门、教研组、年级组都有自己的文件夹，初步实践了无纸化办公。全面建设安装班级多媒体教学设备，为教师配置笔记本电脑，使每个班级都可以运用信息技术手段进行教学，加大了课堂知识容量，加快了教育教学的现代化步伐。

8. 和谐校园的构建和形成

班子团结，作风民主。学校成立了由党政工领导与教师代表组成的精神文明创建工作领导小组，科学地制定了各项规划，明确了目标。在班子队伍建设中，认真落实"三会一课"制度，坚持把实施科学人文的学校管理与和谐校园建设紧密结合。坚持党政齐抓，各部门协同，先后开展了保持共产党员先进性教育活动、廉洁文化进校园、社会主义荣辱观教育、党员承诺活动等一系列实事工作。

榜样示范引领，教师积极响应。学校坚持把师德教育与行风建设相结合，通过"三爱、三送、三不"活动，为学生树立了榜样，教师工作得到了社会各界普遍好评。参加扶贫帮困、义务献血、捐款等公益服务活动；积极倡导文明、健康的群体氛围。通过党、政、工、团、队开展先进性教育活动、教工运动会、学生运动会、跳绳比赛、外出参观、工会小组主题活动，以及形式多样的团队活动，校园生活丰富多彩，人文关怀的校园文化特色显著。

切实抓好安全教育。师生员工遵纪守法，强调安全教育，建立"安全台账"，做到意识强，措施实。强化门卫管理，完善警报系统，加强防范教育，以及各部门的协同努力，有效地保障了学校安全，无重大安全事故，无师生违法违纪案件和刑事犯罪，无"黄、赌、毒、邪"在校园发生。通过健康教育课、团队活动、主题班会、橱窗展示等多种形式进行食品卫生、交通安全法制教育；通过向师生发放安全教育资料强化安全意识；通过聘请校外法制辅导员、建立法制教育基地等方式进一步强化法制安全教育。

9. 特色教育经验成功推广

在空乘特色教育中，注重学生综合素质的培养和文明礼仪教育，促进学生全面发展和个性化发展。为激发广大教师的参与热情和工作积极性，让每位学生成为学校特色发展的最大受益者，2006年，学校设立空乘管理组，2008年，成立空乘管理处，参与教务、政教处的管理工作，并互相借鉴，推广特色教育经验。

学校组织空乘班学生参加了一系列苏州市人民政府机关承办的体育文化活动，如第三届全国体育大会、全球华人篮球邀请赛、世界轮滑马拉松锦标赛、全国首届农民文艺会演、中国国际民间艺术节、苏州市第十二届体育运动会等活动的礼仪服务工作，得到了很好的锻炼，也为学校赢得了良好的社会声誉。社会活动走进校园，"青苹果活动中心"与社会链接，丰富了学生的校园生活。

10. 办学成果得到彰显

学校先后获得了"全国学校安全管理先进单位""全国普通高中特色学校建设项目校""江苏省平安校园""江苏省健康促进学校""苏州市安全文明学校""苏州市教育信息与宣传工作先进单位""苏州市教育信息化先进学校""苏州市校务公开先进学校""苏州市优秀家长学校""苏州市退协工作先进集体""苏州市综合治理""安全管理工作先进单位""苏州市首批平安校园""苏州市德育先进学校"等荣誉称号。

## 二、奋进篇：深化内涵，拓宽渠道，跨步走向成功新大门

我们秉承和坚定不移地遵循"培养高尚纯正之品格、切实适用之学诣"的办学宗旨，大力推行品格教育，把品格教育作为学校长远发展的主题，贯穿于学校教育的整个过程，并根据学校现状和发展实际，确定学校今后的发展目标。

我们树立"育人为本，教师为先"的理念，设立适合学生发展的课程，大力开发校本课程，培养德智体美劳全面发展的学生；积极为教师发展搭建平台，加快教师队伍建设步伐；拓宽特色教育发展渠道，谋划与开展品格教育，为学校的创新和发展奠定坚实的基础。

我们大胆改革，不断创新，改革课程设置，创新课堂教学；改革工作体制和工作机制，创新学校制度；进一步凸显学校课程的校本化，持续地发展空乘特色教育，尝试多种办学方式，精细化地打造优良品牌，有品位地美化校园建设，完成校园改造建设工程。

我们着力建设一支品格好、造诣深、具有开拓精神和影响力的优秀教师队伍。我们坚持以课堂教学为主线，坚持以教育为根本，坚持以科研为引领，把三者紧密地结合在一起，不断提高学校的教学质量。

### （一）把握机遇，勇于挑战，开创发展新局面

当今世界正处在大发展大变革大调整时期。世界多极化、经济全球化深入发展，科技进步日新月异，人才竞争日趋激烈。我国正处在改革发展的关键阶段，经济建设、政治建设、文化建设、社会建设以及生态文明建设全面推进，工业化、信息化、城镇化、市场化、国际化深入发展，人口、资源、环境压力日益加大，经济发展方式加快转变，这些都凸显了提高国民素质、培养创新人才的重要性和紧迫性。中国未来发展、中华民族伟大复兴，关键靠人才，基础在教育。

面对前所未有的机遇和挑战，我们认识到，我们的教育观念相对落后，

内容方法比较陈旧，中小学生课业负担过重，素质教育推进困难；学生适应社会的能力不强，学校还缺少培养创新型、实用型、复合型人才的一整套制度；学校体制机制不完善，办学活力不足。学校的教育还没有能完全适应社会发展的需要，还没有能满足师生的需要。

与兄弟学校相比，学校还存在明显差距：没有形成一支高素质的教师专业队伍，师资力量相对薄弱；没有建立起一支干练、快捷和有效的干部队伍，学校管理水平还不高；没有形成一支优秀的科研型教师队伍，在课程改革、校本研究以及课题建设等方面还相对滞后。

### （二）审时度势，与时俱进，确定办学新思路

为适应时代发展，我们必须高举中国特色社会主义伟大旗帜，以邓小平理论和"三个代表"重要思想为指导，深入贯彻落实科学发展观，全面贯彻习近平新时代中国特色社会主义思想，坚持教育面向现代化、面向世界、面向未来，办好我们的学校、教好我们的学生、发展好我们的教师，提高学校的办学质量和社会声誉，努力创建省四星级高中校。

1. 确立新时期办学的主题

基于上述指导思想和办学目标，我们确立学校教育改革的核心理念和战略主题，即办好我们的学校、教好我们的学生、发展好我们的教师。我们在党和政府的领导下推进学校现代化建设，全面发展学生，实现教育的公平，建立学校教育服务体系，满足社会对教育的需要。坚持育人为本，深化素质教育，尊重教育规律和学生身心成长规律，充分发挥学生的积极性和主动性，着力提高学生的优良传统和社会责任感，开发学生勇于探索的创新精神和善于解决问题的实践能力，培养德智体美劳全面发展的社会主义建设者和接班人。坚持科学的教育质量观，把促进人的全面发展、适应社会需要作为衡量教育质量的根本标准。重视教师资源的投入、开发和有效利用，调动好广大教师的积极性、主动性和创造性，发挥好广大教师服务社会、服务学生、服务中心工作的作用。加强教师队伍建设，全面实施素质教育，创新人才培养模式，努力造就名师、名师团队，把学生培养成社会有用人才。

2. 形成品格教育为核心的工作思路

秉承"培养高尚纯正之品格，切实适用之学诣"的办学宗旨，大胆改革创新，走特色发展之路。坚持走德智体美劳全面发展的教育道路，发展和开拓品格教育，以品格教育为学校教育的主题，培养学生高尚纯正的品格，坚持教育为社会实践服务的道路，培养学生切合社会需要的知识和技能，从而实现品格与学诣的统一发展。学校将注重学生个体品格和社会品格的养成，

培养学生自尊、自爱、自信、自强、自律等品质,培养学生爱祖国、爱人民、热爱集体、乐于助人、遵纪守法、具有社会责任感等品质,造就一大批品格高尚、学业优秀的学生。

一是以价值教育根植品质美。以品格教育作为我们当今的教育主题,无疑切合了当今强化素质教育的趋势,也符合苏州市关于高中教育走特色教育之路的要求,因此,我们必须深挖品格教育的内涵,正确理解和阐释"高尚"和"纯正"的意义,品质最深刻的内涵就是高尚纯洁的品德,即我们要确立的核心价值。因此,我们必须把勤劳、自律、诚实、友爱等作为学生品格教育的重要元素。

二是以课程文化构建品性美。品性是由品质而体现的个性。为了培养学生良好的品性,我们必须丰富品格教育的方式,拓展"学诣"的外延,丰富学校的课程建设,设立具有学校文化特色的学科教学体系,做到科学与人文并举,走与社会实践相结合的教学道路,加强学生的社会适应能力,挖掘学生的潜能,培养学生的学科品质,促进学生的个性发展,实现学生教育的品性美。

三是以示范教育践行品行美。品行美通过品格的塑造过程,体现于我们的学生、教职工,体现于我们的课堂教学和学校环境,也体现于我们丰富的校园文化。

我们将把品格教育作为当今学校的教育主题,贯穿于学校发展规划过程之中,凸显学校课程的校本化,持续发展空乘特色教育,努力打造学校品牌,扩大校园建设,为创建四星级学校奠定基础。

为了实现这一目标,首先,我们将着力抓好教师队伍的建设,建设一支品格好、造诣深、具有开拓精神、有影响力的优秀教师队伍。我们将坚持以课堂教学为主线,坚持以教育为根本,坚持以科研为引领,把三者紧密地结合在一起,不断提高学校的教育质量。我们将加强干部队伍建设,形成一支干练、有效、高素质的优秀干部队伍,建立良好的学校服务体系,为学校教育的发展创造有利条件。其次,我们将努力改进和完善学校的制度,以制度创新促进人格发展,以人格发展促进制度完善,使学校和谐、快捷和圆满地发展。最后,我们将努力加强民主建设,调动广大教职工的积极性,充分发挥他们的聪明智慧,创设学校共同发展的愿景。

我们身处好时代,唯有把握时机,开拓创新,才能站在历史的制高点,勇往直前,开创未来。品格教育,品格人生,品格风范,已经成为我们今天教育的主要风向标和重要任务。

3. 制定学校工作重点项目

（1）探索品格教育的实践模式和理论

探索学校爱心教育工程、感恩教育、诚信教育、基础道德文明教育、心理健康教育、学生自主管理、青年党校、学生社团、学生社会实践、校园主题文化，凸显各类品格教育过程的核心价值观，确立学校品格教育的实践体系。

（2）培育品牌特色效应，凸显学校课程校本化

在严格遵循国家课程标准的基础上，学校根据学生与教师的实际情况，从科学教育和人文教育有机融合的思路出发，对各基础型课程三年教学的知识内容与教学序列重新做整体的规划，形成学校的基础型课程教学序列，走课程校本化之路。

（3）注重品格教育内化，持续发展空乘特色教育

于高中阶段开展空乘专业生源基地班办学，这在省内乃至全国属于首创，无先例可循。为此，我们结合高中教育新课程的理念，密切与中国民航大学乘务学院、郑州航空工业管理学院、三亚航空旅游职业学院等空乘院校的联系，积极探索空乘专业生源基地班的办学模式、课程设置和管理特色，为学校进一步发展开辟良好的前景。

（4）规划加大校园建设投入，奠定四星级发展基础

在建设学校软环境的时候，还加紧学校的硬件设施建设，为学校的精神文明建设创造良好的环境。我们学校地处桃花坞地区，该地区具有很深厚的文化底蕴。学校将借地区改造和文化建设的东风，扩大校园规模，以达到四星级高中的标准，为学校的长远发展奠定基础。

（5）加快教师队伍建设，建立教师学习型组织

学校调整优化教师职务学历结构；建立优秀教师学习型组织；加强师德教育，提高教师职业道德水平；实施人才工程，加速培养和造就名优教师；组织制订优秀人才计划；建立滚动入围、严格考核、跟踪培养、积极扶持优秀人才的管理机制；加强师资培训，促进教师专业发展；制订骨干教师和名教师培养计划，建立完善教师专业成长档案，制定《教师个人成长五年发展规划》；落实苏州市、姑苏区、学校三级名师后备队伍培养计划，加大加快师资队伍的建设。

（6）提高行政队伍素质，完善干部管理机制

坚持干部学习制度和政治理论教育，坚持干部培训、选拔、任用制度，加强学校后备干部的培养，坚持和完善干部评议和考核制度。坚持学校行政干部工作例会制度，不断提高干部的管理能力和业务水平，建设一支办学思

想端正、教育观念先进、业务精湛、开拓进取、团结协作、务实高效、勤政廉洁的干部队伍。在现有教师队伍的基础上，努力建设一支有干劲、有水平、有能力、敢负责、胸怀坦荡、群众信任的干部队伍。

**（三）落实任务，一以贯之，提升教育新高度**

教育是人的教育，要实现人的全面教育，应坚持以人为本这个核心的要素不动摇。没有政治的教育不存在，没有经济的教育太贫乏，没有人性的教育非教育。教育为人民服务，教育为政治服务，教育为经济服务，而政治和经济的服务对象都是人，因此，教育的起点与归宿都是人。我们必须在政治教育和经济教育之外寻找一种以人为本的教育范式，构建一种社会风尚、社会品格与社会风范。毫无疑问，品格教育就是这样的一种教育。

品格是指人的品性的表现方式，品性通过人的品质而表现为品行。品格的形成既受先天因素的影响，也受后天因素的影响，它具有相对的稳定性，可以表现为人的气质与处事的态度和方式，即人的品格。品格可以分为个体品格和社会品格。个体品格包括自尊、自爱、自信、自强、自律、自我发展、自我实现等方面；社会品格包括爱祖国、爱人民、热爱集体、乐于助人、遵纪守法、具有社会责任感等方面。品格教育内容是个体品格与社会品格的结合体，个体成就与社会责任是成正比的，即个体成就越大，其所承担的社会责任也就越大。

亚里士多德说，美德教育不能仅仅是教，还要通过表现美德的行为来形成习惯。这种行为的表现显然是有社会性的。英国哲学家缪勒提出了英明的论断，即"发展品格可以解决社会问题，是最有价值的教育思想"。斯宾塞则要求"教育要达到形成品格的目标"。因此，品格教育要高于一般的教育，是高尚的教育、纯洁的教育。

1. 确定学校工作重要任务

（1）德育：价值教育植根品质美

以品格教育作为我们当今的教育主题，无疑切合了当今日益强化素质教育的趋势，也是苏州市教育发展规划纲要关于高中教育走特色教育之路的要求，因此，我们必须深挖品格教育的内涵，正确理解和阐释"高尚"和"纯正"的意义，品质最深刻的内涵就是高尚纯洁的品德，即确立学生的核心价值观。因此，我们必须把勤劳、自律、诚实、友爱等作为学生品格教育的重要元素，实现学生教育的品质美。

品质包括了人的各种特质，其核心的意义则在于价值观的形成，可以说，什么样的价值观决定了学生成为什么样的人。价值观的形成起源于家庭、改善于学校、合成于社会。

价值观实际上是人对是非的判断，形成的好与坏的观念。教师必须提供符合社会标准的教育服务，以使学生形成正确的是非观念，并切合实际。让学生设身处地参与问题的解决，通过合作学习，设置道德场景，让学生分析、阐述各自的意见，提供可以解决问题的最佳方案，反思自己以往的行为，增强是非辨别的能力。

学校将通过如下方式有效引导学生进行实际的道德活动。第一，鼓励学生参与学校建设工作（合作学习、参与学校环境保护、维护学校秩序等）与社区服务工作（照顾老人、帮助流浪者、参与环保项目等）；第二，为所有的学生提供充足的机会；第三，让学生进行自主评价与设计；第四，留出专门的在校时间支持学生进行个体的或团体的道德实践反思活动；第五，明确地肯定学生的道德实践。学生在校内外实践中得到锻炼与发展。

（2）智育：课程文化构建品性美

人的个性是有差异的，即使有同样的价值观，人的认识程度与对事物的敏感程度也各不相同，而学校教育正适应了学生各自不同的个性需求。为了培养学生良好的品性，学校丰富品格教育的方式，拓展教育的外延，丰富学校的课程建设，设立校本人文学科课程，使学生具备良好的修养，设立校本自然学科课程，引导学生求真务实。

学校课程是有意义的、有挑战性的，学校尊重所有的学生，发展他们的品格，帮助他们走向成功。学科课程做到师生互动，引导学生参与，调动学生的天然兴趣，增强学生的成功体验；注重学生自主性的培养（学生设计或学生自主开展项目等）；在学科学习中融合理智德性（好奇、追求真理、对新观念的开放等）、职业德性（勤奋、毅力等）与社交德性（诚实、负责、合作等）的发展。

通过各种丰富多彩的活动，形成良好的学风、教风和校风，创建良好的校园文化，以促进学生良好品性的形成。设立具有学校文化特色的学科教学体系，做到科学、人文和通用的并举，挖掘学生的潜能，培养学生的学科品质，促进学生的个性发展。

学校采取多维的教育策略以适应学生多元化的文化、技能、兴趣、需要。教师要学会在教学过程中准确识别学生的学习需要；教师要帮助所有的学生走向优秀，不论其文化水平、家庭情况以及社会地位如何；教师在设计与提供指导时，要充分考虑学生在文化、民族、性别以及社会地位上的差异。

教师在教学中结合核心价值观与学科内容，注意阐发学科主题中包含的价值观内容，如分析历史人物具有的优秀品质，解析文学作品中的人物品格，等等。

（3）榜样：以身言教践行品行美

校长的一个重要使命是与其他人（教师、父母、学生、社区成员）共同分担品格教育的责任。包括：第一，明确教育目标与行为规则；第二，以身作则，树立个人榜样；第三，依据教育政策、学校人事状况与资源做出各种决定。教师、学生与家长参与并监督品格教育的计划、实施，鼓励全体学校成员参与品格教育活动。受到品格教育影响的教师、家长与学生在品格教育决策中要有发言权；学校常规的领导机构将承担制订品格教育计划的责任。

良好的品行，需要教师的示范，教师必须身体力行，主动扮演好学生的关心者、示范者和指导者的角色。教师必须创建一个民主和谐的课堂氛围，始终关怀学生，建立道德纪律的准则，培养学生的责任感和进取心。教师必须关注每一个学生的行为，给予他们及时的学习指导和心理辅导，促进他们健康成长。

2. 初步建立"品格教育"实践体系

（1）探索品格教育的实践方式

学校探索爱心教育工程、感恩教育、诚信教育、基础道德文明教育、心理健康教育、学生自主管理、青年党校教育、学生社团建设、学生社会实践、校园主题文化建设等实践方式，凸显各类品格教育过程的核心价值观，确立学校品格教育的实践体系。

学校以政教处为责任单位，在教科室协助下，整合科研力量，总结品格教育的实践成效，在实践策略、方法提炼等方面深入研究品格教育，形成品格教育的实践模式。

（2）构建品格教育的模式和理论

设立校长亲自主持的课题组，建立以张剑华为主任，以缪金康、张振培、张志峰为副主任的学术委员会领导机构，全面指导和引领课题建设。以教科室为责任单位，以各教研组为研究单位，在理论概括和实践策略等方面，综合运用文献研究、质的研究等方法，形成品格教育实践模式，从学科教学、心理健康教育、校园主题文化活动、研究性学习、社会实践和学生自主管理等教育的各个领域开展情感体验德育的实践活动，构建学校品格教育的模式。

学科教学：学校在人文课堂建设取得成果的基础上，继续加强课堂德育情境构建，从课程资源德育素材挖掘、课堂教学策略等方面深入探索课堂情感体验德育的实施。

心理健康教育：学校关注学生心理素质的提高和人格的健康发展，注重学生的心理需求和内心体验，通过心理辅导课、个别辅导、团体辅导、心理测试、心理讲座等方法和途径，学生学会在体验中感悟，在感悟中成长，从而具有稳定的情绪、积极的心态和健康的情感。

校园主题文化活动：以日趋成熟的校园主题文化节为抓手，不断丰富和深化校园主题文化活动，为学生的成长搭建舞台，使他们在活动中体验校园文化，提升他们的道德情感和人文素养。

研究性学习：学校的研究性学习已经形成了比较完善的课程体系和管理制度，研究性学习能为学生提供情景体验，让学生通过参与公共决策、公共管理，提高自我管理能力与道德判断能力，在研究学习过程中体验道德情感，升华道德品质。

社会实践：学校将巩固和拓展学生社会实践基地，引导学生在实践中体验，在体验中感悟，在感悟中提升，从而使学生拥有坚强的意志力、明晰的判断力、强烈的责任感。

学生自主管理：学生自主管理的本质是培养责任，形成自我教育、自我约束、自我调节、自我管理的新机制，使学生在道德实践中逐步认同道德规范，体验道德情感，从而把外在的道德概念内化为内在的道德信念。

（3）培育品牌特色效应，凸显品格教育内涵

学校根据国家课程标准，基于学校学生与教师的实际情况，从科学教育和人文教育有机融合的思路出发，对各基础型课程三年教学的知识内容与教学序列重新做整体的规划，形成学校的基础型课程教学序列，走课程校本化之路。

梳理学科发展特色和发展优势项目，走特色课程建设和品牌课程建设道路。挖掘学校传统文化优势，营造语文教学环境；以"信息技术与数学教学整合"为突破，形成数学学科特色；以口语、阅读和写作应用为重点，形成英语学科特色；以人文历史为重点，突出地区文化特色。打造学校品牌课程，用项目和任务驱动促进各学科组不断发展，形成一批有影响力的优势学科和特色学科。

结合新课程改革实施方案和会考、高考教学要求，各教研组初步完成学校基础型课程实施纲要，形成基础型课程三年教学的知识内容与教学序列分段目标，确定各阶段相关增减内容。建设体现学校品格教育的课程资源系列：各阶段典型学案、配套教学课程资源、共享试题资源库，出版《第四中学学案集》，为学生提供最优质的学习资源。

（4）注重品格教育内化，持续发展空乘特色教育

"素质培养，文化关怀。"为全面提高学生综合素质，学校对空乘班提出了思想素质、心理素质、能力素质、身体素质等几个方面的具体培养要求。

空乘管理处以营造浓郁的空乘文化氛围、强化组织纪律团队观念、塑造良好的空乘学生形象、培养自主学习和管理能力、增强学生的艺术修养等，展开教育教学管理工作。

阶梯式评估目标。结合空乘班教学的特点，为构建空乘班教学创新体系，学校制定了阶梯式的教育目标：

第一年：适应高中学习；树立空乘服务意识；培养特长爱好。

第二年：掌握高中课程；增强空乘服务意识；特长初见成效。

第三年：取得较好的学习成绩；培养较强的个人素质；达到较高的空乘院校录取率。

我们坚持"以人为本，进步就是成功"的办学理念，帮助学生设计未来发展的道路，只要是在进步，只要适合学生，就是在走向成功。

"切实适用"的教育教学内容。为促使学生知识、技能、情感、态度与价值观等的整体发展，秉承百年老校的办学宗旨，我们空乘班的教育教学内容分为文化课程、特长课程、实践课程三大板块，既面向高考，又从学生的兴趣爱好出发，同时兼顾了空乘专业特点。

描绘成长轨迹的综合素质考核。学校根据普通话和英语口语、身心素质、特长展示、个案分析、仪容仪表与文明礼仪等五个项目，采取面试的形式，每学期对学生进行考核，记录了每个学生的成长，这有利于促进学生全面而又有个性地发展。

空乘班赢得了学生、家长的赞誉和良好的社会声誉。从空乘班到空乘特色学校的发展，是学校提高教育品位、提升办学质量的有利途径，它既体现了学校教育的特色优势，又表现出学校特有的文化气息，更是学校内在教育力量的综合体现。

（5）反思和形成"品格课堂"的教学策略

实施教学重点的改变，切实从关注知识的习得转到关注知识的发生过程，关注知识发生的社会价值和科学价值，关注如何促进学生的学，为学生的能力培养和人格发展创造有利条件。

构建民主的师生关系，营造平等、开放的课堂学习氛围，依据教学内容的性质合理选定传授和探究的教学方式。

充分发挥学习的群体效益。以师生学习共同体的构造，促进每一个学生学习效率的提高，在合作与竞争中发展个性。

（6）优化校园美育环境，彰显意蕴品格学校

建设校园美育环境，营造学校美育氛围，如把公共空间布置成画廊、在闲暇时间播放音乐、围绕某个主题布置环境等。在师生关系、课堂管理中，

让学生时时接触美，处处感受美。通过主题式活动，德美一体，以美辅德，引导学生在发现美、感受美、认识美、表现美的过程中，提高道德认知水平和能力。通过项目实施和课程开发，将深层次的美的教育渗透进学校教育的方方面面，提高人文德育实效。

（7）推进"阳光体育"，切实提高师生体质

学校推进课程校本化建设，抓好各类运动团队建设，培养高水平运动员。深入探索学生发展性健康档案建设，以评价促进学生身体健康水平和个性化体育技能的提高。挖掘"阳光体育"课程资源，逐步建立一支稳定的"阳光体育"专兼职教练员队伍。扩大"阳光体育"课程选择空间，保证学生每天一小时的体育训练落到实处，满足教职工个性化的健身需求。加强教职工"阳光体育课程"管理，使健身与提高工作效率和谐共进。

（8）加强学习心理辅导，形成健康心智与良好行为习惯

以"发展性心理辅导"为基本理念，建设学校心理课程，完善心理健康教育的网络和机制。总结心理健康教育与学校德育有效整合的成功经验，加强心理健康教育与各学科的整合、渗透，切实提高学生处理"人与自己心理矛盾"的能力；建立"心理成长工作坊"，切实关注师生心理健康水平；探索心理教育实践研究，进一步发挥信息技术在心理健康教育中的作用；注重学校心理健康教育与家庭教育的结合，探索班级心理健康教育的规律。

### （四）立德树人，落地生根，凸显保障新水平

学校的工作中心是学生的教育。要实现学生的全面教育，就必须有一支品格好、造诣深、具有开拓精神的优秀教师队伍；就必须加强干部队伍建设，形成一支干练、有效、高素质的优秀干部队伍，建立良好的学校服务体系。我们必须牢牢抓住这个中心和两个基本点，坚持以学生为中心，坚持以教师队伍建设和干部队伍建设为基本点，把三者紧密地结合在一起，不断提高学校的教育质量，为学校教育的发展创造有利条件。

1. 教师队伍建设

按照《教师法》和《公民道德建设实施纲要》的规定，强化教师师德建设，使广大教师努力做到继承弘扬和积极实践爱国奉献、爱岗敬业、教书育人、为人师表、严谨治学、诚实守信、遵纪守法和积极进取等传统美德和职业道德。同时，确立现代教育理念，掌握先进的教学、科研和管理方法，具备竞争意识、团队合作精神，具有崇尚科学、敢为人先的时代精神和对教育事业不懈追求与创新的精神。

（1）优化教师职务结构，建立学习型组织

建立教师发展梯队，新教师团队、骨干教师团队、优秀教师团队以及教师工作团队，使每一个学科都有自己的带头人。培养在全市乃至全省和全国范围内有知名度的教师，以提高学校的声誉。为此，我们做了以下四项工作。

一是加强师德教育，提高教师职业道德水平。切实加强教师的思想政治工作，强化教师职业道德教育，不断提高教师队伍的思想政治素质和师德修养，使广大教师树立正确的世界观、人生观和价值观。按照《公民道德建设实施纲要》的精神和国务院、教育部关于教师职业道德建设的要求。根据实际，建立健全具有针对性、实效性和可操作性的师德教育、师德考核以及奖惩、监督等各项制度，实行教师"师德一票否决制"。树立师德建设楷模，发挥师德榜样作用，努力营造以德从教、以德治学的良好氛围，进一步增强广大教师爱岗敬业、教书育人、为人师表的使命感和责任心。

二是实施人才工程，加速培养和造就名优教师。组织制订优秀人才计划。建立滚动入围、严格考核、跟踪培养、积极扶持优秀人才的管理机制。通过实施优秀人才计划，培养造就一批政治思想品德优良、专业基础知识扎实、学术成就显著、具有现代教育观念、有组织协调能力的学术带头人。

实行优秀人才津贴和资助制度。对省特级教师、省学术带头人后备人选、学科拔尖人才、学科带头人培养对象给予一定的津贴。设立专项科研配套经费，重点支持上述人才承担省级以上科研项目，提高科研学术水平。

推行导师制。建立并推行教师导师培养责任制度，充分发挥学科带头人以及老教师的传帮带作用。重点对青年教师进行教学科研环节、实践环节的指导和道德素养培养，使青年教师增强爱岗敬业的思想，明确为人师表的具体要求，为青年教师的成长奠定良好的基础。

三是加强师资培训，促进教师专业发展。拟订骨干教师和名教师培养计划，建立完善教师专业成长档案，制定《教师个人成长五年发展规划》。鼓励教师参加学历进修和继续教育，培养方式主要是选派优秀的中青年教师参加上级教育主管部门或教科研机构组织的有关培训班、研讨班和进修考察，经常参与片区、校际教研活动，分批、分阶段组织外语、数学等学科教师到名校培训、拓宽视野。学校将加大培训资金的投入，开展教师继续教育校本培训，以"骨干工程"为抓手，坚持学校引领和自我成才相结合，通过目标激励、杠杆引领、过程管理，落实苏州市、姑苏区市区、学校三级名师后备队伍培养人选，加大加快师资队伍的建设。

四是注重人文关怀，保障教师身心健康。在教师管理中坚持以人为本，倡导"三要三也要"，即"要工作也要家庭、要学生也要孩子、要质量也要身体"。学校计划每年教师节前后,为全体教师进行免费体检;请职业病防治专家、心理咨询专家为教师开设"如何预防、减轻教师职业病"和"如何调节教师的心理压力"等讲座;学校体育场馆每天傍晚对教职工开放两小时,并落实专人管理;每逢重大节日、教师的生日及意外情况等都进行慰问,努力为教职工多办实事。

2. 学校干部队伍建设

加强领导班子建设,提高领导干部的管理水平,把有干劲、有水平、有能力、敢负责、胸怀坦荡、群众信任的中青年同志提拔到干部岗位。学校择优选拔领导干部,大力加强干部队伍建设,确保学校教育工作持续、稳定、和谐发展。

第一,完善工作制度,坚持选拔任用条件。在选拔任用干部中,坚持基本原则和条件资格要求,使一大批德才兼备、年轻有为的优秀教师走上了学校领导岗位。

第二,严格遵守规定,规范选拔任用程序。一是坚持民主推荐。凡是选拔任用干部,必须经过民主推荐。二是做好考察预告工作。根据民主推荐结果,经党总支集体讨论,确定考察对象后发布考察预告。三是认真进行组织考察工作。严格按照干部考察程序和要求,切实做好考察工作。四是坚持集体讨论决定。五是做好干部任前公示工作。每次校党总支会讨论决定干部任用后,及时在全校进行任前公示。六是积极推行学校中层干部竞聘上岗工作。学校中层干部一律实行校内竞聘上岗,通过竞聘上岗的中层干部,教师认可度比较高,群众基础比较好,干部成长也比较快。

第三,加强学习教育,打好选拔任用基础。一是认真组织中心组扩大学习会,通过正面教育、警示教育提高干部的理论水平。二是每年举办两次干部学习会,通过专家讲座、学习座谈、专题讨论等形式提高干部的管理水平。三是每年举办一次干部论坛,通过论文评选、专题报告、专家点评等形式提高干部的业务水平。四是每年组织干部通过参观考察学习等形式促进干部的成长。

第四,加强监督管理,严守选拔任用纪律。一是建立校领导与干部谈心制度。随时掌握学校中层干部思想动态。发现问题及时谈话,必要时进行诫勉。二是每年组织一次对学校领导干部的民主评议,每学期组织一次对学校中层干部的民主评议。通过干部述职、民主测评等形式对干部的工作进行考核。三是建立干部能上能下的机制,采取试用、考核、任前公示等措施,努力创造干部能上能下、充满生机与活力的用人机制。四是对试用期任职满一年的中层领导进行全面考核,考核结论作为聘任的依据。

3. 信息网络建设

（1）主要任务和目标

健全学校信息化管理机构，由校级领导分管，设置独立信息技术处。规范信息技术设施设备的维护使用和更新换代制度，强化网络管理，以校园电视台和广播系统为依托，建立校园文化技术服务体系，以"E卡通"建设为依托，全面建设学校信息化管理系统，实现办公系统自动化、规范化。

第一，信息技术队伍建设目标：设置独立部门，直接向分管校长负责。构建一支服务学校信息化建设的后勤队伍，专用场所由专人负责，以利于学校信息技术教育教学的开展。

第二，硬件完善目标：全面彻底改造学校校园局域网，分层交换机更新换代，重新布线，以优化网络环境，实现对网络点的直接监控和管理；改造校园电视台，实现节目的独立制作和播出；改造广播系统，更优化教育教学管理。

第三，软件更新目标：教师教育技术能力培养继续加强，学生信息化素养不断提高，参加苏州大市内较有影响的信息技术相关竞赛或者产出一定的科技成果，全面提升学校信息技术应用水平。

第四，数字校园目标：建立健全学校办公系统自动化，加快数字图书馆的建设，努力打造信息化校园。

（2）主要内容和举措

一是信息化工作组织机构改革。成立独立的信息技术处，直接向分管校长负责，下设信息技术教研组和电教组。信息技术教研组成员除负责信息技术学科教学、学业水平测试工作外，还负责学校有关网络的相关教育教学活动、网络安全、基于网络的各种考试和活动、网上阅卷系统及读卡，等等；电教组负责学校广播电视系统和专用场所的维护等工作。

二是信息楼改造工作。信息楼是学校信息化工作的核心和中枢，合理规范布局对学校信息化工作的开展是至关重要的。"十二五"期间，学校建造艺体综合楼，把音乐、美术教室腾出来归信息处，规划两间全新的网络教室，实现初高中分开机房上课，同时保证各级各类网络考试系统和网上阅卷系统的运行。整体改造校园电视台，使其除能播放节目之外，还能制作一些学生喜闻乐见的节目，加强校园文化建设，扩大校园内部的宣传教育作用。

三是校园局域网的改造。学校局域网建成于2002年，部分交换机已经老化，有的用旧交换机更换过，但不能解决实际问题，所有的网络布线都已经逐步老化。"十二五"期间，我们整体改造学校局域网的网络环境，全部重新布线，更换新型交换机。目前，主进口路由器都已经更换，具备网络管理功能，通过网络改造，管理落实到每一个网络点，对保障学校网络安全和高效有意义的网络工作和学习大有益处。

四是校园广播电视设备的逐步升级。广播系统的布线也存在老化现象，而且线路布置不科学，大多从下水道通过，影响音频效果。改造广播系统，从线路入手，更换功率更高、效果更好的广场音响，营造良好的校园文化氛围。目前的校园晨曲是很好的尝试，依托校团委，建立学校广播站，鼓励学生担任主播，制作节目，利用中午时间，引领校园新时尚。

电视系统基于信息楼校园电视台的改造，对所有线路进行检修，提高播出信号的质量，优化收看效果，结合报告厅的局部改造，实现音频和视频的分离转播。

五是专用场所设施设备优化。目前多功能教室全新改造完成。结合信息化组织机构的改革，由电教组具体负责日常维护和检修。报告厅的音频控制台陈旧，不能满足举办重要活动的需要，学校进一步优化报告厅的功能，调音台更换为全电脑控制，适合不同音频格式的文件播放，节目更加紧凑，音响效果更好。另外，改变报告厅原有的电视转播系统存在重复建设、布局不合理的问题，进行局部改造，不重复拉线，既美观又消除安全隐患，音频的转播直接由音响控制室里的调音台控制，声音效果好，避免受现场的杂音影响。

六是扩大多媒体教学设备的应用。目前，学校多媒体教学设备还只限于投影机。在学校经济条件允许的情况下，班级应该实现电子白板的全覆盖，更好体现现代教育的优势。另外，班级网络点在学校网络改造工作开展时全面贯通，实现无线网络的覆盖。增加网络点播功能，基于内网平台，对有效的课件、视频可以进行实时点播，更好地体现信息技术与学科的整合功能以及基于网络的学习效率。

七是建设优质高效的办公自动化系统。全国各级各类学校已经逐步在实施自动化办公，苏州教育系统的OA办公自动化系统也运用多年，效果很好，为高效工作提供了保证，并基本实现了无纸化办公，低碳环保。为此，学校积极应对潮流，推出适合自身实际的办公自动化软件平台，顺应教育现代化的发展趋势。同时，基于"E卡通"的建设，强化学校的信息化管理工作，努力把学校打造成名副其实的数字化校园。

八是努力提高师生信息化素养。加强对教师现代教育技术的培训工作，在教育局培训考核的基础上，力争使学校多媒体及信息化课程的开放比例达到80%，并促进信息化相关教育教学工作的优秀教师在市级以上各种竞赛中获得较好成绩。在今后五年，信息技术教研组将积极探索，努力钻研，开设信息技术相关的校本课程,组织学生课外兴趣活动,推动网页制作、FLASH动画制作以及编程等活动向高端化发展,培养学生良好的信息化素养,积极参加各级各类竞赛,取得优异成绩,打造学校科技和信息化特色教育。

4. 实验室建设

紧紧围绕学校发展规划目标,以重点工作和工程为切入点,狠抓落实,确保各项规划目标的完成。凭借"实验室建设年"专项工程的东风,全力推进学校实验室的规范化、标准化建设。加大对实验室设备、设施的投入,完成数字化实验室的改造工作。

(1) 强化队伍建设,全面提升教育装备管理人员素质

建立一支懂得教育教学业务、掌握现代专业技术、熟悉教育装备管理的教育装备管理队伍。从事学校教育装备管理工作的人员应具备教师资格。学校实行岗前培训、持证上岗制度,吸引专业人才从事教育装备管理工作,并进行在岗人员培训,充分调动教育装备管理人员的工作积极性,提高教育装备管理工作的层次和水平。

(2) 加大投入力度,确保学校教育装备正常使用

由学校领导及相关部门,依据《江苏省中小学教育技术装备标准》以及省、市和区教育机构的相关精神和本校实际,科学测算教育装备建设、配备、管理和使用所需经费,并建立科学合理的仪器设备、教育装备更新淘汰制度;在预算中设立教育装备专项经费,用于学校教育技术装备的建设和配备,专款专用,确保学校实验教学和图书馆等正常运转,提高教育装备的使用效率。

(3) 严格管理制度,提高教育装备管理整体水平

通过科学有效的管理、维护,延长教育装备使用寿命,提高教育装备投资效益;建立教育装备保管、账目统计、使用维护等方面的制度和措施,并组织人员定期检查,强化对学校教育装备管理和使用的过程管理,利用信息技术手段提高教育装备管理的效率和效益,并严格控制学校仪器设备的质量。

(4) 狠抓实验教学,建立促进教育装备使用的有效机制

将教育装备工作落实到实验教学的各个环节,依据新课程标准和教材开齐、开足各类实验、实践课程,并在课余时间向学生开放实验室等场所,为学生开展探究学习、自主学习创造良好条件;使物化生、通用技术、信息技术等学科教师的实验操作技能培训常规化,逐步提升学科一线教师的实验探究教学能力和指导学生自主学习的能力。

(5) 深化理论研究,夯实教育装备科学发展的基础

要以实验教学研究为契机,以课题研究为纽带,引导全体实验室教科研人员在教育改革和发展的大背景下,系统地研究教育装备工作,建立教育装

备理论体系；要认真抓好"现代化教育装备实验学校"建设工作，强化新技术、新装备、新装备理念在教育教学中的运用；要积极鼓励教师和学生自制教具、学具，并帮助具有推广价值的自制教具、学具走出校园，走向市、省，树立品牌意识，满足新课程改革和教育现代化对教学仪器设备的需要。

5. 图书馆建设

学校图书馆现有建筑面积1 849平方米，设有书库2个，阅览室2个；图书馆全天候开放，开架借阅。图书馆各项设施齐全，启用"共创"图书馆管理系统。建有图书馆网页并接入校园网，实现网上资源共享。

图书馆藏书54 116册，基本符合高中生均40册、初中生均30册的要求。期刊种类135种，报纸65种。图书馆馆藏工具书及各类教参600种，能满足教学需要。

音像资料涵盖所有学科，每学科种类均在5种以上，且与教材配套。还有许多世界名著、各类经典影视的音像资料可供师生借用。在岗职工3人，为全校师生提供图书、期刊、音像资料的借阅服务和全校报纸杂志的分发工作。

根据学校的发展趋势，按照江苏省学校装备和苏州市关于图书馆建设的要求，图书馆逐步达到下列基本指标。

第一，按照年生均2册以上的要求，不断更新和增添图书，总藏书量超7万册，生均50册以上，并根据学科建设对馆藏资源体系做结构性调整，建立富有特色的馆藏资源。

第二，建立并完善多媒体电子阅览室，积极购买电子资源、网络资源，为读者提供馆藏书目信息和网上信息查询服务，努力建设一个各种载体共存的实体资源与虚拟资源相结合的馆藏体系，满足读者需要。

第三，建立特色馆藏，逐步建立能够充分反映学校空乘办学特色的馆藏资源。

第四，完善、更新图书馆网页，促进馆特色藏书数字化。

第五，服务范围进一步拓展，服务功能进一步完善，服务质量进一步提高，能适应图书馆信息化管理与服务之需。

具体目标和主要任务包括以下方面。

一是文献资源建设具体目标：加大文献资源采购力度，充分满足办学条件和广大读者的基本需求。优化文献资源结构，丰富馆藏内涵，最大限度地保障教学科研和学科建设发展的需要。

主要任务及措施：

① 继续加大书刊采购力度，力争每年递增新书采购经费不少于5万元，

最终使藏书量达到办学条件基本要求。

②定期分析藏书学科结构，不断调整采购策略，突出重点，统筹兼顾，提高采购质量，优化资源结构。

③积极开展对网上资源的筛选和整序，以强化虚拟馆藏。

二是文献信息服务具体目标：坚持"以服务读者为本"的管理理念，始终把读者的需求放在首位，提高读者的信息素质和信息能力。建立以传统文献服务为基础、以现代信息服务为发展方向、以深化学科服务为重点的服务机制，不断提升文献信息服务水平。

主要任务及措施：

①调整藏书布局，完善服务功能，实现藏、借、阅一体化，以方便读者，便于科学管理。

②继续增加硬件投入、购买图书架等，并有计划地配置复印机、声像设备、文献保护设备、扫描仪、刻录机、空调等。延长向学校师生服务的时间，暑假和寒假按照学校的计划向学生实行定期、定时开放，网上资源的服务全天候开放。

③在积极努力做好日常借阅管理工作的同时，通过编制推荐书目、导读书目，举办书刊展评等多种方式进行阅读辅导，加强对学生的阅读引导。

④改变现有管理模式，向大流通管理模式发展，从以鼓励学生借书为中心向以促进学生阅读为中心过渡，把学生吸引到图书馆，把图书馆变成学生学习中心。

⑤为学校教学和科学研究提供参考咨询、文献信息检索服务，对最新文献动态进行报道。

⑥加强图书修补、期刊装订工作，对污损图书做到随时发现随时修补，提高图书资源的流通率、利用率；做好每年过期期刊、报纸的登记、装订、上架工作，充分提高文献资源的利用率。

⑦注重图书馆环境的美化与绿化，为读者提供一个宽敞明亮、整洁安静、学术和文化气息浓厚、以人为本的学习场所。

⑧加强内部管理。积极推行分管校长领导下的馆长负责制、岗位目标责任制，通过科学化、规范化、民主化管理，合理配置资源，增强服务创新发展的活力。

⑨进一步修改和健全图书馆各项规章制度，使管理制度化、规范化，做到有章可循，依法治馆。

6. 推进和完善工作机制

进一步加强工会组织的自身建设是实现"十四五"期间工会发展任务的

重要保障，因此，必须坚持"以人为本"的工作理念，自觉增强责任意识，全面推进工会工作，实现新的发展。学校以习近平新时代中国特色社会主义思想为统领，进一步组织动员广大教职工在推动学校创建四星级高中的进程中充分发挥主力军作用；从构建社会主义和谐社会的要求出发，更好地表达和维护教职工的合法权益；把"以人为本"作为工会的工作理念，切实做到全心全意为教职工服务。

（1）进一步加强工会干部队伍建设

要继续通过优化工会领导班子和干部队伍结构，落实待遇和抓学习培训、抓作风建设等，努力培养一支政治强、作风正、业务精、能办事、爱岗敬业、结构合理的工会干部队伍，并培养造就一批工会工作积极分子，为完成工会各项任务、开创工会工作新局面奠定坚实的组织基础。

（2）进一步加强工会工作制度建设

要按照上级有关要求，通过健全和完善教代会和工会工作目标管理制度，深入建设"教工之家"等，切实把各级工会建设成坚持党的领导、贯彻习近平新时代中国特色社会主义思想、服务学校大局、切实履行职责、让教职工信赖的群众组织。

（3）建立健全"党建带工建"的工作新机制，积极做好发展新会员工作

继续加大《工会法》等法律法规的宣传学习，努力营造良好的工作环境，进一步推动"以党建带工建"，把工会建设和工会工作纳入党建目标责任制考评内容，努力形成"党组织重视、行政支持、工会运作、各方配合"的工作格局。要进一步深化对职工入会重要性的认识，抓紧组织新参加工作的教职工入会。

（4）实施先进团队建设工程

在创建"工人先锋号""先进青蓝文明岗""巾帼示范岗"的基础上，进一步开展"争优创先"活动，引导教职工爱岗敬业，积极进取，鼓励教学出精品，科研出成果，管理出水平，服务出质量，为学校创建四星级高中而共同奋斗。

（5）继续深入开展党政工共建"教工之家"活动

坚持不懈地开展党政工共建"教工之家"活动。活动有力地促进了学校的民主建设，推动了学校各项事业的发展。学校工会进一步加强规划和指导，继续抓好党政工共建工作，努力把工会建成团结、民主、文明、温馨的模范"教工之家"。

（6）实施维权长效机制建设工程

进一步健全和完善依法维权机制、校务公开机制、教代会机制、送温暖

（帮扶）机制，推动建立民主管理机制、劳动争议协调机制、民主评议领导干部机制等工作机制。

（7）实施精品活动建设工程

发挥自主创新机制，总结多年来工会开展活动的经验，保留那些实践中确有成效的传统活动项目、活动内容或方式，在此基础上有所创新，注入新的内容，打造具有工会特色的精品活动。

（8）实施校园义化建设工程

有关部门共同制定学校校园文化建设的整体规划。从"以人为本"的理念出发，大力加强人文教育，促进人的全面发展，创新学校制度文化，构建和谐的校园环境和氛围。不断提高全校师生的认同度，提升知识和文化的格调、学校的品位及师生内在文化修养，增强学校的凝聚力，塑造学校整体形象，形成校园文化特色，提升学校的影响力和核心竞争力。

7. 和谐校园的建设

牢固确立以人为本的办学理念，把人的全面发展作为工作的出发点和落脚点。人的全面发展是和谐校园的灵魂。坚持以人为本就是要在关心人、尊重人的基础上建立让广大师生身心愉悦的物质环境和精神环境，全面促进人的健康发展。

科学规划校园建设，着力美化校园，充分发挥环境在育人中潜移默化的作用，构建生态校园、人文校园。

（1）加强组织领导

推进和谐校园建设，关键在领导。学校将成立创建和谐校园领导小组，统一部署协调全校的创建工作。形成党政齐抓共管的和谐校园建设领导体制，明确领导责任和任务分工，把建设和谐校园放在突出位置，摆上重要日程。

（2）健全工作机制

加强和谐校园建设和管理的相关制度建设，以制度管事，以制度规范行为，逐步建立健全和谐校园建设的工作机制。要经常开展全面督查或专项检查，建立健全长效的督查机制，推动和谐校园建设各项任务落到实处。要认真总结和谐校园建设的好做法、好经验，加强研究，破解和谐校园建设的难题，不断创新和谐校园建设的工作思路，积极探索和谐校园建设的新举措、新办法。

（3）发挥主体作用

和谐校园建设，师生是主体。要着力营造和谐校园建设的浓郁氛围，充分发挥校内宣传阵地的作用，广泛宣传和谐校园建设的重要意义，统一思想认识，动员全校师生积极参与，逐步形成和谐校园建设的强大合力。党员干部发挥模范带头作用，把建设和谐校园转化为广大师生的自觉认识和积极行动,成为推进和谐校园建设事业的强大力量。

(4) 提供有效保障

学校确保和谐校园建设的人力、财力和物力投入,为和谐校园建设提供有效保障;努力改进和完善学校的制度,以制度创新促进人的发展,以人的发展促进制度完善;努力加强民主建设,调动广大教职工的积极性,充分发挥他们的聪明智慧,确立学校发展愿景,实现教师、管理者与学校共同发展的目标。

### (五) 春华秋实,桃李芬芳,喜获改革新成果

1. 多渠道满足了学生发展的多元需求

2004年,学校开设了空乘班,到2022年,空乘班已经在高速发展的路上大步前行了18年。空乘班是学校的教育名片中最闪亮的一张,从无到有,从有到更新更大更强,无不凝聚着学校全体教职工的辛勤汗水,空乘班的发展走出了一条更广阔更有前景的大路。

2012年,学校建立完善了空乘班"学生自主管理"制度与《空乘班学生综合素质培养跟踪记录卡》,开展"空乘班特色教育展示周"活动和"空乘部课堂效率竞赛月"活动,推进空乘教育的优质化发展。在110周年校庆活动中,学校以民航特色高中发展规划论坛为依托,仔细调研、反复论证,提出了"转型升级,打造民航特色高中"五年规划方案,得到了全体师生的高度认可。借校庆之机,学校邀请了中国民航大学、中国民航职业技术学院、海南航空公司等航空领域高校代表齐聚一堂,共同谋划学校发展新篇章,对学校民航特色高中建设的一些问题进行了深入探讨,再次有效论证学校五年发展规划。

2013年,学校加快转型升级,在空乘特色班基础上,进一步创建民航特色学校,成功与中国民航飞行学院、广州民航职业技术学院和上海民航职业技术学院建立友好合作办学关系。首届民航服务班开班,多方位拓宽办学渠道,满足社会和学生的发展需求。

2014年,中国民用航空局直属高校上海民航职业技术学院"生源基地"落户学校。学校成为当时国内唯一一个引入飞机模拟舱,进行实景空乘实训教学的普通高中校。学校举办空乘特色办学十周年系列活动,邀请全国知名专家和同行学校代表来校指导和共同研讨,学校的空乘班办学实绩和办学经验在全省乃至全国都广受瞩目,备受推崇。

学校狠抓教育科研,以科研推动学校发展,在实践研究中取得显著成果。由张剑华校长主持、张志峰老师执笔的教育部规划立项课题"普通高中空乘

特色教育的实践研究"结题报告在鉴定会上顺利通过。《中国高等教育》杂志社、中国教育科学研究院科教处、《中小学管理》杂志社、省教育科学规划办公室、中国民航大学乘务学院等单位,都派员作为专家组成员对研究成果进行了细致的论证和严格的审核,给予了高度评价,并一致同意结题。

2015年,学校成功举办了"中国民航大学空乘生源基地联盟校课程交流活动"。在特色办学的大背景下,来自浙江、山东、安徽等省市的兄弟学校教师和本校教师一起开课,共同研讨如何在空乘特色办学中提高教育质量,学校的空乘办学经验再一次收获赞誉并得到推广。

多年来,空乘班保持着高面试通过率、高入学率、高升空率,帮助许多青年学子圆梦蓝天。不仅为学校赢得了良好的社会声誉,也给苏州市民交出了一份令人满意的答卷。

2. 品格教育提升了学校的教育品位

2011年以来,学校抓住教育发展的新机遇,努力打造具有自己特色的校园文化,形成全校师生一致认可的目标、价值观和信念,增强了学校发展的合力。品格教育最深刻的内涵就是培养高尚纯洁的品德,它是学校长远发展规划所确立的核心价值。

为充分调动全体教师参与开展品格教育的积极性和主动性,学校以"中学品格教育的实践与探索"为一个全校课题,申报了江苏省教育科学"十二五"规划2011年度重点资助课题,获得通过,并在2012年3月开题。

为保证品格教育工作的持续深入开展,学校采取各项举措,积极推进品格教育与课堂教学的有效融合;紧抓"价值教育""课程文化""示范教育"。学校通过各种主题活动,培养品格良好的师生;以社团活动丰富学生生活,以浓郁文化氛围创设渲染教育主题,构建适宜开展品格教育的校园环境;以主题鲜明的班会引领方向,塑造学生良好品格;在教研组、年级组层面开展课堂教学品格教育、学校行为规范品格教育、日常生活品格教育、社会规范品格教育和家庭品格教育等研究活动;在全校范围内开展品格教育理论研究、品格教育课堂实践的研究。通过课题研究和实践,提升学校办学品位,深化办学理念,加快内涵发展。坚持经典诵读传承文化精华,提升学生人文素养。

2013年,我校成功举办了江苏省教育科学"十二五"规划重点资助课题"中学品格教育的实践与探索"阶段性工作汇报及成果展示活动。《中国教育报》、中国教育科学研究院、《中国德育》杂志社、中国教育学会和省教科院、市教育局领导和直属学校的负责人参加了这次活动。中央教科院"校本德育创新基地"也在学校挂牌,这是对学校多年来强调细化管理、全员育人,不断探索德育新形式的高度认可。

学校德育工作也与时俱进，2013年，学校"政教处"正式更名为"学生处"，更加体现"以人为本"的教育思想。同时，逐步开通了苏州市第四中学官方微博、学生处、团委微博，并建立了"苏州市第四中学校学生自我管理与服务中心"，组建了学生自我管理团队，发挥学生自主管理主动成长的意识和能力。开辟了"校园风景线"，增设了文明礼仪教育的新载体。进行德育工作的创新后，学生参与的热情高涨，取得了良好的德育效果。

通过多年不间断的品格教育实践活动，我们的德育更加丰富多样，学校在常规管理与文明礼仪教育等方面有了显著进步。品格教育进课堂，使我们的学生更多地在和谐的课堂教学环境中体验到灵动、润泽、共振和新生的感受，学生的学业成绩有了长足的进步。学校的"品格教育"实绩显著，书声琅琅的校园、彬彬有礼的师生、整洁美丽的环境、团结奋进的校风、节节攀高的成绩，无不彰显着品格教育对学校的深远影响。

3. 文明礼仪教育成为苏州的教育品牌

文明礼仪教育是学校品格教育的重要组成部分。多年来，从自发实践到自觉探究，再到形成一套完整的理论。学校文明礼仪教育不断深入发展创新，不拘形式，注重实效。学校礼仪教研组不断地组织开展校内的各项"校园文明礼仪教育活动月"活动，充分发挥学生的积极主动性，培养学生文明修养和道德实践能力，增强学生的综合素质，使学生展现出良好的当代中学生精神风貌。学校还组织学生多次参加各项校外礼仪活动，在舞台上展示了学校"微笑社团"的风采，也扩大了学校文明礼仪教育的影响。

2011年，学校成为苏州大市级的中小学文明礼仪教育研究与指导中心。根据国家《中小学文明礼仪教育指导纲要》的要求，学校整合教育资源，积极开展各种形式的实践活动，扩大区域交流，取得了良好的社会效应。文明礼仪建设已经成为学校继"空乘班""十中联办班"之后又一张闪亮的名片。

2012年，学校形体教师分批分次进入了一中、十中、十二中、园区十中、园区三中、景范中学、彩香中学、十六中学等学校进行讲学，将"文明礼仪教学"在苏州市传播开来。

学校自成为"苏州市中小学文明礼仪教育研究与指导中心"后，积极贯彻国家《中小学文明礼仪教育指导纲要》的要求，整合教育资源，开展工作研究，总结典型经验，扩大区域交流，推广特色品牌。2012年是学校文明礼仪教育走向全市的重要一年，学校积极开展文明礼仪教育工作，通过学习强化意识，通过活动营造氛围，通过培训提高能力，通过实践强化实效，通过典型引领发展。

2013年，学校组织了"苏州市教育局直属（代管）学校首次教师文明礼仪培训""苏州市首届学生干部文明礼仪培训"等活动，同年文明礼仪教育中心组教师应邀参加了在苏州乐园水上世界演艺厅里举办的礼仪讲座，将文明礼仪的种子从学校撒播到社会。

2014年，学校协同苏州市文明办、苏州市教育局政宣处、苏州日报教育周刊联合举办"家在苏州·讲究'八礼'做可爱学生"的活动，将学校文明礼仪标准在全市中小学推广，并且在苏州日报上连续登载"中学生礼仪教育"文稿20期。作为全部由国家高级礼仪（礼宾）师组成的苏州四中礼仪教研组，到苏州近十所学校承担文明礼仪的义务教学工作，服务师生近万人，"校标"成为"市标"，四中的礼仪教育开始真正进入苏州百姓家庭。

在多年实践的基础上，2014年由王高才副校长、林蔚合作撰写的《"礼"孕育文明，"四仪"提升素养》一文在苏州市中小学校文明礼仪养成教育优秀案例评比中获得一等奖，并在《苏州德育》上发表，此文被江苏省教育科学研究院基础教育研究所编著的《未成年人文明礼仪养成教育》一书收录。学校还被评为首批"苏州市文明礼仪教育示范学校"，并通过"江苏省文明礼仪教育示范学校"验收。

4. 体艺教育并重促进了学生素养的全面发展

学校品格教育高度重视学生综合素质的培养，于2014年专门成立体卫艺教处，加强对学生体育和艺术方面的培养。

为提升艺术教学的质量，学校借助校外专家资源，提升办学水平。外聘艺术教师来提升学校艺术教学的质量，加强梯队建设。开展群体活动，提升全体师生身体素质。鼓励教职工参与阳光体育冬季长跑活动，组织教师和学生参加多种形式的冬季活动，帮助全校师生提高身体素质，愉悦身心。

体卫艺教处自成立以来，通过各种手段不断完善自身，为学校的发展贡献力量。

（1）完善体卫艺教工作机构，提高工作效率和质量

建立健全了体卫艺教工作的组织管理机构，对体育教研组、形体礼仪教研组、音乐美术教研组建设加大了力度，做到了分工明确，落实职责，建立健全各项规章制度。保证体卫艺教学工作的顺利进行，也取得了较好的成绩。

（2）落实常规，开拓创新，丰富校园文化生活

在保证常规体卫艺教学工作之外，学校还努力创新，举办了具有本校特色的"空乘班微笑大使比赛""四中好声音""校园文化艺术节"等活动，学校体卫艺工作呈现出一派新气象。活动不但丰富了学生校园文化生活，而且促进了学生的学习积极性。

（3）转变观念，以体卫艺教工作促进学校全面发展

学校办学从单纯抓教学成绩到凸显空乘特色，再到体卫艺教大放异彩，深刻影响和改变着学生的校园学习生活，大大提高了学校的社会影响力和竞争力。尤其是学校依托"苏州市中小学文明礼仪教育研究与指导中心"，让形体礼仪组教师走出去，把四中的形象传播到教育系统各级学校，收到了良好的效果。

5. 品格教育打造了高质量的有效课堂

在全面深入推进品格教育的同时，我们更注重其与课堂教学的连线，以品格教育促进课堂教学，又以课堂教学推动品格教育，全面落实了教学课程计划，努力构建符合学校高标准的品格课堂教学模式，设计以提高学生学习效率为核心的教学方法。初步形成了独具学校特色的"高效课堂"教学模式，注重教法、学法的研究与落实，促使学生学得主动，学得活泼；培养学生的自主意识、创新精神和创造能力，切实抓好弱势群体学生的学习，努力发掘他们自身的学习潜力，提高他们学习的主动性和积极性；在教学要求、时间安排和习题训练等方面切实做到分层教学，力求让每一个学生都能感受到成功。

（1）充分发挥领导干部、骨干教师和种子教师的带头引领作用

学校坚持师德与师能并重、培养与培训并举，引领教师专业发展、着眼教师队伍建设，以高质量的师资发展高质量的教育，努力营造学校出名师、塑名家、育名生的良好氛围。在全校范围内全力推行日日公开课活动，欢迎每个教师推门听课。每年度开展校际联合开课活动，学习兄弟学校的优秀经验，展现学校师生风采，并不断地为学校青年教师的成长搭建良好的平台。

（2）教学常规不常规，改革制度保障作用

在"七认真"的基础上，学校进一步强化了教学常规管理，要求全体教师在课堂教学中做到有效备课、有效选题、有效训练、有效讲评、有效自学、有效补差；教学手段上抓好常考点、新考点、失分点、能力点、支撑点。结合学校实际修订和完善了教学管理、常规管理、考核管理等方面的制度，加大对教学常规管理和专项管理督查力度。积极推行"集体备课，资源共享，课后反思"的集体备课制度。全体教师以团结协作精神为己任，贡献个人智慧、寻求共同发展。实施全面质量管理，贯通学科教学、考试研究和教学活动等方面的内在联系。

学校高考成绩不断创新高：2012年，本科录取率为41.2%，空乘班高考升学率为100%，空乘本科达线率为98%，高考整体质量提升明显，高二学业水平测试一次性通过率达97.0%，信息技术一次性通过率已经连续三年100%。2013年，高二会考实现一次性通过率达100%，高考成绩创十年来新高，本一上线4名，本二上线26名，空乘本科上线率达97%，十中联办班成

绩显著，教学质量显著提高，被授予"2013 年苏州市直属普通高中科学提高教学质量奖"。2014 年，共 48 名学生达到本二以上分数线；文理科各有一名学生达到本一线，学校发展性评估成果显著，再次被授予年度苏州市直属普通高中科学提高教学质量奖。2015 年高考，学校高三共 58 名学生达到本二以上分数线，其中有两名学生达到本一线。相较 2014 年本二及以上上线人数，增幅达 20.8%，高三空乘班所有参加面试考核的学生全部通过！

6. 多元资源整合构建了校本课程体系

（1）开展社团活动

在学校指导下，学生自主组织了外语、音乐、心理、文学等 15 个社团，丰富课余生活，培养审美情趣，有利于兴趣、爱好、个性的发展。学校还举办如"桃花坞里可耕田"学生论坛、校园文化艺术节、田径运动会、感悟校训等系列德育实践活动。为学生提供相互了解、相互合作、相互学习、相互交流的机会，丰富校园文化，陶冶学生情操。

（2）开足开好各类课程，促进学生身心健康发展

以学生为本，根据学生的具体情况和学校的特色，量体裁衣、度身打造，全方位构建适合学校学生发展的、切实适用的校本课程体系。学校开齐开足开好各类课程，紧扣品格教育的核心发展理念，认真落实群体健身活动、重视学生心理健康、文明礼仪教育、艺术教育、社团活动和综合实践活动等，并将其课程化，纳入课堂教学计划中，保证课时，以培养学生的健全人格。

学校已形成了较为成熟的校本课程开发、实施的制度和程序，构建了具有特色的校本课程体系，各学科、各教研组形成系统的校本选修课程逾 50 门。有的立足于学科建设，有的关注学生心理的成长，有点力争培养学生的品格修养。例如，为促使学生三维课程目标的实现，在对空乘部学生加强文化课程和特长课程建设的同时，学校还强化实践课程，为学生创造了多项参与社会公益活动的机会。为配合空乘班的发展，结合空乘专业的特殊性，学校开发了与之相关的一系列校本课程，例如，编写了形体课校本教材《形体与礼仪》、着重英语口语表达的校本教材《空乘英语》。化学教研组原有中科院院士刘元方指导的"绿色化学"校本课程，为适应现代国际航空安全管理的需求，化学教研组又进一步开发了"航空与化学"校本课程。学校正式成为国家五部委确立的全国青少年健康人格工程试点单位，空乘培训基地展示区被市政府列为桃花坞历史文化片区十二个核心文化景区之一。

学校每个学期为每个年级的学生提供 30 多门校本选修课程，每位学生可以结合自己的兴趣和需求，自由选择 2~3 门校本选修课程。校本选修课程考查以出勤、课堂表现、课堂检测、作业、实验、调查报告等作为评分项目，

学习合格者，课程以学分计入学生成长档案。

学校大力开展"阳光体育"运动，保证学生每天锻炼一小时，不断提高学生体质健康水平。学校加强学校卫生健康教育，全面实施学生体质健康监测制度，高标准实施《国家学生体质健康标准》，确保95%以上的学生达合格标准。学校将心理健康教育课程化，为每一个年级的学生提供形式多样的心理健康辅导和课外心理疏导等。加强艺术教育的内容和形式，推进昆曲、古琴、民族舞等高雅艺术和传统艺术进校园。加强普通话、规范汉字书写、经典诵读等教学活动，提高学生语言文字应用能力。

重视综合实践活动课程、积极组织学生开展研究性学习；重视对学生社团活动的指导和帮扶，为学生开展社区服务和社会实践等活动提供便利条件，引导学生活学活用，将所学知识应用到实践中，增强学生主动适应社会的能力。

（3） "文明礼仪教育课程基地"成为"全国青少年健康人格工程试点"

在学校成为全国青少年健康人格工程试点单位、苏州市中小学文明礼仪教育研究与指导中心的基础上，学校加强青年学生文明礼仪教育的研究与实践，形成了富有特色的校本课程标准，开设了文明礼仪教育课程，推出了一系列的校本教材。2011年11月18日，学校成为"苏州市中小学文明礼仪教育研究与指导中心"，2014年"文明礼仪课程"成功申报为苏州市级普通高中课程基地。学校的文明礼仪教研组老师都取得了礼仪培训师的国家级证书，相继在近20所直属学校对教师进行礼仪培训、为学生上礼仪指导课，收到了良好的宣传效果和社会效益，为学校的内涵式发展提供支撑。

7．优秀教师成长计划提高了教师素养

教师是学校的根本，学校非常重视优秀教师的培养，通过多种渠道，采用各种方法，以人为本，促进教师专业能力提高。

（1） 成立三大机构，提高队伍素质

为加快教师队伍的成长，学校充分利用校内外优质教师资源，成立了"苏州市第四中学学术委员会""教师发展指导委员会""教师成长工作室"等机构，加大青年教师培养力度，全面提高师资队伍整体素质。坚持"以教师和学生发展为本"的教育理念，推进培养和培训一体化，逐步建立以校本培训为基础，以课程改革为核心，以岗位培训与学历提高培训相结合的教师继续教育模式。

（2） 加强基层建设，提高实践能力

学校着重加强和改进教研组工作，以教学工作为中心，以教学改革和研究为突破口，开展多形式、多层面的教学研究和课程改革实践活动，提高教师的积极性和创造性，提升教师的学科专业水平和教学实践能力，进一步提高各学科教学质量。教研组、备课组集体备课、说课、磨课；教师做到"七认真"；课堂教学做到"五重"（重情趣、重感悟、重积累、重迁移、重习惯）；组内组织同课异教比赛；组织外出听课学习；每学期每人至少开设一节公开课；组织师徒结对共同提高；组织青年教师基本功竞赛；期初进行全校性教学情况调研；学校领导推门听课；组织对外开放日活动，邀请专家指导；苏州市教科院教研员时常来校进行"点调"，业务指导；组织教师参加省内、大市范围内的各类业务竞赛；各教研组按不同形式进行校本课程开发；等等。这些举措调动了教师们的积极性，挖掘了他们的潜能。

（3）创设发展平台，施展个人才华

学校关心教师全面发展。在政治方面，学校党总支针对条件具备的优秀教师，成熟一个、发展一个，吸引了一批青年才俊加入党组织。在教学方面，对踏上工作岗位的青年教师，提出"三年过三关"：备课关、上课关、成绩关。开展新教师达标活动，健全教师成长档案和新教师德育教学双导师制。压担子，学校班主任、年级组长几乎由青年教师担任；备课组长、教研组长、中层干部中青年教师占了相当高的比例。通过这些强化措施，教师个人有了施展才华的舞台。

学校设立了"桃坞杏坛月度人物""教坛新苗""教坛新秀""教学能手""学科带头人""教科研先进""教改特色奖"等奖项，采取多种有效措施鼓励教师成名成家。

学校盛情邀请了教科院、江苏省苏州十中、苏州市第一中学等单位的教授级高级教师、特级教师等名师，在学校收徒，积极为学校青年骨干教师向名师学习、向名师靠拢搭建专业成长舞台。还举行了校际师徒结对活动，开展徒弟汇报课活动，提供一切机会让教师得到锻炼和成长。

（4）鼓励学历提升，激发科研后劲

为适应新时代、新形势对教育发展的要求，学校鼓励教师积极"充电"，提升学历层次。在已是本科全覆盖的情况下，学校要求青年教师报考在职教育硕士。2004年，张志峰获华东师范大学证书，成为苏州市第一批获得硕士学位的教师之一（全市总计33人）；五年之后，束富强、余嘉、俞菁、张蕾、陈广山等近20名教师获得了硕士学位，王惠妹老师获博士学位。这些教师都参加张剑华主持、张志峰负责和指导的省重点资助课题"中学品格教育的实践与探索"课题组，发挥了积极作用，推进了学校"科研兴教"，一支科研型教师队伍成长起来。

（5）挖掘教师潜能，提升教学效能

教师能力体现在教室里、讲台上，体现在45分钟里。每个教师苦练内功，挖掘潜能，自己首先精通学科知识点，扎扎实实把握好学科知识。在每年的各级各类比赛中，学校的青年教师都有收获。2011年，大市级把握学科能力竞赛中，学校地理、语文等学科教师有三人次分别获得大市一、三等奖。网络教学团队比赛中，一门学科获得大市一等奖。2012年张志峰老师、张剑华校长先后被评为苏州大市学科带头人；马忆兰、邓志敏、侯雪君三人被评为市区级学科带头人，一人被评为教育局直属学校教学"七认真"优秀教师。有18人次青年教师在大市及市区解题能力比赛、基本功竞赛、大市命题大赛中荣获一、二、三等奖。除了在各项论文评比、解题能力比赛和基本功竞赛中获奖人数逐年递增外，学校教师在主题系列活动之一的苏州教育微信"最赞教师"线上评选中获得"最赞老师之最具创意奖"，完成了从课堂到课外、从传统到网络的成长大飞跃。

8. 科研先导促进了学校内涵发展质量

学校以"科研兴校"为中心，大力发展教科研工作，通过组织各种途径的校本研修活动，申报全校性集体课题等措施，唤醒了教师的科学研究意识，在学校形成了较为浓郁的教科研氛围，促进教师的专业发展，建设了一支有较强科研能力的教师队伍。学校完善了教育科研的规章制度，形成了教科研奖励制度、课题管理制度、教师外出参加学术和科研活动规则等，使学校教育科研工作规范化和制度化，并取得以下重要成绩。

一是全国教育科学"十一五"教育规划立项课题"普通高中空乘特色教育的实践研究"顺利结题。自开题以来，课题组在学校空乘特色办学的具体实践中，不断总结经验，开展理论研究。由张剑华校长主持、张志峰老师执笔的结题报告，得到了中国高等教育学会、《中国教育报》、苏州市教科院等鉴定专家的一致肯定和高度评价。课题组在核心期刊上发表论文近10篇，在国家级刊物发表文章近20篇，全校教师在省级以上刊物发表特色教育文章数十篇。

在有效进行理论总结的基础上，学校空乘特色办学有了指导，发展更为迅速。学校在课程开发上围绕空乘特色展开，形成了独树一帜、广有影响的空乘特色办学模式。学校把民航特色教育建设作为学校谋求持续发展、优化自身特色、强化办学优势的一项战略任务，精心研构"切实适用、特色鲜明"的特色教育课程和教学体系，努力造就"结构优化、一专多能、专兼结合"的特色教育教师队伍，建立健全"人事相适、同频共振"的特色教育管理机制，走出一条品牌影响力广、资源凝聚力强、社会满意度高的特色发展之路。

二是江苏省教育科学"十二五"规划重点资助课题"中学品格教育的实践与探索"顺利立项。学校以该课题为核心，全面开展品格教育，融品格教育于办学思想，融品格教育于德育工作，融品格教育于课堂教学，融品格教育于社会实践，使品格教育成为学校办学风格，树立品格教育质量观，以品格促发展，以品格促成效。《中国教育报》以及各媒体对学校的品格教育做了30多次报道，品格教育成为学校新时代教育的品牌。

三是开展科研树人行动，重视科研骨干和人才的培训与培养。学校积极提倡各行政部门、教研组、年级组和每位教师把科研能力的培养放在首位。在学术委员会、教师工作室以及教科室的指导下，教师们参加了江苏省教育科学院举办的"师陶杯"以及中国教育学会、叶圣陶教育思想研究会、苏州市教育学会等征文评奖活动，取得了显著成效。以省"师陶杯"为例，张志峰老师先后获得6次一等奖（当时不设特等奖）、张剑华校长获得1次一等奖和2次二等奖，其他各学科教师也都获得相关奖项。教科研负责部门认真组织教师论文写作、评选等活动，逐步实现了各级课题在教研组内全覆盖，科研进步正推动着学校发展，我们正朝着"科研兴校"的终极目标前进。

9. 加强后勤保障，完善学校硬件建设，确保了学校安全

在学校的后勤保障方面，不仅按时按量、保质保量地完成学校各种设施设备的维护和维修工作，做好安全工作，实行一岗双责，严格保证教育教学正常秩序，不断创造条件，完善学校的硬件设施建设，为不断提升学校的办学水平提供后勤保障。

2013年，梅香楼改造工作顺利完成。

2014年，顺应现代教育技术发展，根据教育局"教育智慧建设年"的工作部署，以及"以信息化带动教育现代化"的工作要求，学校克服校舍紧缺的困难，投入巨资建设了未来教室，育萃楼教室也全部引进电子双板。以信息化教学为主要手段的新式课堂模式逐步成为学校教育的主导模式。选拔教师在学校苏州市教育信息技术种子教师的带领下，开展了"学校多媒体教学技能大赛"。参赛教师在教学设计、"可视化陈述"及"技术运用操作展示"等环节进行了综合评比，通过这种以赛代学、以点带面、以老带新的手段，促进全校教师掌握最新现代教学技术。学校购买第三方服务，与中华教育资源网合作，提升学校教育教学质量。2014年学校还投入130万元，在全国普通高中学校第一个建起了空乘模拟舱，为学生提供全仿真的实训基地，提高办学绩效。

2015年，学校改善教育教学环境，育萃楼教室黑板改造，使用水溶性粉笔。既保证了电子双板的正常使用，也保留了粉笔使用的传统，大大方便了教师授课。其余如健身房改造、厕所改造、二号楼改建、信息楼四楼收回，形体房部分改造为瑜伽室，等等，所有工程施工都安全高效，提高了学校的硬件水平，为师生营造了良好的学习和工作环境。

# 三、发展篇：承上启下，稳固发展，迈入通往成功新轨道

学校深入贯彻党的教育方针，围绕"四个全面"战略布局，以前瞻性的眼光和务实的作风，遵循教育规律，坚持立德树人，将"丰富品格教育内涵，奠基健康人生"作为学校发展的中心任务，深入推进以课程和评价优化为核心的教育教学改革，推进依法治校和科研兴校，坚持内涵发展、特色发展、创新发展，从而实现学校向更高层面的跨越发展。

学校继续高擎品格教育旗帜，树立学生学习与创新思想，培养学生批判性思维和问题解决能力、创造和创新能力、交流与合作能力。紧跟时代要求，促进教师在学习和生活中逐步养成信息素养、媒体素养、信息交流和科技素养，具有胜任工作的能力、领导能力和责任能力。

将学校的民航教育打造成"苏州领先、江苏知名、全国有影响力"的特色教育品牌。民航教育是学校校训"培养高尚纯正之品格，切实适用之学诣"的反映，也是学校十多年来空乘教育经验的积淀和升级，更是中国当代高中教育多样化、特色化、优质化的必然选择。

民航教育是特色办学方向，品格教育是内核特质。民航教育帮助学生做好职业生涯规划，打基础；而品格教育则给学生终身发展奠定基石。

## （一）丰富内涵，彰显特色，全面提高教育质量

品格教育是社会价值和个人价值相结合的教育，指向在人的全面发展理论基础之上的和谐发展。既是德智体等的全面发展，也是个体和社会的共同发展，是个人、集体和社会三者的一体化发展，更是我们当前构建和谐社会的根本要求。

品格教育既是120年校训的传承，更是《教育部关于全面深化课程改革落实立德树人根本任务的意见》精神的具体行动。学校紧紧围绕民航特色教育，实施"中国学生发展核心素养"的培养，践行社会主义核心价值观，强调社会责任感、创新精神和实践能力的培养，促进学生全面发展，使之成为

中国特色社会主义合格建设者和可靠接班人。

为此，学校围绕"文化""管理""质量""特色""师生"几个方面开展卓有成效的改革。

文化务实求真。学校在人、物、事、观念等一切要素上，在一切实践工作中秉持务实的作风，到达求真的境界。做真人、做真事，脚踏实地、以抓铁有痕的态度搞好学校发展。

管理科学民主。学校在管理上坚持科学有效、公开透明的管理模式。坚持民主办学，实行校务公开，让全体教职工和学生了解学校发展情况，做到心中有目标，眼中有方向，手中能落实，脚步能踩稳。

质量高位均衡。学校以课程改革为主线，以教科理念护航，践行教育为人民服务，树立全面、科学的教育质量观。以学生终身发展为基点，以综合素质为参照，以全体学生为评价对象，保持学校教育教学质量高位发展。

特色突出显著。学校"空乘特色"已经享誉省内，目前学校正处于"民航特色"二次创业的过程中。为进一步凸显学校生动鲜明的文化个性和教育特点，学校始终把建设独特、优质、稳定的特色作为重点工作来推进。

师生发展卓越。学校注重尊重师生的主体性，开发师生的潜能、提升师生的素质、发挥师生的特长，通过多样化、高标准的师生发展平台，促进师生的发展达到卓越的层次与境界。

**（二）明确任务，突出主题，全面推进品格教育**

1. 立德树人引领学校德育工作

（1）加强培养学生社会主义核心价值观

习近平总书记指出："青年的价值取向决定了未来整个社会的价值取向，而青年又处在价值观形成和确立的时期，抓好这一时期的价值观养成十分重要。"培育和践行社会主义核心价值观，必须从小抓起，从青少年抓起。抓好了青少年的社会主义核心价值观培育，也就是抓住了国家与民族的未来与希望。

为此，我们确立各年级进行社会主义核心价值教育的目标，积极构建内容体系，关注每一个学生的健康成长，为学生全面发展和终身发展奠定良好的思想道德基础；并结合学校品格教育，形成融合社会主义核心价值观的校本课程体系；在研究与实践操作过程中，不断积累、归纳，形成富有本校特色的经验和做法，并形成一支肯钻研、能实践的研究队伍。

在具体实施过程中，坚持把社会主义核心价值观教育与课堂教学紧密结合。各学科充分发挥课堂主阵地、主渠道作用，有计划地从不同角度渗透社主义核心价值观教育，使社会主义核心价值观教育入眼、入耳、入脑、入心，走进教材、走进课堂，使社会主义核心价值观生动具体地融入学生学习成长的全过程，营造有利于学生健康成长的和谐环境，使学生牢固树立社会主义核心价值观。学校各教研组要从学科三维目标"情感态度与价值观"的角度，编撰教学案例，丰满核心价值观教育。

坚持把社会主义核心价值观教育与校园文化建设紧密结合。学校充分发挥四中悠久历史文化的熏陶作用，运用生动活泼的形式进行以构建社会主义核心价值观为导向，以优良校风、教风、学风为核心，以优化、美化校园环境为重点的校园文化建设。建设体现社会主义核心价值观、社会主义文化特点、时代特征和学校特色的校园文化，把丰富多彩的校园文化、体育活动作为进行社会主义核心价值观教育的有效载体。学校结合钱钟书、潘承洞、姚熹、金士尧等知名校友的故事传播社会主义核心价值观正能量。

坚持把社会主义核心价值观教育与中学生道德实践活动紧密结合。社会主义核心价值观教育要始终与德育实践活动紧密结合，与学生的综合素质评价紧密结合。学校以实践和活动为桥梁，广泛开展道德实践活动，引导中学生在实践中牢固树立社会主义核心价值观。学校紧密结合中学生的思想实际，紧紧围绕社会主义核心价值观，以活动为载体，广泛深入地开展生动活泼、丰富多彩的道德实践活动。学校积极组织学生参与街道、社区组织的各项公益活动，在活动中树立正确的世界观和人生观。

坚持社会主义核心价值观教育与家庭教育、社会教育有机结合。在开展社会主义核心价值观教育过程中，学校通过发放宣传材料、家长会等多种形式，将学校开展的社会主义核心价值观教育活动的内容、要求告知家长，同时向家长提出明确要求，配合学校做好教育工作，在教育方法、教育要求等方面达成一致，形成合力，实现家、校结合共同教育的局面。要积极加强与各有关部门和群团组织的协调、沟通与配合，整合教育资源，拓展教育渠道，努力形成分工协作、齐抓共管的工作格局。结合"学校社区共建"活动的开展，积极营造学校、家庭、社会共同关心青少年社会主义核心价值观教育的良好氛围。

充分发挥学校关工委、校外教育基地的重要作用。学校要充分发挥学校关工委团队的积极作用，邀请"五老"讲师团宣讲社会主义核心价值观的基本内容。学校要充分发挥社区、敬老院等校外活动阵地的作用，组织开展富有吸引力的教育活动。引导学生走向社会、了解社会和正确认识社会，学生在积极参加丰富多彩的实践活动中内化教育目标，从而获得亲身参与研究探索的经验，培养发现问题和解决问题的能力，培养对社会的责任心和使命感。

（2）加强道德人格教育的实践探索

与社会教育、家庭教育相比，学校教育具有系统性、稳定性与专业性的特点，是学生道德人格培育的中心环节。抓住学生道德人格的可塑期，创新学校的道德人格教育，能够有力把握学生道德人格教育的主动权。

为此，学校积极开展主题健康、形式新颖的思想政治理论课教学活动，进一步深化思想政治理论课的教学改革，改进教学的方式方法，提高学生道德人格培养的科学性。学校通过加大实践环节的课程配置，将道德人格课堂教学与社会实践统一起来。鼓励更多的学生参与志愿服务活动，通过帮扶弱势群体、参与环保宣传等多种途径，使学生在社会生活中感受真实的道德情感，了解社会发展对于自身道德人格的要求。

加强校园网络新媒体平台建设，吸纳掌握先进网络新媒体技术的青年教师参与到学生道德人格的培育中来，通过新媒体平台与学生进行深入交流。将社会道德热点和现象、学生日常生活中的道德事迹制成宣传材料，加上"编者的话"在校园网刊登。建立校园或年级、班级的官方微信、微博以及QQ群，教师带领学生在这些平台中对道德热点进行讨论，听取学生的心声，及时调整学生道德人格提升的准星。

2. 确立学校全员育人的运行机制

从前，虽然学校实行的是一岗双责和全员育人的制度，但对学生综合素质进行评价的主要还是教师。随着《关于深化考试招生制度改革的实施意见》的实施，在高中小班制的前提下，为更公正客观地评价学生的综合素质，减轻班主任的工作压力，学校实行学生成长导师制。

导师制的最大特点是师生关系密切。导师不仅要指导学生的学习，还要指导学生的生活，进行德育，以更好地贯彻全员育人、全过程育人、全方位育人的现代教育理念，更好地适应素质教育的要求和人才培养目标的转变，以形成具有特色的全员导师运作范式。

导师产生。教师公布自己的教育理念、培养目标、学术特长、工作方式、个性特点等个人情况，学生可以根据自己的学习、生活、心理现状及成长需要，从自己的任课教师中自主选择一位成长导师。年级组根据学生自主选择情况统筹兼顾，在征得学生和教师同意的情况下适当调整。

导师职责。分析学生现状，肯定成绩，指出不足，帮助学生制定学习目标和成长规划。导师对学生全面负责，指导其课业学习、课外阅读、心理、品德、研究性学习及特长发展等。平时通过小组会、个别谈话等给学生解疑释惑，每周与每个学生谈话不少于1次。每学期指导学生写一篇写实性记录。

导师管理。导师本人每学期制订工作计划，做好成长工作记录，每学期写一篇心得。学校要重视导师的培训，导师间要互相交流学习，总结分享经验。导师制的推进，有助于拉近师生关系，有利于教师更好地为学生、家长服务，也有利于年轻教师的社会经验的增加。

3. 品格教育成就德育品牌

学校通过调查问卷和学生访谈，发现学生最看重的五个品质依次为诚信、尊重、宽容、责任、自律。为此，学校以"培养学生做有社会责任感的人"为目标，确立了爱的教育、诚信教育、纪律教育、关心教育、宽容教育、尊重教育、责任教育等教育主题。力求让学生从他律到自律，做一个自律的人；从个体到集体，做热爱集体的人；从集体走向单位，做积极向上的人；从单位走向社会，做有社会责任感的人。

学校以爱国主义教育为主旋律，以理想教育为动力，以养成教育为抓手，构建和谐校园，营造师师和谐、师生和谐、生生和谐的德育大环境。学生思想品德合格率100%；养成教育达标率在95%以上；学生社会实践参加率在98%以上。以"自信、自主、自律"教育为主题，强化"全员德育"的育人意识，形成常规扎实、特色鲜明和成效显著并符合学校发展实际的德育工作机制。

学校加强班主任队伍专业化建设，探索新时期班主任工作的管理和培训模式，打造一支师德高尚、业务精湛、管理精细、富于创新和奉献精神的专业化德育管理队伍。积极主动协调街道和共建单位的教育力量，进一步完善学校、家庭、社会三位一体的思想道德建设的网络，构建新型德育协作机制。

学校在具体工作中，加强德育队伍建设，营造德育氛围。一是加强德育工作领导，进一步发挥学生处的德育指导作用，保障德育工作顺利开展。以学校德育领导小组为核心，以学生处、团委为主要职能部门，构建以年级组为重心，以学生会、自管中心为主体的基本德育管理网络。二是建设一支坚强有力的班主任队伍，发挥其核心管理作用，做到随时、随地对学生进行教育，坚持教育、教学、服务管理三位一体的育人原则。强化班主任工作考核，进一步体现务实精神和人文情怀，积极探索创建优秀班主任群体的有效途径。

学校提倡家校共育，注重家风的影响，要求教育工作者承担"家庭教师"责任。在家庭生活中，道德教育无处不在，如何尊敬长辈，如何学会感恩，这些都是家庭道德教育的重要内容。日常生活中的琐碎小事往往蕴含着深刻的人生哲学。"家长学校"教育父母要以身作则，在青年道德人格提升方面率先垂范、身体力行，在看待事物、处理问题时不能偏激，在道德问题上要明确标准，使子女发自内心地钦佩家长，使自身成为"明星父母"，从而在道德层面上潜移默化地感染学生，使学生从中受到道德熏陶，形成完善的道德人格。

　　学校以活动为载体,加强班级文化建设。结合各种纪念日、节日适时开展丰富多彩的文体、德育活动,做好学生的品德养成教育。以特色化班级建设为载体,真正抓好班级文化建设。各班抓特色,出亮点。要求各班主任根据本班特点,确定选题内容。在班级物质文化建设上做到有洁、齐、美、趣的学习环境,教室布置雅致有特色,有与主题相符的文化园地和体现班级精神的字画等。在班级精神文化建设上做到有规章制度、公约,班级实现自主管理;有具体、切实可行的个人目标和班级目标;有特色鲜明的班级文化标志(班徽、班训、班歌等)。通过对班级特色文化的建设,全面推动德育工作的开展,最终为学生的健康成长和教育事业发展服务。

　　加强心理健康教育,形成健全人格。开展好学生的心理健康教育、青春期教育课。做好学生心理疏导,充分利用学校的心理健康教育咨询室,保证心理健康教育活动的常规化、规范化,促进学生身心全面和谐健康发展。继续开展有关学生心理健康的课题研究活动,做好个案的积累和研究工作。组织有关教师外出学习,聘请有关专家来校开办讲座,通过班会课开展系列活动,密切关注学生心理素质的发展,挖掘学生的潜能,帮助学生形成健全的人格,培养其承受挫折的能力、超越自我的勇气,使其具备良好的心理品质。在工作中尤其要重视离异家庭、特困家庭学生的教育。

　　法制、安全教育紧抓不放,重点做好教育防范。充分利用法制教育报告会、班会课、国旗下讲话等进行安全教育、普法教育,提高自我保护意识、安全防护意识和自救能力,增强法律意识、法治观念和风险防范意识,使学生知法、懂法、守法。加强校外租房学生管理,凡是在校外租房学生要求有家长陪读。组织班主任深入学习《预防未成年人犯罪法》,请校外辅导员来校做法制教育报告,对问题学生进行定期、定人帮教与转化,杜绝在校学生违法犯罪事件的发生。

　　4. 扎实有效稳步推进教学工作

　　(1) 打造科学适切的校本课程体系

　　以基础教育课程改革的基本理念和国家、省、市中长期教育改革和发展规划纲要为指导,认真落实"人文高中""社科高中"建设行动计划,为学生的健康、快乐成长搭建多元的课程平台,为学校的高质量、特色化发展构建核心支撑,不断提升教育现代化水平,为广大人民群众提供优质的教育服务。

　　为此,学校科学规划和建设完善的课程体系。遵循"培养高尚纯正之品格,切实适用之学诣的"办学宗旨,科学规划和制订包括国家课程、地方课程和学校特色在内的有机统一的学校课程实施方案。在桃坞课程的总框架下，设置钟书文科课程体系（取校友钱钟书之名）、承栋理科课程体系（取校友潘承洞之名）、青莲德育课程体系（取校友张青莲之名）、钟翰科学课程（取校友钱钟韩之名）体系、星辉艺体课程（取空乘特色之意）等，体现国家要求的"人格修养、社会关爱、家国情怀、自主发展、合作参与、创新实践"六位一体的核心素养。

大力推进学校特色课程和课程基地建设。学校将积极开展本校特色课程建设，不断充实、完善和延伸。在此基础上，形成学科课程基地。2020年，有5个课程基地能达到苏州市级标准，1个课程基地达到江苏省级标准。

一是认真梳理校本课程资源，在校本课程的基础上进行筛选、整合与提炼，形成体现学校育人目标，满足学生发展需求且代表学校课程开发最高水平的课程，形成学校特色课程。学校将借助于华东师范大学课程与教学研究所的力量，对现有的课程体系进行梳理和重新设计。优化师资组合，发挥更大优势。

二是积极开展国家课程的校本化建设行动，结合自己的校情（师情和生情），借助于外界名师团队"教师发展指导委员会"的力量，发挥学校教研骨干教师的能动作用，遵循循序渐进的原则，二次开发完成学校高考学科课程工作。尤其争取在人文社会科学方面，形成具有区域内有影响力的优质学科课程，并形成学校特色。

三是借助于市科学技术协会、市教育局下属苏州市青少年校外教育指导中心、苏州市中小学家庭教育研究与指导中心、苏州市中小学生文明礼仪教育工作研究与指导中心等组织，开拓市博物馆、文庙、昆曲中心等活动场所，实施包括市青少年活动中心、社团等在内的校园活动，并将其纳入课程化发展的轨道，使之成为活动课程。

与苏州大学外国语学院等合作，尝试小语种师资培训、课程实施等方面的合作，成为"苏州大学外国语学院非通用语种教育基地"。通过开设葡萄牙语、意大利语、泰语等非通用语种教学班，致力于在基础教育阶段加强国际理解教育，增进本校青少年对不同文化的认识和理解，培养一批国际视野开阔、人文素养高、国际理解能力强的储备人才。

（2）实施智慧有效的课堂教学改革

学校以实施江苏省叶圣陶教育思想研究所"教是为了不教"教改实验项目为契机，遵循"认定目标，致力于导；激发动力，发展主体；教材为例，举一反三；愤悱启发，相机诱导；指点学法，逐渐放手；实践历练，养成习惯；因材施教，灵活创造；正确评价，促进自学"的原则，努力加大课堂模式的改革,力争提高课堂效率。学校在"学思校训"的基础上,大量调研学生在学习习惯、学习方法和课堂效率等方面的情况,提出"学思相合,辨行为一"的主张。

为此,在成熟巩固学科基本课堂范式的基础上,教师形成自己的教学课堂特点。每门学科课堂教学按授课类型,形成自己的规矩要求。教师在此基础上,逐步形成自己的教学风格。

学校坚持新课程三维目标并举。在扎实掌握知识与技能的基础上,培养学生发现问题、思考问题、解决问题的能力,让学生学会学习,形成创新精神和实践能力等。同时,培养正确的情感、态度和价值观,让学生形成积极的学习态度、健康向上的人生态度,具有科学精神和正确的世界观、人生观、价值观,成为有社会责任感和使命感的人。

学校切实提高课堂教学的效率。借助于信息化手段,充分利用教室空间(前后双板),打造个性化课堂教学,提升学生听课效率,争取一课一得。

一是积极加强对"学思相合"的内涵探索。课堂教学强调"把思考还给学生",要求教师把质疑问难的权利还给学生。培养学生大胆质疑的精神,开发学生的思维品质,开拓学生的思维方法,启发学生的创造性思维。培养学生"学会思维,善于思维,利用思维"。在此基础上,形成本校的"学思"教学方法。教师要明确课堂教学目标、突出知识形成过程、联系已有知识经验、重视非智力因素培养、提升思维品质、创设良好教学情境,分层教学因材施教。鼓励学生"创见",尊重学生"异见",宽容学生"误见"。加强"大小课堂结合、动手动脑结合",以"做""观察""探究""设计""制作""评估"等一系列活动加速学生创新思维培养和动手能力的提高。

二是推行走班制、专教制和导师制。在新高考的模式下,学校结合师资情况,对部分学科实行走班制和专教制。根据术业有专攻的特点,学校将打破部分学科原有的整体结构,进行细分;教师可以根据自身特长及优势,自主选择更精细的分科教学。语文可由"写作""古文""诗词鉴赏""阅读教学"等组成;数学由"函数""三角""解几""立几""数列"等几大块组成。尽量让教师在学科的专业领域更有优势。学生根据自己的要求实行走班制,根据自己的兴趣特长和目标来选择课程和老师。选课走班制是通过在线网络平台完成的,选课、排课等教务工作通过云平台完成。学校实行数字化管理,MOOC、微课、O2O等教学方式被纳入其中。在教学班代替行政班之后,学校又推广导师制。导师可能身兼数职,既是生涯规划师,又是心理疏导师、学业指导师,从方方面面辅助学生成长。

三是实行A、B班的同质竞争实验机制。在以往的办学中,高一新生成绩参差不齐，给学校管理和评估带来许多不便。同轨的10个班级分为普高和空乘两大类别。学校将其划分为三个层次：1个十中联办班对应1个空乘实验班；2个非空乘实验班对应2个空乘班；2个普通班对应2个空服班。分类评估，所有的对应班级，入学起始分基本相同，考核标准也相同；不同组别参考不同的考核标准。为便于更好地实验，学校进行教学改革，通常在同组班级中进行教改对比。

强化教师教学"七认真"的同时，理科教学突出动手实践能力的培养，文科教学突出阅读习惯的养成，追踪世界科技、教育前沿的最新变化，加强学生独立分析、判断、推理的综合能力，尤其是想象力和创新力的培养。引进"极课"数据系统，充分为教学一线服务。

（3）树立和培养服务式学习的教育理念

服务式学习是社区服务与学术研究互相联系、互相促进的各种教学方法的集合。基本理论来源于杜威教育思想。该理论认为整个教育过程应围绕学习者的体验开展，体验式教育强调过程，以学生为中心、强调过程体验、强调探究和解决问题、重视学习成效和终身学习等理念，是服务式学习的指导哲学。服务式学习既强调服务，也强调学习；服务的质量决定学习的成效。主动学习和互动式教学是当前西方最主流的教学理念。服务式学习就是实现互动式教学的典型方法之一。

学校通过服务式学习的理念，提升综合实践活动课程开发及实施水平，同时帮助中学生关照现实，以发展他们的潜能。基于兴趣的服务式学习有效提高学生对校园的归属感和沟通能力，并促使他们更多地关注他人福祉；参与服务的学生更有可能主导朋辈教育，显著增强自我效能感和综合能力，并对自己的人生规划有更清晰的认识。

服务式学习能更好地让学生联系社会实际，通过亲身体验进行学习，积累和丰富直接经验，培养创新精神、实践能力和终身学习的能力。服务式学习能促进学生把专业知识与现实问题结合起来，改进核心课堂的教学。

在具体实施过程中，学校将服务式学习理念贯穿到社会实践活动中。借助苏州市青少年文明礼仪指导中心平台，向全市青少年推进"八礼四仪"文明礼仪养成教育实践活动。深入推进教育志愿服务，积极参加苏州市教育志愿服务联合会组织的活动，争取成为志愿服务基地学校。全校师生积极参与"余香行动"图书捐赠、"蝴蝶伙伴计划"和教师义务支教等相关志愿服务项目。让更多教师参与到志愿者队伍中，提升素质、传递文明、服务社会。切实加强学生心理健康教育，让更多教师成为心理咨询师，推动学校心理健康教育专业化、规范化发展。

将服务式学习理念运用在 STEM 学科和跨学科课程中。引导学生发现 STEM 课程内容与实际的关联，自发增加科学文献阅读量、提高读写能力，让学生更好地理解现实需求；激发学生为人类和社会服务的热情和使命感，同时引导学生科技创新以解决校园和社区的实际生活问题。服务式学习项目能显著提高学生的同理心和参与社区生活的积极性。因此，学校有意识地结合政治经济学和地理历史学，开设一些环保课程和理财课程。

服务式学习是推进学生工作履行教育职能的重要板块。学校基于学生工作设计了很多类型的服务式学习项目。例如，公益服务，与桃坞街道、石幢社区共建项目活动，各级各类社会实践等。学生领导力项目能引导学生关注领导、推动社会改革的能力。引导学生关注了解海外学习、全球学习中的服务元素，以锻炼学生的跨文化沟通能力等。

5. 富有成效凸显体卫艺专教育

青年学生身心健康、体魄强健、意志坚强、充满活力，是一个民族生命力旺盛的体现，是社会文明进步的标志，是国家综合实力的重要体现。体育锻炼是提高学生健康素质的有效途径，对青少年思想品德、智力发育、审美素养和健康生活方式的形成具有不可替代的作用，对促进学生全面发展具有重要意义。

深入贯彻"预防为主"的卫生工作方针，坚持具有政治思想性、科学性、艺术性的健康教育基本原则，学校通过多种传播途径和手段，在广大师生中深入开展健康教育工作，培养学生的各种有益于自身、社会和全民族健康的行为和习惯，普及卫生科学知识，倡导文明、健康、科学的生活方式，不断提高全体师生的卫生知识水平和自我保健能力，从而达到预防疾病、促进健康、提高生活质量和学习质量的目的。

艺术教育对于立德树人具有独特而重要的作用。艺术教育是实施美育最主要的途径和内容。艺术教育能够培养学生感受美、表现美、鉴赏美、创造美的能力，引领学生树立正确的审美观念，陶冶高尚的道德情操，培养深厚的民族情感，激发想象力和创新意识，促进学生的全面发展和健康成长。

为贯彻落实中共中央、国务院《关于进一步加强和改进未成年人思想道德建设的若干意见》，以及国家有关部委对中小学开展各类专题教育的精神，学校结合学科知识，突出金融、环保、科技、保险、国土资源和生态文明等各项专题教育，引导青年学生通过相关体验活动，调整身心，健康成长。

为此，学校进一步落实体育课程严格化、艺术活动特色化、卫生保健制度化、专题教育丰富化。促进学校的体卫艺专工作流程化，让全体教师和学生更加了解和支持学校决策，促使他们积极主动地参与锻炼，不断提高自身的综合能力,为培养适应21世纪、适应国际化市场、适应我国现代化建设的合格人才奠定基础。

在教学模式、方法、手段上进行探索和改革。培养学生自主钻研、合作创新的能力,以学生的兴趣爱好为基础,结合学校的具体情况设计自己的校本课程与教材;严格保证学生的体育锻炼时间,要求90%以上学生达到学生体质健康标准。切实加强卫生领导和督查工作,积极开展宣传、防治工作,采取积极有效的措施,努力降低学生常见病的发病率,严格控制近视率;大力开展健康促进活动,重视心理健康教育,切实完成"健康教育"课程教学工作,切实保障师生身心健康发展;加强艺术教育特色化,每年举办一次艺术节,每学期举行艺术专项比赛。规范学校艺术教育工作管理制度,人人参与课外文娱活动、兴趣活动、艺术教育活动,使学校成为苏州市艺术特色校。

我们认为,体育教育、艺术教育、健康教育和专题教育具有独特的、不可替代的育人功能和价值,从体育教育方面可以看到学校的精神,从艺术教育方面可以看到学校的品位,从健康教育方面可以看到学校的活力,从专题教育方面可以看到学校的教育视野。为此,我们做了以下三项工作。

一是"四化""四有"扎实提高学生体质健康水平。学校落实学生阳光体育运动管理制度化、实施常态化、参与全员化、考评规范化的"四化"要求,做到时间、人员、经费、活动"四个落实",印制学生体质健康监测与体检表,每年组织专门人员进行监测与体检。学校将收集整理学生体质健康数据和体检数据,并进行统计分析。按时向全国学生体质健康标准数据管理中心和省数据管理中心上报监测数据。将学生体质健康监测与体检表作为学生档案保存。学校建立体质监测与体检数据库,根据统计分析结果,落实改进措施,对学校体育与健康教育提出指导性意见。建立一套针对性强、可操作性强、合理规范的体育艺术特长生培养制度,对体育艺术特长生加强训练,提供参赛机会,发挥学生特长,开拓升学渠道,为大学输送合格人才,让学校全体学生在活动中强健体魄、丰富灵魂,最终形成"学生有特长、教师有专长、学校有特色、学校有发展"的"四有"局面。在此基础上,学校同市体育局、市运动学校合作,成为排球运动员训练基地校,同时将健身房升级改造为艺体训练馆。

二是坚持四个原则,狠抓常见病防治工作。第一,坚持预防为主原则,加大视力保护知识的宣传力度,培养学生科学用眼习惯,改善教学卫生条件,创建良好的视觉环境,降低学生近视眼新发病率。第二,坚持综合防控原则,切实减轻学生课业负担,规范学生作息时间,控制青少年学生超重、肥胖比例。第三,坚持常抓不懈的原则,把常见病防治工作作为学校日常工作,贯穿教育教学各个环节。第四，坚持全员参与原则，充分发挥全体教师和家长、社区的作用，建立教师全员参与，学校、家长、社区联动机制。部署和安排血吸虫病防治、艾滋病防治、远离毒品等健康教育。组织开展多种形式的教育活动，加大宣传教育力度，让学生深刻认识疾病带来的危害，提高自我保护意识，并能采取有效防范措施，保障自身健康和安全。

三是常态化丰富艺体专活动，陶冶学生情操。将"我唱我跳我演我做"活动打造为苏州四中艺术教育的旗帜，促进学校艺术教育工作发展。成立"我唱我跳我演我做"组织机构，制订具体的实施计划，将"我唱我跳我演我做"辅导工作纳入教师工作量统计。让学生会唱、会舞，会演、会做，在各类艺术节中增加亮点。根据指导教师专业特长和学校传统特色，组建"学生合唱队""学生舞蹈队""学生武术队"等，每年4月、5月和10月定期开展"雀之灵""放飞青春之梦""科技周"等活动，形成学校百花齐放的素质教育局面。通过学校艺体专教育，培养学生感受美、鉴赏美和创造美的能力，让学生获得必不可少的文明素养。同时，为创建和谐、健康、美丽的校园不懈努力。

6. 科学前瞻建构公正评价系统

教育评价体系建立，不仅涉及公正科学评价学生，全面贯彻素质教育，同时也关系到亿万学子的身心健康和全面发展，进而影响到教育兴国、人才兴国的战略深入推进。

2013年，依据国务院《关于深化考试招生制度改革的实施意见》、教育部《关于推进中小学教育质量综合评价改革的意见》《中小学教育质量综合评价指标框架》《关于加强和改进普通高中学生综合素质评价的意见》等文件的精神，学校根据自身实际情况，建立学校学生和教师评价制度体系，即建立"苏州市第四中学学生综合素质评价体系""苏州市第四中学学业质量评价体系""苏州市第四中学教师评价考核体系""苏州市第四中学部门管理评价体系"，并同时出台相应条例。

学校在这些评价制度和细则条例的规范下，推进学生学业质量综合评价改革。基于"标准、评价、改进、提高"的教育教学质量诊断与改进体系，学校围绕学习动力、学业负担、学习方式、师生关系、教学方式、教师专业素养、校长课程领导力、校园学习文化、家庭背景等九项评价指标，以生为本，注重绿色综合评价；引导学校、家长和社会树立全面的教育质量观，营造良好的育人氛围，为每个学生的健康成长提供适切的教育；搭建各类人才成长"立交桥"，积极探索人人皆能成才、人人尽展其才的新路径。完善我校学业质量评价绿色指标，建成阳光评价系统。科学、客观地评价常态下的教学质量，全面提升教育品质。

另外，学校制定了学生综合素质评价条例。为了能更好地培养学生综合素质，学校依据"思想品德""学业水平""身心健康""艺术修养""社会实践"等五大方面的内容，结合本校高中学生发展的年龄特征以及学校教学实际，科学确定学生综合素质评价的具体内容和要求。突出反映学生全面发展的情况和个性特长，注重考查学生社会责任感、创新精神和实践能力。

为了加强教学管理，提高教育质量，学校根据教育部《关于积极推进中小学评价与考试制度改革的通知》精神，结合国家、省市教育中长期发展规划要求和江苏省星级高中评价标准，制定我校教师评价考核体系。评价考核主要围绕"职业道德、了解和尊重学生、教学方案设计与实施、交流与反思"四大方面及20个指标展开。学校改革教师评价制度，改变单纯以绩效为指标的评价模式，构建多元开放、科学合理的评价机制，促进教师专业成长和持续发展。

再者，学校科学制定部门管理评价条例。通过社会公众、学生、家长和教师群体等，以第三方的角度客观评价学校各部门的管理效能。对于学校领导部门，考察其前瞻性和政策研究、解读能力；对于教学管理部门，考察其教育思想、文化专业知识、工作统筹能力等；对于思想政治教育部门，主要是评价其思想文化素质和工作协调能力等；对于教育研究部门，主要是评价其课程研究能力和校本的细化能力；对于后勤保障部门，主要是评价其后勤服务和支援能力等。

学校依据客观公正、科学前瞻的原则，建构学生、教师及部门的评价体系，作为平时考核的主要依据。对在岗教师实行业绩考核制度，将考核结果作为其绩效工资、职称申报、职务聘任或解聘、荣誉称号授予等主要依据。建立有效的评价机制，完善教师发展性评价指标体系，健全教师业务档案，通过建立教师、学生、家长和学校管理者共同参与的、体现多渠道信息反馈的教师评价制度，增进评价的开放度和客观性，更全面地评价教师的教学质量和各项业绩。

7. 精细务实提升学校管理品质

学校的管理工作务求精致和务实。基于公平公正的原则，学校对教师采取多一点定量考核，少一点定性考核。学校首先从理念上"立标准"，从做法上"求精致"，力求使求真务实的工作作风成为学校运行发展中的"常态"。基于此，学校对于教师的定量考核，着眼于"课程与教学"基本规范的落实情况、基本要求的执行情况。具体做法是，基于市教育局和教科院规准立标准。规准，就是行动的规则和工作的标准，涉及学生学习认知的规律、教师专业发展的规律、学校管理运行的规律。

在教科院教学视导思路指引下，学校组织教师深入学习课程标准以及学生认知发展客观规律，不断梳理优化学校课程建设和教学实施的工作流程，主要从课程计划、课程行动方案、课程实施效果评价等方面，从备课、课堂观察、听评课、作业、考试等环节，形成了学校自己"可检测"的课程建设与教学管理的基本规范和质量标准。

规定教研组活动以"主题教研"的方式开展，在研讨中回应教学的六个领域：内容与节奏、主题与角色、程序与细节、方法与手段、组织与形式、知识与能力，同时教研活动方案必须要包括以下要素：教研主题、教研时间、教研地点、教研人员及人员安排（授课教师、观察分工、录像、记录等）、教研目标、教研负责人、教研过程（聚焦问题、课例展示与观察、现场研讨、专业引领）、观察量表、教学设计。

细化出台教师岗位职责、教研组长职责、教学常规实施意见、教师个人量化绩效评估细则和优秀教研组奖励办法等，建立起精致化的全覆盖的教学质量保障体系。对教师的考核实行常规考核与发展性评价相结合的制度。通过量化的评价，促进教师在教学工作各环节展开良性竞争，激发教师队伍活力，推动学校教学工作的动态发展。学校还尝试借助信息化的手段，依托大数据平台的量化积累，对教师教学常规行为以及在学生评教和家长评校活动中学生和家长对教师的评价都做统计，建立教师专业发展记录袋制度，科学记录教师专业发展过程，形成既注重过程又注重结果、分层考评、点面结合、公平公正的教师发展性评价体系。

学校在教师人力资源管理中，采取分类管理、分类考评、分类发展的思路，基于能力匹配原则，把合适的人放到合适的位置上。通过领导考核、同行评价、学生评议、自我评估等策略，建立能力匹配模型。学校将通过能力胜任、分类管理的务实做法，在教师队伍中形成人人摆正自己的位置、找准自己的坐标、牢记自己的责任、干好自己的工作的新常态。

确定"管理重心下移，领导工作下沉"的"低重心管理"思路，实施学部制管理，实现学校治理方式的全面更新和快速发展。通过扁平化管理，减少中间管理层次，减少信息在传递过程中的耗损和失真，扩大信息沟通的范围而增加管理幅度；通过实施权力、目标和任务分解，强化责权对等的分权式管理，调动学部、班级及广大师生的创造性、积极性，达到降低管理成本、提高管理效率的目的。各处室职能简化，只负责对各学部条线上的工作进行指导、监督、协调和评估，因而能够有的放矢开展本职工作。

8. 打造德才兼备的师资团队

学校工作重心在于师资队伍建设。以"面向全体、高端引领、项目发展、关注新人"为基本思路精致培养教师;围绕"提升教师专业水平"这一核心,发展研究团队,突出"需求导向",打造讲台上的优秀教师队伍。

通过完善机制、开展校本培训、引导教师自主发展等措施,坚持"科学发展,志在卓越"的理念,推进教师的专业化发展,使教师在教育理念、师德修养、知识结构、教学能力、科研水平、信息素养、创新能力等方面得到综合提升。

为此,学校适应信息化时代的新要求,进一步加强师德师风建设,不断提高师德修养的实效性和实践性、探索师德建设的新思路和新方法,打造以桃坞教师团队为特色的教师队伍;注重体制机制创新,健全学校教师培养机制、管理机制、竞争机制、评价机制、考评机制、奖励机制等,让每位教师在不断学习中掌握理论、丰富知识、提高能力、改进教学、完善人生,不断提高教师的业务水平、专业技能和进取精神。

学校深入开展教科研活动,促进教师更新教育观念、知识能力,提升教师的发展能力和综合素养,让科研兴校落到实处,以此打造"有理想信念、有道德情操、有扎实学识、有仁爱之心"的"四有"教师,努力打造一支师德高尚、业务精湛、结构合理、充满活力的高素质、专业化教师队伍。建设一支具有现代教育观念与国际视野,具备教育家的人文修养与教学专家的业务素质,具有崇高的敬业精神和团队合作意识,能够适应学校全面实施素质教育和推进学校改革和发展的研究型复合型师资队伍。

为此,学校坚持师德为先,为教师发展提供支撑。深入学习《国家中长期教育改革和发展规划纲要(2010—2020年)》《中华人民共和国教师法》《教师职业道德修养》,坚持依法治教和以德治教的有机统一,让每位教师明确自身的权利和必须承担的义务,认真教书育人;加强理想信念教育和道德教育;加强以爱国主义为核心的民族精神和以改革创新为核心的时代精神教育;加强社会主义核心价值观教育,培养教师理念先进、人格完整、遵纪守法、追求高雅、事业心强的优秀教师。

增强责任意识,完善教师师德达标目标和考核制度。要求全体教职工乐业、敬业、勤业、精业;师德是教师素质的灵魂,师爱是师德的灵魂,教师要尊重学生、了解学生、理解学生、引导学生,情理相融,严慈相济;上好每一节课,教好每一个学生,带好每一个班,抓好每一个教研组;依法执教、爱岗敬业、严谨治学、团结协作、尊重家长、廉洁从教、为人师表,认真履行每一位教职员工应尽的职责和义务。

树立师德典型,为教师营造积极向上的成长环境。评选一批师德高尚、学生爱戴、同行认同、社会认可的教师典型,表彰市、校级优秀德育工作者,在全校营造健康向上的教师成长环境。

坚持能力为重，为教师发展搭建平台。全面研习课标、注重学习提升。组织教师深入学习、研讨课程标准，落实市教育局、教科院相关会议精神，领会并掌握新课改方案中的培养目标、课程结构、课程标准、课程实施及评价体系等内容，使全体教师树立新的教育教学理念、新的课程理念。

诊断分析指导，提升专业水平。设计教师业务诊断样表，建立教师业务发展档案，运用大数据等手段进行教师教学科研能力诊断分析与发展设计，并跟踪督促指导。在自愿的基础上，根据每个教师的特点和需求来帮助教师制定专业发展规划。

探索切实适用的校本研修方式。对于新手型教师，学校将给予授课技巧、论文写作方面的培训，老教师言传身教，发挥传帮带作用；对教学经验比较丰富的骨干教师、熟手型教师，学校将提供更高的研修平台，学校延请名教师、特级教师来引领，助其克服职业倦怠，为专业发展注入新的目标和动力。学校创建新型校本研修模式，把技能提升融于教学研究，为不同层次和类型的教师精心设计不同的培训项目，促进学校内涵式发展。

校本培训注重全员性、针对性和前瞻性。学校将学习与交流相结合、教学与教研相结合、学习与考核相结合、自我研修与同伴互助相结合、点上突破与面上推进相结合，重点开展教育教学能力研修、教育科研能力研修、专业引领研修、现代教育技术研修等方面的培训，采取专题讲座、教学观摩、名师指导、参观考察、自主学习等方式，如开展"教学研究周""课题建设推进周""名师高徒展示周""智慧课堂""读书沙龙"等活动，促进教师教育观念与教学行为的转变以及教师课堂教学能力、教研水平和科研能力的提高，推进培养和培训一体化，逐步建立以校本培训为基础、以课程改革为核心、以岗位培训与学历提高培训相结合的教师继续教育模式。

更新理念，掌握现代技能。学校紧跟时代步伐，通过"引进来"（聘请专家举办讲座等）和"走出去"（到高校、名校培训学习等），多种渠道打造现代教师团队。鼓励教师参加校内现代化技术最新知识和操作技能的培训，参加国际化培训，帮助教师了解并适应"互联网+教育""云时代教育""大数据教育"等新理念、新标准、新要求；培养一支业务过硬、技能过关、理念领先的教师队伍。

专家引领，构建校内、校际教师发展共同体。教师的发展是教师集体的发展，不同的学科教研组、年级组、备课组等教师团队能否实现教师集体的专业化发展对于学校发展具有决定性的意义。学校需要实施专业引领制度，即根据教师的实际专业技能水平，聘请学术专家参与到学校的师资培训中，以开设专家讲座，从教育哲学、教育理论、教育方法等不同角度拓宽教师视野。例如，采取"专家引领结对、同伴互助、共同发展"的方法，成立"名师工作室"，选聘本校或者其他学校的名教师、特级教师担任学校部分骨干教师的"高端导师"，加速青年骨干教师专业成长。邀请学科专家参加学校的教研组活动，参与磨课、听课、评课，通过与专家的交流互动，给教师提供学习的机会，使教师在平时教学中的困惑得以解决。

在专家的有效引领下，学校积极组织成立校内教师发展共同体和校际发展共同体。校内共同体主要以教研组和年级组为基本群体，在专家的指引下，利用校内资源，建立技能提升的"互动式研讨"模式，通过课例研讨等活动将大家教学中共同面对的问题作为研究对象，共享教育智慧，有效整合校内的资源。尝试组织区域内兄弟学校的教师组建教师专业发展学习共同体，简称校际共同体，整合各校教研资源，给学校教师发展更多的外力支持和助推，如开展同题异构、教学研讨、互动式交流等活动，为本校教师的发展提供更加广阔的发展平台。

坚持全员参与，为教师发展提供动力。制定新教师考核制度，从教育、教学、科研等方面全方位促进学校新教师成长，力争使其一年站稳讲台，三年胜任教学，五年走向优秀；从思想、业务、生活等多方面给予新教师关心、帮助，努力缩短青年教师的培养期。对青年教师，学校明确提出"素课堂、E课堂、效课堂"链式培养。第一年上好"素课堂"，以"本色、生本、自然、简约"的理念，原始地呈现自己对教材教法的把握，避免受到信息化负面效应的影响。第二年开始，要上好"E课堂"，就是教师在教学思想的驱动下、教材理解的前提下，借助于华中师范大学网上课程资源，探索"互联网＋"背景下课堂教学方式的重构。最高境界就是实现"效课堂"。学校希望通过课堂体系的打造，营造出真正适合学生成长的课堂文化，真正能形成锻炼教师队伍的培养机制。

为了教师更快地成长、更好地发展，学校倡导每位教师制定"个人发展规划"，并为每位教师建立"专业成长记录袋"，记录教师的成长经历和专业发展历程。档案袋的内容有教师基本信息、教育理念、教育行动、工作成果等部分，可以将教师从教以来的专业论文、教学反思、评优课、公开课教学实录等教学成果纳入其中。教师经常进行归纳整理，总结每个学期的收获与不足。这种做法一方面可以通过整理教育教学成果，激发教师荣誉感，增强专业发展的信心和决心；另一方面可以使教师对照相关材料进行总结和反思，提高专业学习的意识和能力。随着信息化社会的到来，学校将借助信息技术，将传统的纸质档案袋向电子档案袋和网络化电子档案袋转化，以便信息的收集和整理，帮助教师逐步树立积累学习意识、反思意识、积累意识，并借此作为对教师进行有效评价的依据。

加强学科带头人制度建设，建立教师梯队发展机制（表 1-1）。给教师更高的要求和更广的发展空间，鼓励教师参加课程改革；逐步推进有利于教师发展的机制建设；优化队伍结构，提高教师专业水平和教学能力，通过研修培训、学术交流、项目资助等方式，培养教育教学骨干、学科带头人。

表 1-1　2016—2020 年苏州市第四中学校师资队伍建设进度计划表

| 序号 | 具体项目 | 达成目标 |
| --- | --- | --- |
| 1 | 具有研究生学历的教师人数、比例 | 39 人→50 人；33.05%→40% |
| 2 | 高级教师比例 | 26.27%→45% |
| 3 | 市区学科带头人 | 10 人→20 人 |
| 4 | 大市学科带头人 | 2 人→5 人 |
| 5 | 名教师名校长 | 0 人→2 人 |
| 6 | 业务进修 | 每人每学期 2 次 |
| 7 | 外聘专家 | 8 人 |
| 8 | 教师业务专业成长记录袋 | 建立 |

9. 精致品位积淀厚重校园文化

校园文化是学校的灵魂，是学校赖以生存和发展的重要根基和血脉，也是学校个性特征的重要标志；它集中体现着学校的品格和特质，是办好学校最重要的精神资源和无形资产，是学校核心竞争力的重要组成部分。

大力加强校园文化建设，努力构建具有历史传承、时代特征和学校特色的校园文化体系，形成优良的校风，增强师生员工的凝聚力和向心力，促进师生全面发展，这对提高人才培养质量和办学水平具有重要的意义和深远的影响。

我们以社会主义核心价值体系引领校园文化建设，在弘扬中华民族优秀文化和继承学校优良传统的基础上，积极吸收借鉴国内外校园文化建设的优秀成果，紧紧围绕学校发展使命和目标愿景，以精神凝聚为基石、以理念创新为核心、以形象塑造为平台、以制度建设为保障、以行为规范为表征，着力构建促进学校竞争力提升的校园文化，为学校事业科学发展提供强大的精神保障和智力支持。学校精神催人奋进、管理制度科学民主、文化生活丰富多彩、校园环境优美舒适，学校形成了既充满生机活力又具有深厚底蕴和鲜明特色的高中学校文化。

校园文化建设涵盖和渗透学校工作的方方面面，是一项长期而复杂的系统工程。学校将把建立"形象识别系统"作为战略重点,以实现文化建设的有序推进、快速推进和整体推进。该系统对与学校形象有关的办学理念、行为方式及视觉识别等方面进行全面设计,并通过全方位统一的传播,塑造独特的学校个性。

学校理念识别系统是学校形象识别系统的核心部分,它由抽象程度各不相同、诉求点各有侧重的办学理念、发展愿景、治学主张、学校精神、价值观等组成,并借助校歌、校训和一系列叫得响、传得开、有一定美感的宣传语等有形载体传播,简洁明了,易记易传。

建立学校视觉形象识别系统。该系统是学校形象的静态表现。学校以二号楼重建为契机,整合校园全环境改造,精心设计地表、廊道、外墙、办公室、教室、餐厅、厕所、报告厅等空间。将学校的办学理念、文化特质、学科专业特点等抽象因素转换为具体的符号概念,配合行为识别系统来表达和传播。包括校名、校标、校旗等标志性事物,网站、微信平台等多媒体宣传品等。明确校标(钟书楼)、校名标准字体及组合方式、标准色并借助办公用品、事务用品、公文、公务用品、公关礼品、环境布置等予以宣传、推广、应用。

建立学校行为识别系统。行为识别系统是校园理念的具体体现和动态实施,用以规范学校内部的管理,规范师生员工的工作行为,其目的在于让学校师生、社会公众掌握学校信息,达到使其识别、了解、认同学校的目的,在社会公众心目中树立良好形象。学校将根据自身实际重新修订汇编《苏州四中管理制度集》,内容涵盖"课堂教学""班主任工作""学生管理""后勤保障"等各个方面。不仅如此,学校还制定与行为规范相适应的检查考核办法,把考核结果作为干部、教师评优晋级和学生表彰奖励的重要依据之一。规范师生行为有助于营造富有感召力的校园文化环境,提高工作和学习的效率,从而树立良好的学校形象,提高学校竞争力。

校园文化可以是精神文化、物质文化、制度文化、行为文化建设中的某一个具体方面或某些元素的综合,有相对稳定和成效显著的特色成果,并在文化育人中发挥着独特的作用。

10. 科研先导助力护航教师发展

学校深入推进课程改革、加快推进课堂教学方式变革、加强综合素养与评价研究、注重教研科研融合共生等工作重点,以"丰富'苏式教研'的文化内涵"为目标引领,重实践、重方法、重质量,立德树人、科研兴教,不断提高本校教科研活动的系统性、规范性和有效性。学校在特色课程、教师评价和课堂研究等方面产出本校原创的成果;在国家、省、市三级有课题项目立项并顺利开展和结题；争取在省市教育成果评比上有所突破。

学校激励和帮助教师发表高质量的教育教学论文，通过教育科研促进教师的专业化发展，造就一批既精于教学又懂科研的学者型教师。

为此，学校围绕提高教育实效和教学质量的目标，不断提升教师的教育理论和教学业务水平，用各种手段和途径开发教师教育科研意识和兴趣，积极发掘教师的各种教育资源，定期开设"桃坞论坛"，为教师专业化发展创设条件。

加强科研培训，构筑交流研究平台。根据"科研兴校、科研兴教"的思路，鼓励教师积极主动地投入科研培训。对教师的科研现状进行调查，了解教师的培训需求，设计相应的培训方案；针对教师的研究水平差异，开展有针对性的培训，对不同层次教师提出不同要求，力求每位教师都能在原有基础上获得提高；构筑学校科研展示平台、科研交流平台、教育研究平台等科研互动平台，营造科研氛围，引导教师积极投身于教育教学研究。

以课题为载体，提升组内教科研水平。课题研究是一个很好的载体，能够把教师在教学中零散的感悟、不深入的思考，经过"去粗取精，去伪存真"的加工过程，上升到理性认识。教研组要以务实教研为宗旨，带领教师加强业务学习，积极投身到课题研究中，鼓励教师做研究型的学者，使每个教研组都有课题，每个教师都参与课题研究。

构建激励机制，营造学术氛围。为培育浓厚的学术氛围，学校将进一步完善科研管理制度，建立激励机制，出台一系列奖励措施，鼓励教师积极参与教育科研。修改完善《苏州市第四中学校教科研绩效奖励方案》，对在研课题发放一定额度的科研经费，加大对科研的投入；建立校级及以上课题的中期检查与成果鉴定制度；开展科研成果评奖，设立"教育科研奖励基金"，奖励在教育教学改革中产生重大影响的研究成果、团队、先进个人。

11. 特色内涵引领未来发展方向

《国家中长期教育改革和发展规划纲要（2010—2020年）》明确，要"树立以提高质量为核心的教育发展观，注重教育内涵发展，鼓励学校办出特色、办出水平"。《苏州市教育事业第十三个五年发展规划》也指出，"有条件的普通高中与高等学校有效衔接融通试点"，"进行职普融通，引导学生多元个性发展"。因此学校走上特色化、专业化和精品化发展之路。

为此，在特色教育领域，学校在办学思想、教育教学管理、师生评价、综合素质提升、课程开发设置等方面深化总结，不断完善和提炼，继续领跑江苏省普通高中空乘教育，在飞行员培养方面有所建树，推动学校与中职校、高职校项目对接，创新人才培养模式。学校主要做了以下工作。

一是确保空乘特色地位始终领先。梳理国内所有开设空乘专业的高中目录，根据学生特点，有针对性地定向培养。确保学校生源在四大空乘本科院校（郑州民航管理学院、沈阳航空航天大学、厦门理工学院和南昌航空大学）有重要影响力。与中国民航大学、中国民用航空飞行学院、上海民航职业技术学院和广州民航职业技术学院四所中国民航局下属院校继续保持战略合作关系，在课程衔接、师资培训等方面深化合作办学。同时与苏州城市学院、南京旅游职业学院等生源基地校深化合作关系。作为组长单位，学校深化与中国民航大学乘务学院生源基地联盟学校浙江金华女子中学、山东泰山中学、安徽马鞍山外国语学校在空乘特色方面的交流合作活动。

二是蓄力学校民航特色内涵发展。在市教育局集团化办学的思路下，学校充分利用集团化合作校的影响力，丰富民航特色内涵，与南京理工大学、南京航空航天大学等高校合作，在飞行器设计、飞行控制等专业先期开展课程方面的合作。以空军青少年航空学校苏南体验校为契机，继续加强与中国民航飞行学院等高校的合作，在民航飞行员培养方面有所建树；同时，开展与新西兰阿德摩尔飞行学院等国外航空院校在课程方面的合作。

三是打造普职融通成才立交之桥。借力政策优势，推动普职融合新发展。根据《国务院关于加快发展现代职业教育的决定》《江苏省人民政府关于加快推进现代职业教育体系建设的实施意见》《苏州市政府印发关于加快发展全市现代职业教育的实施意见的通知》精神，学校将在教育局的支持下，推动普职学生融通，搭建人才成长"立交桥"。开展普职融通项目实践，共享师资及教学资源，建立普职教师的流动和兼职机制，互相开放教学资源和实训基地。学校将与市教育局直属三所高职院校（苏州旅游财经校、苏州建设交通校、苏州高等职业校）开展普职融通试点；在本校的参与下，三所高职校（中职部）与上游本科高校（专科高校）实行普通本科"3+4"（专科"3+2"）分段培养。学校希望通过这种方式，积极探索系统培养技能型人才制度，增强职业教育促进学生全面发展、服务经济社会发展的能力，为学生的终身发展奠定基础。

### （三）加强领导，发挥民主，全面落实依法治校

学校完善科学民主决策机制，努力营造立德树人、风清气正的良好教育生态；建设依法办学、自主管理、民主监督、社会参与的现代学校制度。

发挥党组织政治核心、领导核心作用。多种形式加强学习，武装头脑。牢固树立党建工作"首位意识"。要求以个人自学、党支部助学、党总支督学的方式组织全校中共党员深入学习理论，通过深入教育、系统学习，维护党

章党规党纪的严肃性和权威性,切实增强贯彻执行的自觉性和坚定性,崇德重礼和遵规守纪相得益彰。多种活动丰富学习,增强效果。根据学校实际和师生特点,开展廉洁文化征文、廉洁文化大家谈等主题鲜明、富有特色的活动项目,将廉洁教育作为师生思想道德教育的重要内容,努力培养全校师生崇廉洁、讲诚信、倡节俭、守规则的良好思想品德和行为习惯,让师生在廉洁文化氛围中接受熏陶,将廉洁理念渗透到师生心田。学校着力建设学习型、服务型、创新型、法治型党组织。加强工会工作,加强学校团队组织建设,发挥民主党派和离退休老同志的作用。密切与本校民盟、民进支部的交流和沟通,定期向他们通报学校重要工作,并听取他们对学校管理和发展的意见和建议,引导他们在教育发展和改革中发挥积极作用,合力推进学校发展。

依法办学治校,推进现代学校制度建设。全面推进依法行政。学校修订章程,在继续实行"校长全面负责、党委监督保证、教职工民主管理"校长负责制的前提下,明确学校进行重大决策时,要有前置风险评估,后置绩效考核。建立校聘律师机制,遵循法定程序,保障教育法律和政策有效实施。完善学校家长委员会制度,保障家长委员会监督权利,推动家校互动,合力育人。完善校务公开制度,加强教代会制度建设,推进学校民主管理,依法落实和保障师生的知情权、参与权、表达权和监督权。健全师生权利救济和纠纷解决机制,加强法治宣传教育,增强运用法治思维和法律手段解决学校改革发展中突出矛盾和问题的能力,全面提高学校依法管理的能力和水平。

苏州市出台《市政府关于加强苏州市中小学百年老校及校园历史遗存保护与传承工作的意见》(苏府〔2016〕47号),作为苏州市百年核心校和苏州市战略性课题"苏州校园历史建筑保护与研究"的组长单位,学校严格建立本校保护利用条例,加强学校教育文化精神研究与挖掘,为子孙万代留下宝贵的文化遗产。

### (四)创立品牌,彰显成果,全面提升办学水平

1. 普高合作办学成绩显著

2012年9月,苏州市第四中学与江苏省苏州市第十中学合作办学,在学校建立联办班,以互通有无,优化教育质量,进一步深化合作办学内涵。经过三年努力,联办班成绩显著,得到了教育部门和社会各界的充分肯定,打开了合作办学新局面。

2. 空乘特色教育彰显品牌效应

经过近20年的探索努力,学校空乘教育办学模式作为全国普职通融的典型,被中国教育科学研究院推荐为六大典型示范学校,入选《普通高中特色

发展调研报告》特色样板学校。

3. 文明礼仪教育引领苏州中小学学校，并成为省文明礼仪示范学校

苏州市中小学文明礼仪教育研究与指导中心于 2011 年 12 月在苏州市第四中学成立，承担大市范围内学校文明礼仪教育的指导和研究工作，组织"苏州市德育校长文明礼仪培训""苏州市中小学生干部礼仪培训"和苏州市直属学校学生干部"八礼四仪"轮训等活动，宣传和推广文明礼仪教育，通过实践强化实效，通过典型引领发展。2016 年 12 月，江苏省教育厅领导到学校验收通过，学校成为"江苏省文明礼仪示范学校"。

4. "党员服务群众工作室"走进社区宣传文明礼仪知识，成效显著

2016 年 5 月 27 日下午，学校"共产党员服务群众工作室"联合桃花坞街道，在泰伯庙开展了"文明礼仪"宣传活动，受到了社区居民的热烈欢迎。活动由学校和桃花坞街道主办，苏州市文艺之家、泰伯庙吴门书道馆文化保护中心承办。活动通过学生表演文明礼仪节目、社区居民表演文艺节目以及文明礼仪小知识有奖问答等环节，向广大居民宣传文明礼仪知识，起到了宣传教育的良好效果。

5. 课题研究首次取得重大突破

2016 年，由张剑华主持、张志峰负责指导和执笔的江苏省教育科学"十二五"规划重点资助课题"中学品格教育的实践与探索"结题报告，经专家评审委员会鉴定，一致通过；2017 年，《中学品格教育的实践与探索》一书由苏州大学出版社出版。这是学校有史以来学校第一个省重点资助课题成果、第一部有关学校整体建设的书籍。

6. 师资队伍建设发展迅速，拥有一支优良的中青年教师骨干队伍

教师强则学校强，学校把教师队伍放在最重要位置，一方面，加大学校师资力量的培训力度；另一方面招聘和引进优秀教师。目前，学校在编在岗教职工 129 人，其中专任教师 122 人。专任教师平均年龄为 39 岁。硕士及以上学历 46 人，比例为 36.8%，在读硕士 2 人，在读博士 1 人。有高级职称人数为 37 人，比例为 30.3%；有中级职称人数为 63 人，比例 51.6%。师资队伍建设取得了显著成绩。

7. 在品格教育理论和实践上取得了重大突破

一是构建了学生品格教育的"34312 工作模式"，即明确品格教育的三个阶段：做合格之人、做有用之人和做有责任之人。协调品格教育的四种关系：人与人的关系、人与事的关系、人与社会环境的关系以及人与自然的关系。重视品格教育的三种方式：价值教育、课程文化教育和示范教育。认识品格教育的一个根本目的：培养有社会责任感的合格公民。品格教育的两个功能：

社会功能和个体功能。

二是确立了学科教学模式的五个环节：备课，寻找学科教学与品格教育的切入点；上课，找到学科教学与品格教育的交会点；布置作业，设计学科教学与品格教育的迁移点；辅导，提高学科教学与品格教育的基准点；评价，保持学科教学与品格教育的均衡点。

三是构建了各学科品格教育的主题。语文学科以阅读鉴赏培植人文素养，数学学科以教学建模培养生活运用素养，英语学科以文化差异培养国际素养，物理学科以科学实验培养意志品格，思品学科以社会主义核心价值观培养社会责任感，化学学科以社会调查提高道德意识，生物学科以和谐共生培养生命素养，地理学科以环境对人的重要性提升环保意识，历史学科以爱国教育提升民族精神，音体美劳等学科全面升华学生品格。

四是建立了品格教育的校本课程体系。科学课程：人与自然、生命与科学、气候与环境、科学与探索等；德育课程：孔子教育论、素质教育论、品格教育论等；艺术课程：美术、摄影、音乐、舞蹈、器乐、戏曲等；劳动课程：花卉种植、手工制作、烹调、家电维修和食品检验等；心理健康课程：生活与习惯、学习与信心、健康与心理等；社会实践课程：文明礼仪、志愿者、爱与奉献等；姑苏文化课程：古城建筑与水利工程、雅居与人文、健康与中医、美食与品位等。

2020年，学校获第五届江苏省教育科学优秀成果二等奖，这是学校有史以来第一次获省重大科研奖。

8. 德智体美劳全面发展，学校办学跨上新台阶

2019年度，我校高考本科普通类达线人数再创历史新高；学业水平测试一次性通过率达99.9%；获得"苏州市'市长杯'校园足球联赛"第二名；"冬季三项"代表队取得了高中组总团体第五名的成绩；获得苏州市中小学生健美操、啦啦操比赛高中组街舞啦啦操第二名；获得"苏州市中学生田径运动会"高中组团体总分第四名；获得"苏州市大市男子手球学校联赛"第二名；在苏州市第四届中小学生艺术节市教育局直属学校"我与祖国共成长"合唱比赛中，获得苏州市高中组一等奖；2017年、2019年，学校两次荣获"江苏省文明校园"荣誉称号。

## 四、开拓篇：创新办学，提升品位，打造特色教育新品牌

进入21世纪以来，我校遵循"培养学生高尚纯正之品格，切实适用之学诣"的办学宗旨，紧紧抓住"品格教育"，建立学校教育工作新模式，通过丰富多样的教育活动，培养新时代合格公民。学校文明礼仪教育成绩显著，被列为苏州市中小学文明礼仪指导中心校；紧紧抓住"切实适用之学诣"，大胆改革创新，建立了全国第一个普高空乘基地班，被列为普职融通的示范学校。学校关心教师的身心健康，把教师发展作为学校工作的首要任务，取得显著成效。学校多次被评为苏州市文明单位，两次被评为江苏省文明单位。

### （一）继往开来的追寻与坚守

近年来，学校在传承学校品格教育、追寻学校办学理想与坚守学校办学定位中大力开展教育改革和教育创新，整体办学品位大幅度提升，如画的校园焕发着勃勃的生机与活力。在这里，孩子们度过最有意义的人生旅程，他们学习知识，增长阅历，学会做人做事，他们成长为合格的毕业生；他们胸怀家国，拥抱世界，放眼宇宙。多年来，学校培养出一批又一批出类拔萃、品学兼优的学生，可谓是芳香满园。

人们常说："教育者是受教育者的一面镜子。"近年来，学校培养了一支德才兼备、勇于探索的教师队伍，教师中有市劳模1名、全国省市级先进个人26名、市学科带头人4名、区学科带头人12名、市优秀班主任18名、市区教坛新秀8名等，学校教育质量突飞猛进，曾连续10年获得市科学提高教学效果进步奖。教师们在全国核心期刊、国家级期刊、省级期刊上发表教育、教学、教研和管理的文章200多篇，《中国教育报》对学校的发展成就做了相关的报道。

是什么机制让这所学校提升品位，勇立潮头？是品格教育的光源照亮了这所学校发展之路。

1. 品格教育在传承中坚守

苏州市第四中学校至今已创立120周年,这里培养了成千上万的国家栋梁和仁人志士,文化泰斗钱钟书,中科院士张青莲、钱钟韩、刘元方、潘承洞和姚熹等著名人士都曾在这里度过了他们的中学时代。

这所学校的前身系美国基督教圣公会创办的"苏州桃坞中学",为上海圣约翰大学附属中学,是当时著名的中学。

桃坞中学以英文教学为特色,由美籍教师教授,教学内容涉及众多西方文学作品,如《泰西五十轶事》《人类的故事》《威克斐牧师传》《莎士比亚》等著作,不仅在学习上中西结合自成一套,而且在学生组织上也颇具特色。19世纪20年代,学校就已经有"学生会""文学会""青年会"等三大学生组织,其目的在于"研究学术,练习口才,以期养成思维灵敏,举止活泼之青年"。

学校的品格教育从早期宗教道德教育到传统的道德教育,始终注重学生的全面发展,主张"与人为善"的美德;重视学生的兴趣培养和人格塑造,以阅读和各类活动丰富学生的精神世界,这种包容中西教育理念的品格教育为学校的育人精髓。

校长张剑华认为,办一所人民满意的学校,最根本的是让老百姓发自内心地觉得把孩子送到这所学校是最正确的选择,而能达到这一理想境界的根本路径就是实施品格教育,这是学校教育价值的根本追求与实现渠道。

在正确的办学理念指导下,学校坚守"培养高尚纯正之品格,切实适用之学诣"的办学宗旨,把"爱国、敬业、诚信、友善"作为培养学生的根本要素,引导学生学习顾炎武"国家兴亡,匹夫有责"的担当、周恩来"为中华之崛起而读书"的情怀,有自尊、自爱、自信、自强不息的人生态度,有诚实、坚毅、进取、谦逊、团结、协作的品格,有热爱生活、关心他人、乐于助人的善良,养成善于思考、勤于钻研、勇于质疑的创造性品格特征。学校始终致力于帮助学生解决好"为学"与"做人"的关系这一成长的重大核心问题。

我们以更高的站位来思考学校的未来,以世界的眼光找寻学校的发展坐标,做到在守正中传承,在传承中创新。学校成功申报江苏省教育规划重点资助课题"中学品格教育的实践与探索",深入开展品格教育实践研究。明确培养目标和方式,了解国内外品格教育的现状,拓展品格教育的外延,深化品格教育的内涵,在德育、教学以及社会实践等方面进行了有益的探索,随着学校教育教学改革的深入开展,根植于百廿年校史的品格教育成为全校师生的自觉追求。

2. 塑造品格为学校德育之灵魂

在德育工作中，学校凭借实施品格教育来真正发挥德育在传递核心价值、培育受教育者德性品质方面的作用，品格教育成为学校德育的主流。

学校德育工作者深知，学生品格的养成是其长期观察、模仿、内化的结果，是潜移默化的历程，无法立竿见影、一蹴而就；更深知品格教育必须透过生活中的例子或故事中的情节深入学生的内心，而不能以抽象的口号或教条进行宣传。因此，学校德育工作者早有打持久战的心理准备，注重以学生为主体，注重细节实施的德育策略。他们从现状中发现问题、分析问题和解决问题；以组织学生参加社会活动培养社会责任感；以丰富的教育方式培养学生品格素养、学科素养；善于将传统的习惯培养法与道德判断、决策训练等方法相结合，既注重直接的课堂教育，又关注间接的环境影响，同时加强服务性实践体验活动的重要作用，教育形式日益丰富和多样化。更加突出的是他们创建综合德育模式，尝试"反省式灌输"，努力做到关注学生情感体验，注重道德教育实践，优化学校德育环境，整合道德教育资源，制定评估细则，引领学生知行合一，不断提升品格教育的实效性。

他们开展了多样的实践活动，如以阅读经典传承文化精华，提高学生的人文素养；以社团活动丰富学生生活，培养良好的道德情操；以校舍布置渲染教育主题，构建品格校园的氛围；以主题班会引领成长方向；以国旗下讲话激励学生做高尚的人；利用"青苹果之家"呵护学生健康成长；等等。

学校文学社、昆曲社等23个社团开展了丰富多彩的课外活动，展示了四中学生的精神风貌，学生在阅读文学作品、参加校艺术节表演、参观校史室或演唱校歌过程中，受到思想、艺术、道德等方面的启发。高雅的艺术作品欣赏或优美的歌曲演唱，激发学生热爱生活的情感。学校举办各种校园文化活动，如艺术节、科技节、书画展、文艺晚会和体育竞赛等，既能活跃学生学习生活，培养学生学习能力，又能陶冶学生的道德情操，锤炼其意志品格。

3. 品格教育融合学科教学之创新

把品格教育和学科教学融为一体，既传授学生知识和技能，又培养学生良好品格，是学校实现新课程标准的重要途径。学校开展丰富多彩的教改活动，确定各个学科的主要目标：语文学科以阅读鉴赏培植人文素养，数学学科以求真务实培养科学理性，英语学科以文化差异开拓国际视野，物理学科以科学实验培养意志品格，政治学科以社会主义核心价值观培养社会责任感，化学学科以社会调查提高道德意识，生物学科以和谐共生培养生命素养，地理学科以珍爱自然提升环保意识，历史学科以古今典范提升爱国热忱，音体美劳等学科全面升华学生品格，把新课程标准提出的学科素养与品格教育完全结合起来。

在品格教育实践过程中,学校不断挖掘传统教育的内涵,大量搜集老校友的资料,组织师生编写了《品格教育故事集》《品格教育德育案例集》《品格教育课堂教学案例集》等。

20世纪最有影响的奥地利哲学家和教育家马丁·布贝尔在他的《品格教育》中指出:"名副其实的教育,本质上就是品格教育。"岁月承载历史的脚步,百廿年的积淀使学校有了丰富的内蕴;历代校长和师生员工的传承与坚守,铸就了学校品牌。展望未来,一首首充满教育激情的诗篇将继续由品格教育生发与舒展开来。

### (二)以创新实现学校内生自主发展

走进雅致的校园,迎面即见纯白的钱钟书先生塑像,钱钟书先生曾在这里度过了宝贵的中学时光,校训"高尚纯正之品格,切实适用之学诣"镌刻在图书馆前的石碑上。

然而,这所百年名校在21世纪初却经历了前所未有的挑战。随着重点校规模和数量不断增加,学校生源质量不断下降,园区、新区和市区的重点学校又纷纷招纳人才,学校教师流失严重,仅在三年内就走了35名骨干教师,学校发展陷入每况愈下的严重困境。2009年10月,张剑华受命于这所名校的"危难"之际,他锐意改革,开启了实现内生自主发展的创新之旅。

#### 1. 品格教育铸造学校新品牌

为了摆脱办学困境,张剑华带领学校班子成员,认真回顾学校发展的历史,分析学校发展陷入困境的原因。他深刻地领悟到,时代向前发展了,百年老校需要以更高的站位来思考未来,以世界眼光找寻学校的发展坐标。学校要从传统历史中找到振兴的力量,而且要在守正中传承,在传承中创新。

张剑华向全体教职工表明,要办一所人民满意的学校,最根本的是让老百姓从心底觉得把孩子送到这所学校是最正确的选择,而能达到这一理想境界的根本路径就是实施品格教育,这是学校教育价值的根本追求与实现渠道。品格教育是学校传统教育的精华,"培养高尚纯正之品格,切实适用之学诣"的办学宗旨是学校进一步发展的力量源泉和发展方向。明确了这一发展方向,学校开始围绕品格教育进行了全方位的改革与创新,根植于百年校史的品格教育成为全校师生的共识与自觉追求。

正是对品格教育的传承与坚守,铸就了这所学校的品牌,一首首充满教育激情的诗篇开始由品格教育生发与舒展开来,一批又一批具有良好品格的学生从这里走了出来,绿树映衬下的百年名校又重振昔日名校之雄风。

2. "普职融通"打造办学新特色

张剑华最初接任校长这副担子时就意识到,依靠当时的师资条件和招生生源,要想把学校办成高质量的一流学校,显然是不切实际的。他带领班子成员多方考察,深入论证后决定扩大与高校的合作,先后于中国民航大学、广州民航大学、郑州民航大学、海南民航大学等全国各地的高校合作办学。学校特色教育由原来单一的"乘务专业"扩展到"乘警专业""地勤专业""机电专业",以满足学生多元发展的要求和社会对人才的需求,由最先的空乘班级辐射到普高班级,实现了普通高中与职业教育相融通。这是张剑华上任后又一大手笔的改革创新之举。

对于最初招来的"空乘生源基地班",空乘团队制订了以"素质培养,文化关怀"为主调的三年计划与教育策略,并结合空乘班教学特点,制定了发展的阶段性教育目标和学生个性化的培养目标,建构了切实适用、特色鲜明的课程体系,创立了"学识素养,融合并进"的课堂教学模式,制定了《苏州市第四中学空乘班学生综合素质考核暂行办法》,建立了"人事相适,同频共振"的管理制度,精心营造浓郁的空乘文化氛围,强化组织纪律、团队观念和行为规范教育。

锐意改革,无疑给学校带来了发展的勃勃生机。学校空乘班创办 11 年后,毕业生已有五百八十多名,空乘专业良好的升学和就业前景,也为普通班学生的发展带来了契机。在空乘班高考录取率不断上升的情况下,学校动员并指导普高班部分学生参加了空乘专业的考试,也取得了较好的成绩。

空乘班的成功办学提升了学校品牌效应,普智融通,成了学校发展创新的名片。学校连续三年获得苏州市学校教育发展突出贡献奖,被中国教育科学研究院认定为"普职融通高中"的典型和"最有发展前景的学校",成为"苏州领先、江苏知名、全国有影响力"的特色教育品牌。学校的社会声誉也随之上升,每年招生之际,众多外地的家长和学生都慕名而来,招生人数爆满,现场气氛热烈高涨。

3. 人本管理激发内生新活力

说起张剑华校长,大家都说是因为他领导有方,管理有度,既有严密性,又有松弛度,才形成了一个和谐共生的工作环境。一位外校来交流的教师说:"我不仅感受到了园林一样美的自然环境,而且还体验到了如此舒畅的好心情,这样的经历,我会终生不忘。"一位四星级高中轮岗交流教师主动申请留在学校。而张剑华本人则对此有更加深层次的认识。他推崇人本管理,并在学校管理实践中躬身践行,认为只有真正落实人本管理,才能激发出学校自身的活力。

上任后，张剑华始终把"三让精神"和"三不主义"作为自己的座右铭，即"把荣誉让给教师，把机会让给教师，把利益让给教师""加班不拿一分钱，来往不收一份礼，成绩不取一分奖"，为各部门行政管理者做出表率。张剑华认为，实施人本管理首先要考虑为教师创设良好的工作环境，这关乎教师的工作情绪，影响着他们的工作状态和身心健康。张剑华每天都要对自己的管理工作进行深入反思，随时加以改进完善，他总是说："没有做不好工作的教师，只有做得不周到的校长。"

蹲下身子，倾听大家的意见是张剑华践行人本管理的重要特征。他在管理实践中发现，教师工作环境的优劣并不仅在于学校的物质环境，而且在于学校领导的工作姿态，因此，他经常召开座谈会，找一些教师交流思想，广泛听取广大教师的意见，修正自己的工作计划。有教师深情地说："我们的校长绝对是最亲民的那种，用现在的流行词来说就是接地气。他见到教师总是热情地先打招呼，主动拉家常，一点都没有做校长的架子……他对于我这样一个普通教师的关怀，让我有说不出的感动。"

校务公开，是张剑华实现人本管理的重要一环。张剑华在多种场合表明，学校从来就没有不可以公开的事项，凡是教师需要了解的事项，他都可以向教师们公开说明解释。学校的重要事项，譬如学校制度、学校规划以及涉及教职工利益的事项，都要经过教代会讨论、审核与表决通过。他尊重民意，充分保障教职工拥有的选择和表决的权利。

教师为本，把关怀送到每一位教师心间，张剑华坚持这样去做。他说："教师是学校发展的第一内生力，没有教师发展的原动力，便没有学校发展的未来。"他针对不同年龄段的教师采取不同方式，对青年教师予以鼓励，对中青年教师委以重任，对老教师则更多的是尊重。他主动关心教师的身体健康，每年都积极落实教师体检的事，教师只要病假，他就会亲自上门看望或让工会代他去看望。他总是朴实地说："教师的事就是我自己的事。"

张剑华在众多赞誉面前总是说，他做得很不够，很多事情都没有做好。但是，他在教师心目中是一位敬业的教师，为学校的创新发展付出了巨大的努力，被每一位教师铭记。

4. 品格教育提升办学品位

作为一所百年名校，学校坚持以"立德树人"为核心，结合课程标准及学生发展核心素养，进行了广泛深入的研究，并取得了学校发展的历史性突破。

(1) 回望百年品格教育，追寻办学历史原点

学校创办之初以英文教学为特色，由美籍教师教授，教学内容涉及众多西方文学作品。不仅在学习上中西结合自成一套，在学生组织上也颇具特色。19 世纪 20 年代，学校已有三大课外组织："学生会""文学会""青年会"，其目的在于"研究学术，练习口才，以期养成思维灵敏，举止活泼之青年"。同时，学校的课外活动也丰富多彩，包括：文艺出版——出版发行桃坞学刊，内容有时论、课艺、译林、杂看、笔记等，对外发行；学术竞赛——学校各年度均设有学术竞赛，对优胜者给予奖励；文体活动——学校各班级学生根据各自的爱好组成中西乐队、歌咏队、口琴队，利用课余时间开展娱乐活动，陶冶身心。

桃坞的体育运动素有盛名，篮球运动在这里最为普及。校篮球队训练极为严格，队员有一门功课不及格就不能选入校队。各年级几乎都有篮球队，其中较有名声的有"爱克斯（X）篮球队""雄魄体育会""旭日篮球队""培英体育会"等。

(2) 深化百年教育内涵，发展学生核心素养

2011 年，基于学校丰厚底蕴和历史渊源，我们把品格教育作为学校"十二五"教育发展规划的主题，培养既有知识能力又有高尚品格的学生。

品格可以分为个体品格和社会品格，品格教育是社会价值和个人价值相结合的教育。在学校，品格教育可以体现于课堂教学，通过培养学科素养以提高学生的品格；在家庭，品格教育可以通过日常的生活教育培养学生的良好品格；在社会，品格教育可以通过具体的公益性活动提高学生的素质。

我们通过对学生进行现状调查发现问题并对其进行分析，确立品格教育的核心要素，建立学生品格教育实践的原则、方法和标准等。我们引导学生参与社会公益活动，培养他们的社会责任感，例如，成立志愿者队伍照顾孤寡老人、到福利院献爱心、奉献义务劳动等；还针对现在的食品安全问题组织学生参与调查，提高大家的道德意识；展开相关社会活动，促进人与动物和谐共生理念的形成；对周围的环境进行检测，提高保护地球的意识；等等。

通过这些实践，社会责任感、尊重他人、诚实守信与乐于助人等品格能表现于学生的日常生活行为中，如对社会的关注、对环境的保护等，反映正确的人生观、世界观和价值观。

(3) 坚持学校持续发展，光大百年品格教育

五年多的研究与实践中，学校构建了学生品格教育的基本模式——明确三个阶段：做合格之人、做有用之人和做有责任之人；协调四种关系：人与人、人与事、人与社会环境以及人与自然的关系；重视三种方式：价值教育、

课程文化和示范教育；认识一个根本目的：培养有社会责任感的合格公民。

落实到学科教学模式上，学校确立了五环节，即备课，寻找学科教学与品格教育的切入点；上课，寻找学科教学与品格教育的交会点；布置作业，设计学科教学与品格教育的迁移点；辅导，提高学科教学与品格教育的基准点；评价，保持学科教学与品格教育的均衡点。

在这个继承与发展的过程中，学校学生素养明显提高，形成诚实守信、友爱互助、文明礼貌之风，学校成为苏州市中小学文明礼仪指导中心校。同时教师队伍建设也在高速发展，骨干教师、优秀教师大量涌现，在省市各项大赛中频频获奖。学校教学成绩连年有新突破。

品格教育的实践研究依然是学校"十三五"教育发展规划的核心主题。把"培养高尚纯正之品格，切实适用之学诣"的办学宗旨与当前的社会主义核心价值观和中国学生核心发展素养紧密结合起来进行研究，成为学校新的探索方向和任务。

### （三）普职融通打开空乘一片天

"苏州四中本届高三共有31人拿到南京旅游职业学院东方航空定向培养面试合格证，恭喜这些同学！"2018年7月的一天，南京旅游职业学院乘务学院曹楠副院长宣布。

2004年苏州四中就与中国民航大学合作，创办了全国第一个"空乘生源基地班"，揭开了普通高中空乘特色课程教学的序幕。多年来，学校不断探索，大胆实践，开发空乘教育普职融通课程，走出了一条普职融通的新道路。

1. 普通课程+专业技能，在普通高中培养空乘人才

世纪之交，学校挖掘历史文化内涵，开展以品格教育为主题的道德品质教育，全面提高学生的综合素养。学校意识到我国航空运输正处于高速发展阶段，在未来二三十年将保持一个较高增长水平，于是学校与中国民航大学合作，在全国率先成立了第一个"空乘生源基地班"。

这是一种全新的办学方式，为此，学校量身定制了空乘班发展的总目标，即增强学生综合素质，为高校空乘专业输送优质生源，为国家航空事业输送优秀人才；建设空乘基地，打造空乘特色品牌。这一总目标具体化为高中三年的培养目标，分别是：高一使学生尽快适应高中学习，树立空乘服务意识，培养特长爱好；高二使学生掌握高中课程，增强空乘服务意识，特长培养初见成效；高三使学生有较好的学习成绩、较强的个人素质、较高的面试通过率和高校空乘专业录取率。

课程设置分为选修课和必修课两种，总的课程体系分为文化课程、特长

课程、实践课程三类。文化课程包括国家规定的普通高中所有科目，高考选考科目侧重文科类；特长课程包括艺术特长、英语交际口语、形体训练、游泳、文明礼仪和化妆、航空专业知识讲座等必修、选修课程；实践课程包括社会公益活动、航空基地实践等。

新的课程需要相应的师资保障，学校组织教师进行专业培训，聘请高校教师讲授相关专业课，设立岗位合格证书，聘请民航大学教师担任考核评委，严格把好教师专业关，以保障空乘教育质量。面对新的教学方式，学校变革管理制度和管理机制，以保障空乘教育有效实施。通过校外培训和自我培训，学校组建了一支合格的教师队伍，保障了教育质量。首届空乘班的学生93%被空乘院校录取，其中74%的学生被中国民航大学录取。

2. 拓展课程建设外延，普高与中职教育资源共享

在取得初步成功的基础上，学校建立校内普高与空乘相融通的模式，即普高学生可以选择空乘课程的学习和考试，空乘班的学生可以选择普高课程的学习和考试。在此基础上，学校将空乘教育的相关课程，如礼仪课程和形体课程等，推广到全校各个班级。学校成立文明礼仪示范岗、文明礼仪宣传队，大大提高了学生文明素养。

2008年苏州四中首次与中国国际航空公司合作，率先推出普通高中学生职业订单培养模式，发挥了普通高中和中职校双重作用，受到学生和家长好评，满足了学生多样化发展需求，给学校带来了良好社会声誉。

随着空乘特色课程建设日渐成熟，学校联合江苏省内福纳影视艺术学校、江南影视艺术学院等9所学校，实行课程互通和面试合格证互认。学生只要取得面试合格证，即可根据自己的意愿，结合中考成绩填报这些学校，实现了普通高中和中职校的资源共享，满足了学生更多的选择需要。

到目前为止，已有16所国内知名的空乘专业院校与我校签约合作办学，并建立了以我校为培养中心的全国联盟。联盟学校每年举行年会，传播和交流空乘特色课程教学的经验和成果。近20年来，我校毕业的空乘班学生参加高校空乘专业面试合格率达97.8%，空乘高考"文化成绩"和"专业本科"双达线率为98.2%，空乘班高考录取率100%。他们翱翔蓝天，向外界展示了独特的品格和风采。与此同时，学校普高高考成绩年年创新高，多次获得苏州市科学提高教学效果进步奖，并为空乘教育输送大量优质人才，取得了普高与空乘融通办学的双丰收。

3. 实施品格教育，为空乘人才培养提供支持

我校实行"品格教育"，将品格教育分为三个阶段，即培养学生做合格的人、培养学生做有用的人和培养学生做有责任的人，并通过价值教育、课程

文化教育、示范教育三种方式使之落到实处。

学校还改变以往以学业成绩为标准的课程评价方式，形成以素质教育为核心的评价体系。在思想素质上，突出对优良品行、爱心服务、团队精神等的培养；在心理素质上，突出对积极健康向上的个性心理等的培养；在能力素质上，突出对学习能力、英语能力、生存能力、交际能力、才艺能力等的培养；在身体素质上，突出对健康、形体、视力等的关注。学校品格教育的课程体系和评价方式，为空乘教育提供了强力支持。

在开发和建设空乘教育时，学校注重将课程建设与社会实践相结合，取得了显著成效。空乘学生参加了第三届全国大学生运动会、世界滑板锦标赛、上海世博会等数百次的全国各种大型活动的文明礼仪服务工作，在社会服务中展示了良好的形象，赢得了社会各界的高度赞誉。学校的空乘教育还被中国教育科学研究院认定为"全国普职融通型学校"的典型。

### （四）蓝天写青春，名校焕新彩

学校立足现实，谋求长远。借助苏州教育改革的春风，学校不断创新办学模式。早在20世纪90年代，学校就从产学一体化的思路出发，盘活资源、服务社会，率先推出信息技术教育和英语综合班，领跑苏州教育改革，成效显著。

1. 酝酿期：共谋发展之路

世纪之交，苏州设立了一批重点学校。由于错失机遇，苏州四中未能名列其中。加之大批名师退休，学校影响力下滑，不少骨干教师、学科带头人，甚至一些中层干部离开学校。

如何使百年老校摆脱困境、再创辉煌，成为当时所有关心、热爱学校的有识之士迫切希望解决的问题。学校通过召集老教师、青年骨干、民主党派人士进行座谈等方式，共谋出路。最终，大家达成共识：应增强学校办学活力，拓宽办学之路。在各方的协调帮助下，经过多次考察、论证，2004年7月，学校与中国民航大学签订协议，建立了全国首个"空乘生源基地班"。

2. 初建期：摸着石头过河

培养目标。面对新的办学方式，在无经验可循的情况下，学校摸索前行，组织相关教师联系实际，制定了空乘教育培养目标。总目标：增强学生综合素质，为高校空乘专业输送优质生源，为国家航空事业输送优秀人才；做精做优空乘班，打造学校空乘特色品牌。

课程体系。空乘类技能课程分为文化课、特长课、实践课三类。文化课属必修课，包括国家规定的科目；特长课分必修课和选修课，前者包括英语交际口语、形体训练、游泳、文明礼仪、化妆和航空专业知识等课程，旨在帮助学生夯实空乘专业的基础知识，掌握基本技能；后者包括昆曲、评弹、琵琶、武术、书法、刺绣、桃花坞木刻年画等课程，旨在提高学生艺术修养，提升个人气质；实践课为必修课，包括社会公益活动、文明礼仪指导活动、航空基地实践等，旨在对学生进行品格培养，训练学生实操能力，提高学生综合素质。

**师资培养。** 学校通过建立教师成长档案、帮助教师取得职业资格证书、加大特色人才引进力度、鼓励教师发挥自身特长及爱好等途径，打造了一支一专多能的教师队伍，以保证空乘班文化课及特长课"两手抓，两手都要硬"。同时，为了满足特色教学之需，弥补校内教师知识结构狭窄及欠缺研究能力的不足，学校还聘请了一批校外专家担任课程专业指导教师。

**制度建设。** 学校制定了《空乘学生日常行为规范条例》《空乘学生日常管理制度》《空乘学生表彰奖励制度》等条例制度，对空乘学生的作息时间、日常行为、学习实践进行全面指导和规范。学校还设计了"空乘班学生综合素质培养跟踪记录卡"，对学生思想、心理、能力、体质等多方面情况进行持续记录，并将其纳入"个人成长档案"，为学校教育教学提供依据。

**招生升学。** 学校组织调研小组，分批到各县市区学校做调研宣传，有效促进了招生工作的顺利开展。例如，第一批新生计划招生84人，参加招生会人数有2 000余人，报名逾600人次。而空乘班首届毕业生，93%被空乘院校录取，其中74%被中国民航大学录取。

3. 发展期：进步就是成功

**扩大招生规模。** 在办学取得初步成绩的基础上，2006年7月，空乘教育招生规模由最初的两个班扩大到四个班，三个年级学生总计500余名。专业从单一的空乘专业扩展到乘警、地勤、飞行专业。此外，学校拓宽学生发展空间，建立了校内普高与空乘相融通的模式。普高学生与空乘学生可以互选课程并参加考试，满足了校内学生双向选择的需求。借助空乘教育资源，学校将空乘教育礼仪、形体等课程推广到非空乘教育班。学校还成立了文明礼仪示范岗、文明礼仪宣传队，大大提高了学生素养。

**创新办学模式。** 2008年苏州四中首届"中国国际航空公司定向培养"模式出台，学校率先尝试了普高生订单式人才培养模式，发挥了普通高中和中职校的双重作用，受到政府和社会各界的认可及学生、家长的好评。

**强化内涵建设。** 学校重视强化空乘教育内涵建设，鼓励学生积极投身社会实践，以良好的形象展示我校学子的风采。学校组织学生竞选上海世博会苏州馆"苏州小姐"，多名学生入选，为苏州形象增光添色。学生还参加了第三届全国大学生运动会、世界滑板锦标赛、上海世博会等近百次全国性大型活动的文明礼仪工作，在社会服务中展示了良好形象。空乘教育在学校起到了标杆、示范作用，文明礼仪教育效果显著，学校被市教育局认定为"苏州市中小学文明礼仪教育指导中心"。

4. 成熟期：打造优质品牌

营造空乘文化氛围。随着空乘教育的不断成熟，学校空乘教育文化的氛围变得愈加浓厚。学校在操场、空乘教学楼分别安装了飞机机翼和模拟客舱，并将在校空乘学生参加重大活动的宣传照及毕业生工作照布置于空乘楼内。此外，为了及时报道空乘专业的最新动态，展示每个空乘班的精彩表现，学校还组织学生编辑《空乘周刊》、创作空乘主题黑板报等。

构建多元评价体系。空乘教育将以往只强调书面成绩的单一评价转变为以素质教育为核心的多元评价体系。该体系由四部分组成：其一，思想素质（品行端正、富有爱心、有团队精神等）；其二，心理素质（耐心细致、沉着冷静、抗打击能力强等）；其三，能力素质（生存能力、社交能力、才艺等）；其四，身体素质（健康、有耐力等）。

光大百年品格教育。空乘教育秉承学校百年品格教育的优良风气，将"培养学生高尚纯正之品格"作为主旨，明确了品格教育的三个阶段（培养学生做合格的人、培养学生做有用的人、培养学生做有责任心的人）；重视品格教育的三种方式（价值教育、课程文化教育、示范教育）；设置了品格教育的学科任务和教学模式；形成了学科品格教育的课程体系。

打造优秀师资队伍。学校立足实际，挖掘教师潜力，制定了一整套有助教师发展的制度措施。学校有计划地选派多名英语教师参加引智培训和出国研修；与南京旅游职业学院合作建立了"教学实践基地"，定期邀请航空公司专业人员举办讲座；与中国民航大学、郑州航空工业管理学院等高校教师开展教学研讨活动，提高教师的理论和实践水平，拓展教师的国际化视野。

在学校的精心培养下，目前，学校拥有国家级礼宾师2人，中国航协注册空乘教员1人。空乘管理团队多名教师被评为苏州市"模范执行三项规定"优秀教师、"指导学生自学"先进教师、教学"七认真"教师、"青年教师风采大赛"十佳教师等，空乘管理团队被推荐并最终获得江苏省"工人先锋号"称号。

确立普职融通典范。"没有教育科研，学校便没有发展"，学校利用课题建设，帮助教师提升科研能力。完成教育部规划课题——"普通高中空乘教育的实践探索"的过程，也是学校完善空乘教育制度、机制、课程体系，总结空乘专业开设以来的成果与经验教训的过程。

空乘教育为学校树立多样化办学典型、推广成果、辐射全国和打造品牌奠定了基础。中国教育科学研究院专家专程到校考察，对学校空乘特色教育予以肯定，把学校办学模式作为全国普职融通的典型，收录到《普通高中特色发展调研报告》。

近20年来，苏州四中的空乘教育已毕业学生2 000余名，毕业生参加高校空乘专业面试合格率达97.8%，高考"文化成绩"和"专业本科"双达线率为98.2%，空乘班高考录取率100%。到目前为止，已经有1 600多名学生从航空院校毕业，翱翔蓝天，400余名毕业生从事飞行、乘警、空保、地勤等与民航相关的工作。展望未来，我们有信心将学校办成一所特色鲜明、质量一流的融合型高中，为我国航空事业做出更大贡献。

# 第二部分

# 一、管理篇：破解困境，搭建平台，加快教师专业新发展

教师是学校发展的第一资源。针对学校 80% 以上的普通教师的专业发展，我们进行调查研究，发现他们专业发展难，难在课堂教学的适切性，难在教学与教研相结合，根据研究情况我们寻找普通教师与优秀教师的差距，探寻普通教师发展的轨迹，加强教师专业培训，为广大普通教师专业发展提供平台；同时，不断改善岗位聘用制，注重以教师为本的管理理念，服务教师，正确处理人际关系中的问题，发挥教师积极性，构建和谐校园，最大限度地发展好我们的教师、发展好我们的学生和发展好我们的学校。

教师专业发展为学校所重视，它直接关系到教师队伍的建设和学校的教育质量，关系到我们所培养的未来社会的建设者。

调研发现：教师实际工作时间长，课务量较大。在课程表规定作息时间外所加的须进班上课或辅导的早自习、中自习和晚自习，使得他们在校实际工作时间平均为 10 小时，而班主任的实际在校时间都在 10～12 小时。经调查，在学校里，教师大多把在校课间时间用在辅导学生的功课上。这些教师工作压力较大，累未必快乐着的工作状态令人担忧。

学校教育工作对教师家庭生活也产生了一定的影响。教师的职业性质决定了他们的思想境界，"捧着一颗心来，不带半根草去"更是不少教师的真实写照。教师的所思所想，必然贯穿于他们整个人生。因此，对其家庭生活也会产生影响，有时是积极的，有时是消极的。68% 的教师经常或总是在家里思考教育工作，32% 的教师有时会思考教育工作。所有的教师都会在工作以外的时间思考教育的问题，说明教师十分敬业，然而，32% 的教师会因此而心情较差或很差，影响他们的家庭生活。

相对而言，教师都比较善于处理人际关系，但是，仍然有 16% 的教师因学校工作而不能处理好家庭关系。我们在对教师的访谈中了解到，由于工作时间长，教师通常难以承担日常的家务，而且工作压力大，心情压抑。这些都给他们正常的家庭生活带来了较大影响。

优秀教师的标准是师德高尚、倾心育人、教学水平高、研究能力强。这些标准，广大普通教师一般不能完全达到。诚然，优秀教师也是从广大普通教师中发展而来的，但是，只有很小一部分普通教师能发展成优秀教师，而90%以上的普通教师只能是普通教师，这是一个客观的事实。以前，我们大多着力培养优秀教师，譬如学科带头人、名教师和特级教师，当然，还包括现在的人民教育家培养对象。这些培养大多着力于优秀教师的个人发展，而对优秀教师引领广大普通教师专业成长等方面考查不多。

一所学校有100~200名教师，优秀教师只占很小比例，一般不超过10%，而90%的都是广大普通教师；一所学校有30~40个班级，优秀教师上课的班级有限，一般也不超过10%，而90%的班级都由普通教师担任具体教学工作。应该说，优秀教师是学校的宝贵财富，是代表学校教育质量的品牌，但是，如果90%的教师跟不上、很平淡，那么，90%的班级的教育质量就会受到影响。如果是这样一种状态，那么，学校发展肯定会受到影响。不是说优秀教师培养不重要，而是说优秀教师要帮助学校引领整个教师专业队伍的成长。

实际上，近两年来，我们地区已经对特级教师、名教师和学科带头人有专门的考核，考核内容包括个人专业发展和对学科教师专业队伍的建设的贡献，但是，考核评价工作只是在起步阶段，还有待进一步改进。

### （一）加快普通教师专业成长

有关教师人生经历的研究显示，绝大部分特级教师有20年以上的教龄，特级教师之中中老年教师的人数比例较大。这说明优秀教师的成长需要时间，三尺讲台的操练不同于武侠小说中的比武，没有哪个教师能够一出道就成为"武林高手"，这是由教师的职业特色与教育规律决定的。优秀教师的成长需要的不只是天赋，还有后天的经验积累与专业成长。具体而言，可能包括个人努力、同伴互助、专家引领、学校支持等诸多因素。教师成长需要助力，没有哪个教师天生优秀。因此，普通教师更需要鼓励、支持和帮助。

近年来，人们对特级教师、名师等优秀教师的关注比较多，而对普通教师的研究比较少。客观地看，在中小学内，优秀教师的比例大多不超过5%；即便在名校，优秀教师的比例也不超过20%。以苏州为例，教师总数有6万人左右，"十二五"期间培养3 000名优秀教师。全国中小学约有1 000多万名教师，其中优秀教师也不超过5%，也就是说优秀教师大概有50万名。要这50万名优秀教师支撑起全国的中小学教育，显然是不现实的。同样，在一所学校里，5%的优秀教师也不可能支撑起一所学校的教育。因此，重视普通教师的专业成长是当前学校教育发展的迫切任务。

诚然，普通教师可以成长为优秀教师，但是比例不高。因此，这里说的普通教师，或许不可能成为教育家、教学专家、教育心理学专家、学科带头人或者优秀教师，他们可能一辈子都只是普通教师。做个普通教师好不好？是不是普通教师一定要努力成为优秀教师？成不了优秀教师的普通教师，我们怎样来看待？应当怎样促进普通教师的成长？很多年来，这些问题不为大家所重视，笔者认为，这是目前中小学教育研究的弱项。

1. 明晰优秀教师和普通教师的差别

一般而言，对普通教师的认定较容易，只要考核合格，就可以续签合同。在学校里，教师只要参加政治学习、完成教学任务及班主任工作、不严重违反学校制度、服从领导安排，基本上可以被认定为合格。大多数普通教师是兢兢业业、脚踏实地、具有上进心的，而且在工作中也取得了一些成绩。但是，很多教师是难以达到优秀的标准，成为优秀教师。

一所学校始终存在着极少数的优秀教师和绝大多数的普通教师。很多年来，我们一直重视对优秀教师的培养和研究，而忽视了对普通教师的培养和研究。使教师成长为优秀教师固然重要，但使普通教师做好自己的工作则更为重要，因为普通教师的绝对比例、工作范围以及工作总量都是优秀教师无法相比的，因此各地的中小学应当及时调整培养和研究计划，重点研究普通教师的成长。

满足普通教师教学发展的需要。课堂是教师的主要工作场所，也是传授知识和技能的最重要途径。普通教师，由于他们的普通和大众化，或缺乏出色的技能，在教学实践中往往会受到挫折，这可能会引起一些抱怨。因此学校要有针对性地对普通教师进行定期培训，重点帮助他们解决教学中的疑难问题，以满足他们提高教学技能的需要。

满足普通教师科研发展的需要。科研能力或许是普通教师的最大不足，往往也是他们与优秀教师的最大区别。近年来，教育行政部门对教师的教研要求越来越高，职称晋升和先进评比中往往都需要发表一定量的文章。笔者所在的地区更是提出了学术性要求，因此，学校一定要正确指导普通教师的科研工作，注重普通教师的教育实践与教育教学叙事和行动研究，设立学校教育科研指导委员会，对普通教师的科研文章予以指导，以满足普通教师教学和科研发展的需要。

2. 厘清普通教师不同于优秀教师的成长轨迹

普通教师的成长与优秀教师的成长都会经历适应期、成长期和成熟期，但是他们的成长轨迹是不同的。因此，优秀教师的成长规律并不适用于普通教师。为此我们必须了解和认识普通教师的发展轨迹。

普通教师的立足点在于普通，由起步到成长，由成长到成熟，由于自身的心理状态、学识水平以及专业能力的局限，他们当中的大多数人不能成为优秀教师。他们的工作价值在于完成学校规定的工作任务，达到教师工作的基本要求。他们的发展阶段具有一定的局限性。但是，这些并不是说他们的工作没有重大意义。他们的起步一般不高，但脚踏实地、循序渐进；他们或许教学水平不高，但他们逐步适应教育教学工作，稳步进入成长期和成熟期；他们的学识水平或许不高，但他们兢兢业业，他们运用自己的知识在实践中逐渐形成一种适应学生发展的教育教学方法和方式；他们的专业能力并不出色，但是他们在工作中逐渐形成了满足课堂教学和教育学生的基本能力。

综上所述，普通意味着具有教师所共有的良好品质，具有教育和教学以及科研的基本素质，可以满足广大学生最基本的要求。他们的这种普通正适应了广大学生的素质教育的要求，也是实行均衡教育的必要条件。应该说办一所没有普通教师的学校是不现实的，因为我们的中小学办的就是普通大众的教育。违反了这一点，也就违反了教育的最基本要素，即普适性。

3. 重视和满足普通教师成长的需要

由于普通教师的成长起点不同于优秀教师，他们的过程和结果也不同于优秀教师，因此，普通教师的需要也不同于优秀教师。

满足普通教师的心理需求。普通教师完全有可能具备与优秀教师一样的上进心，但是由于自身发展的水平和能力受到局限，往往会有一种受挫感、压抑感并由此会产生职业的倦怠感。因此，学校应重视普通教师的心理发展，正确疏导，合理引导，帮助他们在工作中找到合理的定位，最大限度实现自我发展，以得到一种适当的心理满足。

满足普通教师专业发展的需要。普通教师有适应期、成长期和成熟期，他们需要适应教育的发展，需要在实践中运用自己的知识和能力实现教育专业发展。当这种要求不能得到满足时，他们也会自怨自艾。因此学校需要在普通教师发展的各个阶段关注他们的需要，通过教师成长工作室、教师发展学校等团体组织，帮助他们解决和克服在教育工作中遇到的困难，使他们在教育工作中有适度的满足感和成就感。

4. 建立普通教师评价制度和评价机制

目前，普通教师成长的阶段评价与优秀教师成长的阶段评价在职称晋升方面，除了时间上的长短不同以外，要求是完全一致的，都是从初级教师到中级教师，再到高级教师（现在还有教授级教师）。其评价考核标准完全一样，也就是说普通教师也同样会晋升到高级教师，事实上，也确实如此。这就意味着高级教师已经普通化了,所谓的高级其实并不高级。

因此,学校应该按照普通教师的实际情况制定评价标准,譬如在教学上学生的合格率在80%以上就可以认定为优秀,而优秀教师的标准可设定为90%;又譬如普通教师班级纪律达到80分以上就可以认定为优秀,而优秀教师的标准可设定为90分;再譬如在教研上普通教师在一般杂志上发表文章就可被认定为优秀,在学校杂志上发表就可被认定为良好,而优秀教师必须在国家级或核心期刊上发表才可被认定为优秀,在学校杂志上发表只能被认定为合格。

为了做到对普通教师评价的公正与合理,学校应建立以普通教师为主的、与优秀教师有区别的评价机制,也就是说对普通教师要有专门的评价机制。普通教师的评优评先名额,优秀教师不能占用。要建立这样的评价制度和评价机制,是为了使广大普通教师有一个更加适合的发展空间。在大众教育的空间里找到教育发展的根基,普通教师才能成为学校发展的根本。

普通教师永远是学校教育的主体,学校的教育大多是由他们实现的,因此,做一名普通教师,是非常光荣的。学校应该重视普通教师的成长,为他们创造良好的环境,主动关心他们的成长,促进教师队伍的整体发展。

## (二)重视研究型教师的培养

中小学的研究型教师受到专家学者的广泛推崇,可以说研究型教师是教师的理想状态。但在现实生活中,名副其实的研究型教师却凤毛麟角。哪些东西横在了中小学教师的教学研究道路之上?是什么浇灭了教师投入教学研究的热情之火?

目前,很多专家学者号召中小学教师成为研究型教师,但是在现实生活中,广大教师进行教学研究困难重重。这些困难既包括教师自身研究能力的不足,也包括学校环境的因素,同时还涉及教育科研政策等方面的问题。

### 1. 教师自身研究能力不足的困境

教育科研需要政策的有力支持,需要有科学研究的氛围,需要有专业研究的能力。三者密切相关,缺少任何一条,教师都很难长期保持教育科学研究的热情,很难取得教育科研的成果,同时更难提高自身的教育科研能力。

从目前来看,大部分教师的科研能力不是很强,主要体现在缺少研究的意识、无暇顾及问题研究和平时疏于写作。

缺少研究意识,满足工作现状。多年来,很多教师满足于做好自己的日常工作,只关注自己日常教学中出现的问题,而对自身的教学实践过程缺少反思与研究。一些教师甚至仅仅是按照学校的要求写写工作总结,很少主动参与任何课题的研究工作。

忙于工作、家务，无暇顾及研究。目前大部分学校的骨干教师年龄集中在25~45岁，他们占到了一些学校教师总人数的70%以上。这些教师大多工作量大，家务繁重，很多人家离学校路途较远，很多时间花费在上下班的路上。因此，一天忙碌下来，十分疲劳，很难有时间坐下来从事研究工作。

平时疏于写作，研究能力较差。一些教师除了完成教学或者班主任工作之外，很少写研究性的文章。有的人一年甚至几年都不动手写一篇文章，不少教师只为职称评审才不得不写一两篇文章。有的教师工作十几年，也没写过几篇研究性文章。总体而言，大部分教师的研究能力不强，写作能力也很有限。

2. 学校缺少科研支持的氛围

目前很多学校缺少一种促进教育科研的氛围。一些学校领导只重视升学率，学校工作以提高升学率的教学为中心，大部分教师忙于应试教育，很少有时间研究相关教育与教学问题，一些所谓课题建设往往只是走形式。

考评过重成绩，轻视教育科研。不少学校把对教师考评的重心放在教学上面，通常以分数来衡量每一位教师，因此，教师把所有时间都花在了教学工作上，花在了给学生补课上。学校根据考试的名次奖励教师，评选优秀和选派教师参加培训，而很少以科研的成绩来考评教师，由此，就形成了教育科研边缘化的现象。

重视优秀教师，忽视普通教师。每个学校都有一些优秀教师，他们在教育科研上有成绩，学校的课题研究机会往往会向他们倾斜。凡是科研培训、外出考察和参观学习的机会，都只让他们参加，而广大普通教师常常只能望洋兴叹。由于普通教师得不到重视，缺少教育科研的培训，因此，学校的科研工作就逐渐变成了少数人的"专利"，科研工作很难拓展和推广。

重视科研形式，忽视科研内容。近年来，各级学校对教育科研有所重视，有的还提出要建立"学术性高中"的口号。很多学校也会分担一些市级课题、省级课题或国家级课题。但是，这些课题研究大多停留在学校教育的外延方面，如学校文化、社团建设、音乐、舞蹈、书法、科技等方面，而较少触及教育的主要场地——课堂教学，参与相关课题的永远是少数教师，其中取得成效的教师少而又少。学校的一些例行教研活动，有时也会由于学科考试的原因而被迫取消，或者被其他事务性的"要事"挤占。因此，教育科研形式化的现象比较严重。

3. 教师科研成果考评制度的限制

目前，一些教育行政部门对教师科研的重视度有所增加，比如，在教师职称的申报中明确要求要发表文章，在评选优秀教师的条件中明确了教育科研的要求，在推荐和评审特级教师的要求中明确规定要在核心期刊上发表文章和主持省市级课题。应该说，这些要求对推动广大教师参加教育科研有积极作用。但是，这些要求也带来了明显的弊端，甚至让广大教师的教育之路举步维艰。

教育期刊有限，发表文章太难。要求教师发表文章，本身是一件好事，但是，要求所有的教师都发表文章，就显得不切实际。全国的教育类期刊毕竟有限，而且现在很多期刊以约稿为主，有一些学校是所谓理事单位，每个理事单位每年可以发几篇文章，因此，教师每年自由投稿而被录用的文章实属少数，大部分教师会"颗粒无收"。

普通教师在征文活动中获奖等级过低，缺乏激励机制。现在，各地教育科研部门往往都有征文活动，这些征文活动会设立一、二、三等奖，还会设立组织奖等，这对推动学校的科研活动也具有积极的作用。但是，普通教师的获奖率普遍较低。不少教育行政部门明确规定，获得二等奖以下奖项的不符合晋升职称和评优的条件，这影响了教师投身教育科研的积极性。

教师主持课题，难以成为现实。教师要主持课题，一是要有科研的能力；二是要有学校领导的支持，因为所有的课题申报都需要学校的同意，否则，就无法立项成为课题。从目前大多数学校的实际情况来看，课题的主持人一般是学校领导，即使是单一学科的课题，也由兼任该学科教学的校长或副校长担任主持人，普通教师一般难以成为课题的主持人。

4. 教师摆脱科研困境的基本对策

不难看出，教师科研的困境有自身的原因，也有学校的原因，还有相关政策方面的原因。因此，要解决这个问题，必须三方一起协调努力，调动教师科研的积极性，发挥他们潜在的科研能力。

调整科研政策，注重科研质量。教育行政部门在教师职称评审、评优评先以及申报学科带头人、名教师和特级教师等称号时，不应以在刊物上发表文章为必要条件，而应以文章质量为首要条件，这样教师就不会再因发表文章难而止步不前。各级教育行政部门在举办征文评选活动时，一定要以质量为重要条件，不能因过多地分区、分学科设定比例，应以质论奖，体现公正和公平。对于文章质量的认定结果，要完全公开，可以将全文发布在教育科研的网站上，以供大家监督。这样就能保证文章评审的公开、公正和公平，避免教师对评审结果产生怀疑。

完善科研环境，调动教师积极性。第一，学校要在重视优秀教师科研发展的同时，建立科研团队，以优秀教师为领头人，带领广大普通教师积极参加科研活动，发挥他们的科研潜力，提高他们的科研能力。第二，学校要加强教师的科研培训，为各学科教师开设专业讲座，以提高他们的专业研究能力。第三，学校要实行"导师制"，聘请校内和校外的优秀教师担任导师，有针对性地培养教师的科研能力。第四，学校要安排和保障教师科研活动的时间，把科研活动作为日常工作不可缺少的重要部分。通过这四方面的努力，学校才可能建成既包括科研型优秀教师也包括广泛参加研究的普通教师的教师队伍，形成良好的科研环境。

贴近自身实践，发挥各自潜力。教师的研究一定要切合自身的实际。教师可以紧紧围绕自身熟悉的课堂教学实施研究，可以研究自己平时接触最多和感受最深的学生问题，也可以探讨自己对学校管理的感受和体验，这样，教师就会有话可说，研究也会更贴切、更深刻和更有效。

教师的研究一定要发挥自己的特长。有的教师擅长理论研究；有的教师擅长实践研究；有的教师喜欢描述；有的教师喜欢论述；有的教师擅长课堂教学，可以写教学案例；有的教师擅长揣摩学生的心理，可以写学生案例；有的教师对学校感受至深，可以写学校管理的案例；等等。教师必须知道自己的长处，以更顺利地发挥自己的潜力。

### （三）变教师"被发展"为主动发展

教师的专业成长有其自身的特点，有时与学校发展并不完全一致，因此，时常会出现一些教师"被发展"的现象。这种外在的推力有违教师成长的规律，有时甚至还会给教师成长带来不利影响。

以下三位骨干教师的苦恼，代表着教师"被发展"的三种现象。

现象一：王老师是新入职的教师，研究生学历，科研能力较强。学校能搞科研的教师不多，因此，学校领导对他很重视，希望他多做一些学校文化建设的课题。于是，王老师把大量的时间花在了学校文化建设的研究上，因而忽略了自己的学科专业工作，以致他的课堂教学能力和水平提高不快。对此，他十分苦恼。

现象二：闫老师是师生公认的优秀班主任。他对每一个学生的情况都了如指掌、如数家珍。即使是成绩不理想的班级，在他的带领下也能从落后变成先进。他教学成绩突出，所带班级每次高考都名列学校第一。

学校领导对他十分赏识，除了让他担任学科教师外，还让他兼任班主任、年级组长和教研组长。于是，闫老师每天不得不起早贪黑，组织课改活动，写作研究文章，帮助问题学生，帮带年轻教师……一个学期下来，他瘦了一大圈。

现象三：张老师是语文学科的特级教师、市学科带头人。她在学科教学上颇有建树，经常到全国各地去做报告和参加各种研讨会。

学校以她为荣，上报教育局，任命她为副校长，负责教学工作。由于她缺少管理及处理人际关系的经验，虽然花费了大量的时间，但行政工作成效不大。由于从事行政工作，她不再参加公开课，也很少到各地去参加教学的交流活动。几年下来，她对教学工作逐渐变得生疏。为此，她向学校提出辞去副校长的职务。学校考虑再三，保留了她的副校长职务，由负责教学工作转为负责文字工作。

上述三位教师的遭遇，背后反映的是新教师的过早发展、骨干教师的过度发展和优秀教师的滞缓发展。显而易见，上述三种"被发展"都不利于优秀教师的成长，那么，怎样变教师的"被发展"为主动发展，以加快教师专业成长的步伐？

1. 尊重教师成长的阶段性规律

教师的成长通常有五个时期：预备期、适应期、发展期、成熟期和高峰期。一般说来，预备期是指将欲从事教师职业者在师范学校或其他机构接受师范教育的时期，学校注重专业知识的学习和技能的培养。适应期就是新教师在从事教师工作中从不适应阶段过渡到适应阶段的过程，一般为3~5年；学校应重视教学基本功和方法传授。发展期则是教师事业稳步上升，并逐渐向成熟期迈进的过程，这一时期一般为工作后5~10年；学校应对教师的发展方向格外关注，为他们的发展创造条件。成熟期时教师的成长已经步入了工作得心应手的阶段，一般为工作15年后；学校要深入了解他们的特长，发挥他们的骨干作用。高峰期是指教师在一生教育工作中最有成绩的阶段，一般需要工作15~20年后；学校应积极发挥他们的带头作用，促进广大教师的共同成长。

应该指出的是，不同教师成长的五个阶段有所不同，有的教师在某个阶段停留时间较短，而有的教师停留时间较长；当然在同一时期内，各个教师的成长也会有所不同。

2. 关注教师自主发展的意识、能力和行为

教师成长的重要方式之一就是自主发展，它包括自主意识、自主能力和自主行为发展，表现在教师工作的主动性。自主意识对于教师来说是一种教育的自觉，这种自觉来源于自身的努力和奉献以及学校周围环境赋予他们的一切感受和经验，它包括来源于学科教学工作、学生德育工作以及学校人际关怀等诸多因素。

当教师的自主意识在教育的实践认识中形成了相关的自主能力时，教师

的自主行为便在具体教育工作及其成长过程中显现出来，譬如自尊、自信、自强、自爱等。

学校领导应主动察觉、发现和洞察教师的自主意识，赋予他们主动思维的权利，提高他们的认识水平；深入他们的周围环境，更多地了解他们的生活和工作状态，正确判断他们在工作中的能动作用，提高他们的自主能力；积极鼓励他们主动作为，促进他们自主发展。

3. 把教师法规定的权利还给教师

学校需要根据课程标准和国家相关的政策对教师进行指导、纠正和帮助，以使教师能正确领悟课堂教学的要义；善于发现教师研究的特长，提供他们发挥特长的条件，重视教育科研的培训，着力提高教师的科研水平，为教师的发展提供丰富的学习资源；通过教师培训使其领悟到课程改革的必要性，寻找新的课程改革的切入点，改变应试教育的"题海战"方法，切实减轻学生学业的过重负担；积极鼓励教师（包括学生和家长）做社会调查，并把社会调查作为衡量教师和学生的一个要求，以培养学生切实适用的知识和良好的道德品质；积极鼓励教师参与学校民主管理，以教职工代表大会的形式，行使民主管理学校的权利，以推动学校行政服务工作的建设。

教师的成长有诸多的因素，与个人的条件、能力、态度和努力的程度相关，与学校管理的工作相关，与社会对学校的影响有关，与教育的政策与法制有关，与社会的经济、文化以及意识形态等领域有关，与学生的培养、自我的发展和社会的进步有关，所有这些相关性因素都与教师的主动性有密切联系，因此，重视教师发展的主动性，把教师成长的主动权归还给教师，是学校的重要任务。

## （四）把好教师岗位聘用这一关

岗位设置工作是学校人事制度改革的重要组成部分，关系到学校的制度改革和教育发展，关系到学校广大教职工的切身利益。各级学校都在根据国家人事部和教育部、省人事厅和教育厅以及市人事局和教育局的相关政策制订学校岗位聘用方案。笔者走访和了解了一些学校，发现有的学校对上级文件的精神把握不准，出现了一些偏差，在教师中产生了极大的影响。因此，认真学习和正确把握文件精神，就非常重要和迫切。

教育局的文件主要分为三大部分，各类岗位的基本聘用条件、各等级教师岗位聘用的基本年限以及教师岗位内部各等级岗位聘用条件。依据《苏州市幼儿园、中小学、中等职业学校专业技术岗位内部各等级岗位聘用条件（试行）苏教人师〔2010〕11号》，本节将结合学校的实际从这三个方面来加以分析和阐述。

1. 严格把关

教育部、教育厅和教育局文件都明确规定，各类岗位的基本聘用条件：① 遵守宪法和法律；② 具有良好的品行；③ 符合岗位所需的专业、能力或技能条件；④ 适应岗位要求的身体条件。教师首先作为一个公民，具有社会性，必须遵纪守法，按照《宪法》的规定行使公民的权利和义务，因此，必须是合法的公民。教师是一种崇高的职业，一位教师往往能影响数以千计的学生，对学生的素质养成具有重要作用，因此，必须有良好的品行，以身作则，教书育人。教师是一项专业性技术职业，从业者必须具备专业的知识和技能，承担学科教学的任务，因此，必须具备教师专业技术资格证书。教师又是公民的形象代表，仪表端庄，举止得体，因此，还必须具备较好的身体条件，譬如身高、体型、容貌等。

应该说，各级学校的教师基本符合这一部分的四个条件，学校年终考核合格以上的教师都应该具备这些条件。只有严重违反教师法的教师，譬如严重体罚学生并造成严重后果；故意违反教学规律、不完成教学任务的教师；有违法行为，被剥夺公民权利的教师。以上这三种教师不符合岗位聘用的基本条件。

2. 执行规定

教育局遵循人事部、教育部和人事厅、教育厅对各等级教师岗位聘用基本年限的相关政策规定，即正高级教师三级岗位须受聘四级岗位4年以上，副高级教师五级岗位须受聘六级岗位3年以上，六级岗位须受聘七级岗位3年以上；中级教师八级岗位须受聘九级岗位2年以上，九级岗位须受聘十级岗位2年以上；初级教师十一级岗位须受聘十二级岗位2年以上。

各级学校实行岗位定编定岗，一是为了优化学校教师结构，防止人浮于事；二是为了提高教师的工作积极性，实行岗位竞聘和优聘。因此，调整学校教师的结构，合理流动教师，各级学校实行定编定岗已经十分迫切和必要。至于年限的明确规定，则是教师可以申聘各等级教师的最低年限，不是达到年限的都一定可以聘到相应等级的岗位。初级各等级和中级各等级都间隔2年，高级的六七级间隔3年、五六级间隔4年，是为了体现"低职高聘和高职低聘"的趋势，高级的年限高于初、中级则表明了其技术含量的增大。这同职称评审不一样，职称的年限要长于岗位的聘任年限，实现的是评聘分离，促进教师的专业化发展。

实际上，有的学校没有依照上级规定的年限执行，而是延长了相应的年限，原因是学校的相关岗位少于所申聘的岗位，因此，用延长年限来弥补相应等级岗位数的不足。之所以有学校如此做，是认为教育局的文件有如此的规定："各县（市、区）、局直属学校可以在坚持本条件原则的前提下，进一步量化中学高级教师一级岗位（副高级教师五级岗位）聘用条件，制定符合本校实际的实施细则，报教育主管部门审核后实施。"殊不知，文件规定量化的是教师一级岗位的聘用条件，并按照聘用条件制定符合学校实际的实施细则，而非重新量化聘用教师岗位的基本年限。教育部的文件分为三大部分，单独把各等级教师岗位聘用的基本年限列为一栏，又把教师岗位内部各等级岗位聘用条件列为另一栏。可见，有关学校用延长岗位等级间的年限来制定聘任岗位的条件，违反了上级文件的精神。而且，如果学校自己设定等级间的基本年限，各级同类学校就会产生同等条件的教师聘到不同等级岗位的情况，出现岗位聘任年限的不公平，不利于发挥教师的积极性。

3. 把握精神

为了便于各级学校制定内部各等级岗位聘用条件，教育局制定了高级教师一级岗位（副高级教师五级岗位）聘用条件，并要求各级学校对照五级岗位聘用条件，进一步量化聘用条件，制定符合本校实际的实施细则，报教育主管部门审核后实施。

副高级教师五级岗位的聘用条件分为政治素质、职业道德要求，学历、资历要求，教育工作要求，教学工作要求，教科研工作要求以及专业示范要求六个方面。教育必须为政治服务，教师必须认真贯彻党的教育方针和政策，必须具备较高的政治觉悟和道德水平。教师是专业技术性职业，必须具备大学以上学历，并具有一定年限的工作经历。教师在学校的实际工作通常可分为教育工作、教学工作和教科研工作，教育工作主要体现在班主任工作方面，也就是班主任工作的经历和成绩；教学工作主要指教师从事的学科专业教学工作，教学经历和所取得的成绩将作为主要考核的依据；教科研工作是指教师从事教育教学工作的研究工作，它要求教师具备一定的研究能力，并取得相关的研究成绩。专业示范要求主要指的是指导其他教师的工作，包括学科教学、教育科研以及班主任指导等。应该说，教育局制定的五级岗位要求为各级学校做了很好的示范，其设立的六个条件基本涵盖了教师的工作范围，对公正、正确和公平地考核教师起到重要作用。

但是，有的学校在制定内部岗位聘用条件时依然存在一些问题。譬如，某学校领导为了照顾一些教师的学历问题，把五级以下岗位等级的学历要求都取消了。某学校把中层干部、年级组长和教研组长的经历可以抵作班主任工作的年限，中层干部、年级组长和教研组长本身就应具备相应年限的班主任工作经历。某学校对相关等级的要求过高，如九级岗位的要求，该学校依然要求模范执行"三项规定"。某学校把教育局的文件规定条文的顺序做了调整和综合,模糊了相关条文的重要性。有的学校成立了领导小组和考核小组,而其成员的结构比例又缺少法定依据,其公正性受到质疑,等等。

针对这些问题,学校领导要正确把握文件的精神,理清各部分之间的联系,认识文件的科学性与重要性,不擅自取消相关条文,不擅自增加无关的条文,按照上级文件要求,制定切合实际的相关条文,依法维护广大教职工的利益。

4. 加强培训

各级学校在制定制度时所出现的问题远不止这些,之所以出现诸如此类的问题,一是由于学校领导没有把握好教育局文件的精神;二是由于学校领导主观主义思想还相当严重;三是学校领导没有发挥集体的智慧,缺少民主的过程。为此,教育行政部门应对各学校的领导进行必要的培训,解读文件的关键因素,重视制定制度时可能出现的问题,稳步推动学校制度的改革,促进学校教育的发展。

应该看到,我国还没有专门培养校长的院校,校长们大多来自普通教师,他们的理论水平和领导水平参差不齐,在制定具体的学校制度时,往往会出现一些偏离政策的主观主义倾向。因此,在实施岗位聘用制度前应对校长们进行必要的培训,以统一思想,正确贯彻上级文件的精神,积极推行学校制度改革。培训可以采取由专家对上级文件进行逐条讲解的方法,帮助校长们领会文件的精神,在此基础上展开讨论,让校长们充分发表自己的意见;在培训结束时,可以要求校长们依据上级文件精神按照学校的具体情况拟一份相关的制度草案,经专家考核合格,才可以通过培训。

上级教育行政部门应派专员深入学校第一线,对各级学校进行实地考察和指导,规范学校制度建设的民主过程,对学校领导小组职责和教代会的职责应加以明确,对学校领导小组的成员结构和教代会主席团成员的结构加以规范,健全学校的领导小组和教代会民主机构,走群众路线,积极发挥教代会民主管理学校的作用。

目前,我们看到,有个别学校并没有按照上级文件的精神办事,在学校制度的制定上出现了诸多问题,损害了广大教职工的权益。有的学校甚至在上级没有下达红头文件的情形下,自作主张,制定所谓的学校制度。这些存在的问题引起了广大教职工的不满,损害了政策的权威性,无益于学校的制度建设,也无益于教育方针的贯彻和教育政策的执行。

上级教育行政部门必须保障教代会在学校制度建设中的决定性作用,坚决制止权大于法的现象,要求各级学校的领导依法行政,对于违反政策和法律的领导一定要追究其相应的责任，实行校长问责制。

  5．合理流动

  岗位设置将有利于各级学校调节初中高级教师的比例，优化各级学校教师的结构，加快学校的教育发展，促进教师的专业发展。目前，有的学校高级教师的比例过高，近60%，比高级中学的高级数超出了近20%（教育部规定为20%~40%）；有的学校的中级教师比例过高，超过了50%（教育部规定为25%~40%）；等等。应该看到，各级学校的教师人员结构还不完全合理，适当地实行教师之间的流动，将有助于化解由于结构不合理而产生的矛盾，有助于岗位聘用工作的开展。

  岗位聘用需要先优化各级学校的教师人员结构，实行教师的合理流动。省教育厅也明确了今后教师要实行每六年流动一次的制度，这样可以实现学校之间的师资均衡、教育质量均衡以及教师发展的均衡，有利于教育的公平和公正。当前，教师的流动已经势在必行，上级教育行政部门完全应该立刻推行。

  合理流动初级教师。初级教师一般是刚进学校工作不久的教师，他们往往缺少教育经验，因此，指导教师就起着很重要的作用，所谓"名师出高徒"就是这个意思。实行初级教师的流动，就是要把有发展潜力的年轻教师流动到一流学校，由一流的教师指导，帮助他们快速成长，成为学校的骨干教师。一般来讲，工作三年以内的教师不宜流动，他们需要有一个了解、熟悉和适应的过程。

  合理流动中级教师。中级教师是学校教育工作的中坚力量，起着承上启下的作用。中级教师的发展，无疑决定着学校将来的发展前途。中级教师流动到一流学校工作，有助于培养学校的中坚力量，形成教育发展的优势；中级教师由一流学校流动到三流学校，也有利于他们的成长，尤其对他们教育方法的调整、实施因材施教有重大作用。应该说，差别教育、个性教育和创新能力的培养已经成为当今学校教育的重要方面，无疑，中级教师的流动同样有利于教师的发展、学生的发展和学校的发展，也有利于当前的岗位设置和聘用工作。

  合理流动高级教师。高级教师是岗位聘用的高层次人才，他们必须具备高素质，在教育、教学和科研方面都处于领先地位，在本地区具有较大的影响力。在一流的学校里，不乏这样的教师，由于资源集中，也造成了人才使用的不充分，因此，流动到相对薄弱的学校，一是可以优化薄弱学校的教师结构，二是可以充分发挥他们的作用，三是可以推动薄弱学校的教育发展。当然，也同样有利于当前的岗位设置和聘用工作。

综上所述，学校岗位聘用方案的制订过程确实存在着一些问题，有对上级文件精神的领会错误，有主观主义的工作作风问题，有缺少应有的民主过程问题，还有现有教师结构比例所带来的岗位聘用困难，等等，这些问题有的来自学校内部，有的源自制度外部的环境。因此，进一步认真学习上级文件，把握文件精神，改善制度改革的环境，对推动学校聘用制度的内部改革会有促进作用。

### （五）正确处理学校管理中的人际冲突

制度，长期以来都是学校管理的一把尺。但是，制度这把尺，有时却不很灵巧，用它丈量有些会有难度。因此，本文欲跨越制度的界限去寻找学校管理冲突的根本，借此从人的观念与价值进行分析与探讨，寻求人际冲突的解决方式，以达成人与人之间的和谐，促进人性的发展。本文主要不在于分析制度本身的问题，而在于进行制度之外存在着的人际因素的研究。这些因素使人们逾越制度而产生人际冲突，而公正、公平与平等就显得相当困难，因此，本文有意于制度之外寻找一种新型的人际关系，标显一种符合人性并促进人性发展的观念。

1. 学校管理人际冲突的概述

学校管理在学校的工作中处于一种动态，这种动态直接与学校的个体成员相关，也与学校各个非正式群体相关，还与学校的正式群体（组织）相关，体现为管理者与被管理者在学校的一种工作关系，它涉及个体、群体和组织等因素。

（1）什么是人际冲突

赫尔雷格尔等认为，"冲突是一种过程，这种过程肇始于一方感觉到另一方对自己关心的事情产生消极影响或将要产生消极影响，是一方个体或团体感觉自己的利益受到另一方的反对或消极影响的过程"；我国学者王垒认为，"冲突是对立双方在资源匮乏时出现阻挠行为并被知觉到的矛盾"。由此可见，组织行为学家强调冲突的过程，强调其不可避免性和广泛性。对于处于现代组织系统中的人们，冲突常常是一种既对立又统一的关系。

（2）什么是学校管理人际冲突

我们知道，学校有不少的制度，这些制度对调和学校人员之间的关系具有一定作用，而实际上这些制度又是由不同的成员所制定的，其代表的利益群体、个体和组织等都有一定的倾向性和局限性，往往会产生相互之间的冲突，因此，这些制度必须在一定程度上得到认可，否则，就难以起到应有的作用；也会由此产生学校管理层与领导成员之间、学校领导与学校教师之间、学校管理层与教师之间等各群体之间产生的冲突行为。

学校管理人际冲突行为通常有三种作用：对学校的管理有促进作用，对学校的管理有负面作用，以及对学校的管理具有潜在作用。在学校的管理实际中，我们会发现学校领导难以领导他们的下级，管理层不服从学校领导的调遣，教师不服从管理层的管理。他们在有些问题上会有分歧，在一定程度上会引起冲突的负面意义，但是，这些冲突通常都不容易激化，往往能在沟通中化解，只有少数的冲突会由于价值观的分歧极大和利益观的差异太大而激化，对学校的管理产生不利影响。

2. 学校管理人际冲突的类型

学校里存在着连续不断的人际冲突。这些冲突表现在学校管理工作上的不协调。这些冲突既发生在组织之间，也发生在组织和非正式群体之间，以及组织和个体之间。

（1）组织之间的冲突

学校管理工作的正常开展需要部门之间相互协调合作，但是，部门之间的合作有时也有脱节、矛盾和不协调的现象，继而产生部门之间的冲突。学校的部门冲突通常表现为：教务处与总务处的冲突、教务处与德育处的冲突以及德育处与总务处的冲突。譬如，有个学生成绩非常优秀，而思想品德不好，经常违反学校纪律。教务处认为，该学生学习成绩优秀，是考重点大学的苗子，思想教育不应影响他的上课，不同意停该学生的课；德育处则认为，该学生思想品德有严重问题，应及时对他进行教育，必须采取有力的措施，要停他一个星期的课，并给予他行政处分。为此，两个部门之间产生了冲突。又譬如，工会认为节假日教师补课工资发放应该按照国家的具体规定执行，而学校领导认为学校经济状况较差，应按照学校实际发放节假日补课工资。双方各执己见，因而产生行政与工会的冲突。

（2）组织与非正式群体的冲突

学校存在着不同的群体，有领导群体、中层群体、教职工群体和学生群体等。这些群体根据行政编制、职务和岗位职责与义务等集合而成，通常叫作"正式群体"，这样的正式群体也通常被称作"组织"；而非正式群体则是根据兴趣相投、情感互补等心理因素而集合，它通常没有一个固定的规范，也没有一个具体的领导者，群体的组合比较松散而自由。学校组织以外的群体，都属于非正式群体。有的群体对学校管理有促进作用，有的群体对学校管理有阻碍作用，有的群体对学校管理并不构成影响。它们之间的冲突通常表现在以下三个方面。

因利益没有得到维护而针锋相对。这些以利益驱动为中心的群体，他们的专业居于中等偏上水平，而平时又不专心于教学，经常把利益与工作挂钩，常常为自身的利益与学校管理发生冲突。当他们的要求得不到满足时，就会与学校领导产生分歧而发生激烈冲突，并在教师中大肆渲染，给学校管理带来严重的不良影响。而当他们的要求得到满足时，他们就没有原则，谋名图利，甚至损害他人的利益。

因情绪没有得到疏通而互诉怨气。这类群体的成员在学校占有一定的比例，通常专业水平不高或不突出，教学成绩位于中等或中等以下，且经常受到学校管理层和领导层的批评与指责，在学校各群体的竞争中处于劣势。譬如，副科教师群体，他们反对主课教师的待遇高于副科教师，他们反对学校重视主课教师而忽视副科教师，但又不敢伸张，恐怕学校领导给他们穿小鞋，因此，他们仅仅只在背后议论、发泄怨气。但是，当反映声音占上风的时候，他们也会附和。这些潜在的冲突因素也不容学校领导忽视。

因道义没有得到伸张而主持公道。这类群体的成员通常富有才华，成绩比较突出，而且广受教师们的尊敬，有较高的威望。学校在管理实际中有时会出现不公正、不公平和不透明的现象，尤其是对弱势群体过于严厉和苛刻。对于这些情况，他们大多会站出来说公道话，主持正义。学校领导一旦与他们发生冲突，就很难化解，他们往往会据理力争、固执己见和寸步不让，给学校管理造成严重影响。

（3）组织与个体的冲突

领导个人凌驾于组织之上。校长是学校的法人代表，虽然书记在行政上与校长平级，但是其法人的地位确立了其绝对的领导权，而教代会又没有决策权，因此，往往容易造成"校长一个人说了算"。譬如，某教师参加中层竞聘报名，过了期限。书记说，要按照竞聘的程序办，至少要经过竞聘领导小组讨论后才能决定；而校长二话没说，认为该教师条件较好，就允许其直接参加竞聘述职。

教师个人置身于组织之外。主要有两种情况，一是教师个人与学校组织格格不入，与学校领导有分歧。这类教师往往是学者型的教师。譬如，学校组织决定发展Q教师为预备党员，而该教师认为Q教师群众基础差，经常不参加学习。为此，他和组织意见不一，发生冲突，甚至向上级部门反映。二是教师个人受到组织的冷落。这类教师常常会自暴自弃，甚至以病假等方式来回避现实。管理者如果在管理工作中依然以批评惩罚的方式对待这些教师，长期积聚怨气而形成的冲突就会爆发。

3. 学校管理人际冲突的原因

人际关系的存在在于交往双方都有一定的目的，这种目的往往是以各自的需要为根本的。这种个体的需要通常也不是自我的单一满足，而往往是通过双方或多方的合作或冲突而实现的。当需要得不到满足时，教师可能会与学校管理者产生冲突。

（1）个人的需要得不到满足时

虽然说学校的教师个体普遍拥有比较高的素质，但是，他们之间的素质还是存在着差异。当他们各自的需要无法得到满足时，他们会选择不同的方式应对；性格懦弱的会选择回避、自我承受和自我消化；性格温和的会选择合适的方式表达自己的意愿，做到适可而止；性格倔强的会固执己见，不惜一切代价，满足自己的尊严。我们在管理的实际中发现，仅仅从个人的利益出发，与管理者发生的冲突，通常会受到管理者的坚决抵制，而且会受到教师们的鄙视，因此，立足于个人利益上的冲突很短暂，而且大多因孤立而偃旗息鼓。而有些个体的冲突，有时虽然都是从个人的利益出发，但随着冲突程度的加剧，往往会演变成一种因发展需要而产生的自尊需要的冲突，它趋向于一种正义的选择。当他们与管理者各执己见的时候，双方各有长短的时候，冲突就尤为激烈，学校的管理工作就会处于不利局面。

（2）非正式群体的需要得不到满足时

学校有很多的群体。有因研究倾向一致而结合的工作群体，有因兴趣爱好结合的娱乐群体，有利益一致而结合的利益群体，有以情感互补而结合的友谊群体，等等。这些群体都会有一个或几个"权威人士"在其中起着决定性的作用。有时，这些群体也会与学校管理者相冲突。譬如，娱乐群体有时会影响学校的工作，与管理者发生冲突；工作群体会因为研究的条件问题与管理者发生冲突；利益群体会因为自身群体的利益与管理者发生冲突；友谊群体会因为成员的情义而与管理者发生冲突。从学校管理的实际来看，工作群体和娱乐群体，与学校管理者的冲突都属于浅表层的冲突，是非观念也很明确，易于解决。而利益群体和友谊群体，与学校管理者发生的冲突就难以解决，对学校管理的影响也大。

（3）组织的需要得不到满足时

组织是一个具有职务权利且规范的法定程序的集合，它作为一个整体，其成员必须遵守规范、执行职责，并享有相应的权利。当非正式群体利益与组织利益不一致时，就会发生冲突。这时，就需要组织发挥其凝聚力的作用。如果组织缺少这样的凝聚力，就会与其他的非正式群体发生冲突。组织就变得涣散，学校的管理就会陷入一种无序状态。譬如，某学校的奖励性绩效工资考核向管理层和领导层倾斜，教师的奖励性绩效工资平均数不到干部的一半，这些情况挫伤了广大教师的工作积极性。有些教师群体与组织分庭抗礼，不执行学校的作息制度，不参加学校的下午第五节的补课，拒绝参加学校组织的活动。如果学校领导和管理者对于这些违反学校规定的教师群体一味采取经济上的惩罚，就无法发挥组织的凝聚功能，就会使这些冲突的对峙加剧并扩大化，使得学校的管理工作无法正常运转。

4. 学校管理人际冲突的处理

笔者在管理的实践中发现，学校并不是缺少制度，这些制度之所以不完善或之所以在执行中打折扣，大多在于制定的人的观念和文化有问题。因此，我们在消除、转化学校管理中的人际冲突时，可以从以下几个方面入手。

（1）树立正确权力观，消除利益冲突

权力不属于个体，而属于具有广泛性的人民，这就是人民主权。权力具有受托性，即人民把权力交付给拥有一定职位的人，让他代表人民行使职权，维护广大人民的利益。因此，在学校里，领导和管理者所拥有的权力并不属于个人，而是属于广大的教职工，领导和管理者只能代表广大教师的意志，并维护广大教师的利益。

当个人利益与局部利益发生冲突时，个人利益应服从局部利益；当局部利益与整体利益发生冲突时，局部利益应服从整体利益。在学校制定利益分配制度时，在对学校教师进行考核时，在促进教师发展时，领导和管理者应体现出党员的先进性，坚持干部利益服从教师利益，淡泊名利，大公无私，为教师做好服务工作。

（2）加强组织文化建设，同化非正式群体

非正式群体与行政组织之间的冲突本质上是组织文化与非正式群体文化之间的冲突。通常，非正式群体内部的文化强度大于整个组织。组织应该建立接受程度和承诺大的基本价值观来加强自身文化的强度，以抵御非正式群体文化对其内部成员施加的不利影响。因而，要想使非正式群体与正式群体真正协调一致、和平相处来影响、引导和改变非正式群体的行为规范和价值取向，使之与正式组织的目标协调一致，需要通过"协作"使组织具有紧密的连续性，模糊非正式群体的界限，从而向组织的文化靠拢，形成同化。

（3）把握非正式群体核心人物，发挥其积极作用

非正式群体中的核心人物的思想和行动直接影响着非正式群体的思想和行动，学校领导应该对非正式群体中的核心人物加以高度重视，积极谋求与他们在各个层面上的沟通。可以主动邀请他们参加组织的重要活动或者出任正式职务。这不仅具有榜样示范作用，而且还可以利用非正式群体为管理服务，避免非正式群体成为实现管理目标的障碍，从而变潜在的冲突为现实的动力。

### （4）注意冲突解决方法，提高学校管理效率

有效的管理通常体现为强有力的领导、和谐的人际关系、共同的目标和愿望以及良好的学校秩序和优秀教育成果。但是，学校效率再高，人际关系再和谐，它依然存在着不少的冲突，可以说，学校的发展是在调和与处理各方面冲突中进行的。因此，正确地处理和应对冲突，显然是学校管理的关键因素之一。

明确冲突的内在动机和外部影响；辨别冲突的冲突性质（是合作性的还是独断性的）；采取"合作""谈判""权变"等方法，化解冲突的敌意，合理推动冲突的积极意义，以达到促进、共生和互利的统一目标，提高学校管理的效率。

## （六）重视教师培训中对专家讲座的需求

2013年5月，教育部颁布了《关于深化中小学教师培训模式改革全面提升培训质量的指导意见》（简称《指导意见》），《指导意见》指出：我国的教师培训工作取得了明显进步，但是依然存在针对性不强、内容泛化、方式单一和质量监控薄弱等问题。它对教师培训的机制建设、内容安排和学习方式以及保障措施提出了具体意见。

教师培训为各级学校所重视，但是，由于中小学教师现有的整体学术水平不高，因此，邀请专家到学校做讲座，已经成为教师培训的日常活动。但是，教师培训需要请怎样的专家，请专家到学校来讲什么以及用怎样的方式讲，这三个问题确实值得我们中小学教育工作者思考。

我们对Z市8所学校的300名教师做了相关调查。调查对象为8所学校，皆为义务教育初级中学；各所学校都有100多名教师，每所学校任意选取50名教师，共300份问卷，有效问卷为284份。问卷围绕教师最需要的培训项目、专家类别以及讲座方式等，以客观反映教师对讲座的需求和需要。

1. 由调查结果看教师最需要怎样的专业引领

（1）最需加强学科教学和班主任工作

结果表明：教师最需要的培训是学科专业知识，占42.95%；第二是班主任工作，占30.28%；第三是教师心理健康占8.09%；第四是教师师德教育，占8.39%；第五是教育政策与改革，占8.33%；第六是国家教育发展，占2.81%。

第一，学科教学长期以来是教师最重要的工作。调查反映了教师普遍重视学科教学的态度，这与我们长期强调课堂教学有关，也与教师专业标准相一致，表现了教师对增强专业知识的强烈欲望。班主任工作是每个教师必须承担的又一项工作职责。这项工作辛苦且艰难，花费教师大量的精力。调查

表明，不少教师都需要学习班主任工作的方法，吸取工作的经验，以做好班主任工作。

第二，教师心理与师德教育。教师心理健康直接影响着教师从事教育工作的质量。教师职业倦怠已经为社会关注，教师的心理变异也引起了专家们的重视。因此，调查表明，教师需要心理指导和心理疗养，以消除职业的困倦。师德是教师从事教育事业的道德。一个不具备良好道德的教师，肯定是不称职的。尤其近来师德已经被社会广泛关注，譬如性侵学生、营利家教等。调查也表明了教师期望提高自身的道德修养、提高自身的道德素质和为人师表的愿望。

第三，教育政策与国内外教育动态。了解教育的综合状况和具有政策的解读能力是对教师的基本要求。但是，调查表明，教师对教育政策、教育概况和国际教育的关注度不够。这反映了教师以实际工作为本位的普遍倾向，这与学校对教师的考核与评价有关。学校领导较少会在教师培训中考虑这些主题的讲座。

（2）最欢迎理论与实践结合的讲座

调查表明：58.80%的教师最需要理论与实际相结合的讲座，30.98%的教师最需要教学实践的讲座，10.21%的教师最需要理论的讲座。

近年来，教师的教育理念有了很大的转变，教师不再满足于单纯的教学实践工作，而且往往结合具体的理论对教学实践进行探讨分析，努力向科研型教师过渡，因此，中小学教师迫切需要理论与实践相结合的讲座。

实践的讲座依然为教师们重视，尤其对于年轻的教师，可以使他们身临其境，取得更加快捷和良好的效果，调查也表明了这点。至于纯理论的讲座，教师往往会感到比较空洞，针对性不强，与工作的相关度不高，因此，倾向于纯理论学习和研究的教师较少。

（3）最看重工作在一线的专家型教师

到中小学作报告的通常有三类人，第一类是大学学者，他们是教授或副教授；第二类是教科院专家，他们是研究员、副研究员，有的则是教研员或教科员；第三类是中小学的优秀人才，他们是特级教师、学科带头人、名教师、名校长等。

调查表明：三类人当中，最喜欢教科院专家做讲座的教师占38.38%，最喜欢中小学优秀人才做讲座的教师占38.81%，最喜欢大学学者做讲座的教师则占25%。

大学学者开的讲座在以往是教师最热衷的，他们学术水平高。近年来，教师们变得更加务实，他们大多选择了长期深入和熟悉教育第一线工作的教科院专家和一线优秀人才,学校里的优秀人才开的讲座越来越受欢迎。这表明了专家型教师在学校中已经在逐渐增多,学校的科研力量逐渐在增强。

2. 专家引领需要必备的八大条件

在对教师培训中,大学学者的讲座学术性太强,概念太深奥,程序太复杂,教师难以理解,不适合教师;教科院专家的讲座比较贴近教师工作的实际,容易为教师接受;中小学优秀教师的讲座往往与自身专业紧密相关,所形成的经验与教师的经验相吻合,足以引起教师的共鸣和反思,越来越受到教师们的欢迎。这些都对应了《指导意见》中的授课人员要接受一定学时的培训、关注一线教师教育教学的讲座至少50%的要求。

在了解教师最需要的讲座和专家以后,学校还必须了解专家的学术专长和实践经验以及科研成果等,以有针对性地选择适合教师发展和满足教师培训要求的专家。就长期培训实践而言,培训专家需要满足以下八个条件。

(1) 长期关注或从事中小学基础教育的专家或一线优秀教师

全国各地有很多各种专长研究的学者,有些是研究教育制度和政策的学者,有些是研究学科的专家,有些是研究心理学的专家,有些是研究教师教育的专家,有些是研究课程的专家,有些是研究国外教育的专家,有些是注重国内教育的研究专家,等等。学校应该针对自身的现状,了解学校教师最需要怎样的培训,以有针对性地邀请相关专家。如学校要加强民主法制建设,则可以邀请政策研究的专家;如学校要加强教师学科专业的能力,则可以邀请学科研究的专家。

(2) 经常做调查研究,掌握教师工作的第一手资料

预先请专家到学校来做现场考察和相关调查以及访谈,直接与学生、教师和干部联系,洞察教育、教学和科研中的问题,然后,分门别类,做细致地分析和研究,做好切合实际的对策研究,以指导学校的工作和教师与学生的教育。这样,培训才能解决教师和学校中的实际问题,才会受欢迎和有良好的效果。

(3) 亲近广大教师,了解和熟悉教师的生活境地

教师首先是日常生活中的普通人,在社会上,他们也有着普通人所拥有的正常生活和正常心理。因此,关注教师的日常生活,为教师解除社会上的心理压力以及正确对待自己的需求,就成了教师培训的一项重要话题。如,教师的生活现状如何,教师需要过怎样的生活,教师的社会地位和工资问题以及社会对教师的评价和期待如何,等等。

(4) 懂得教师心理需求,掌握教师的成长规律

教师是一个专业技术的职业,他们需要有专业的知识、能力和态度,即

爱岗敬业，胜任教育、教学和科研的工作。因此，关注教师的职业生涯和专业成长是教师培训的又一重要方面。譬如，教师成长的各个阶段及其特点，新教师、骨干教师和优秀教师的条件和成长规律以及教师的思维、推理、悟性和判断以及评价的关联性等。

（5）具有良好社会形象，理解教师职业的特殊性

教师是一项高尚的职业，它不同于一般的职业，它是教育人的事业，因此教师必须具备高尚的道德，为人师表，做好表率作用。教师要言行一致，要热爱学生，主动关心学生的思想、学习和生活，对学生要一视同仁，公平对待；要尊重家长，积极鼓励家长配合学校的工作；要在社会上做好示范作用，积极维持公共秩序，主动帮助有困难的人，树立教师的良好社会形象。因此，师德教育是教师培训的一项重要任务。譬如，教师家教问题、教师行政化问题和教师功利问题等。

（6）彰显教师工作特点，采用教师熟悉的方式

以故事的方式。教师的发展过程中有很多的故事，这些故事真实感人，平淡而不可缺少。专家师德教育的报告要紧紧抓住这些真实感人的事迹，激励和提倡美德的教育以及榜样的教育；专家要善于从教师平淡的人生中挖掘平凡中持续的不平凡，从而赞美教师的绿叶精神和蜡烛精神。教师的故事很多，很容易引起教师的共鸣和共振。

以个案分析的方式。教师的成长过程中有不少的困难和问题，这些问题需要以个案的形式加以分析、阐述和解决。专家可以某某教师成长个案为研究对象，向广大教师展示教师成长的各个阶段和特点以及规律；专家可以某一课堂教学作为个案研究对象，分析和阐述课堂教学的步骤以及分层教学和整体教学的关系；专家可以某个学生的成长为个案，分析学生成长中的问题以及教师、家庭和社会对学生成长的作用；等等。

以经验报告的方式。教师在教育、教学和科研工作方面经过实践会形成很多的经验，这些经验需要提炼、归类、引导以形成新的理论。因此，专家要经常深入教育第一线，充分了解教师在实践中的经验和教训，以有针对性地进行研究，提出切实可行的解决方法、步骤和应对策略，以使报告起到指导、推动和促进教师专业成长的作用。

教师培训的起点在于教师，过程也在于教师，归宿更在于教师，这就是教师为本的培训。因此，在教师培训的讲座中，专家在传授专业知识和技能以及介绍经验时，都要以教师为中心，都要以教师的工作、学习和生活为基本素材，都要以教师实践为基础，指导教师的理论学习和实践工作。唯有这样的讲座才能激发教师的兴趣，引起教师的共鸣，教师培训也才能取得真正

的效果。

### （七）做好教师专业发展的引路人

发展好每一个教师，是学校教育发展的关键，是学校领导的职责和使命。但是，由于学校资源不足而带来的分配不均，学校教师群体之间以及个体之间的差异而产生的发展不均衡，有时使得学校工作十分被动。为此，学校领导需要在工作过程中对自己的所作所为和教师们的意见与看法做深刻的反思，并在实践中改进工作方式和提高领导水平。

1. 虚怀若谷：重视过于自负教师

在学校里，一些非常有才华的教师，他们非常的自负，通常不为名利所动，而且有正义感，在教师中具有很高的威望。但是，他们往往对学校干部要求甚高，有时甚至到了挑剔的地步，而且他们通常固执己见，对学校的管理工作会产生一些消极的影响。

例如，学校有位年富力强的王老师，他工作认真负责，教学成果颇丰，在教师中很有影响力。但是，他就是对学校领导干部的工作有意见，常常对学校的工作加以指责，甚至在大庭广众之下让领导下不了台，使得领导干部在教师中的威信受到了很大的影响。

对于这样自负的教师，我们很尊重他，常常对他的成绩加以充分肯定；经常与他沟通，主动做自我批评，虚心向他学习，主动听取他的意见，并把有利于学校发展的意见纳入学校发展的目标之中。通过大量的沟通工作，他了解了管理工作的难处，增进了相互之间的理解，发挥了他在教师中的积极影响力，从而推动学校工作的开展。

2. 人文关怀：关注默默无闻教师

学校里，总有一部分相对落后的教师，虽然只占一小部分，但是，对于学生的培养和学校的发展也具有影响。学校的发展在于全体学生的发展、在于全体教师的发展、在于整个学校的发展。一个学校的教师得不到全部的发展，必然会对学校全体学生的发展产生不利影响，从而影响学校的整体发展。

发展好每一位教师，一直是学校领导工作的最重要职责。我们认为，教师大多素质不错，而且也具备较高的专业知识。部分教师的工作成绩不突出主要受制于工作环境的影响、家庭环境的影响和身体因素的影响，学校领导一改节日只慰问老教师、先进教师与退休教师的惯例，专门慰问了年终考核不理想的教师。对于生活有困难的教师，学校送上了慰问金，并主动提供相关帮助；对于教学有困难的教师，学校领导主动满足他们的要求，帮助其调换合适的岗位；对于缺少教学经验的教师，学校领导主动帮助他们联系指导教师，并制订相应的培训计划，提高他们的业务水平。

现在，我们已经把走访教师定为坚不可摧的制度。通过多年的人文关怀，很多相对后进的教师都成为学校的骨干教师，有的还成为学校的先进教师、学科带头人。

3. 共识目标：置个人目标于学校目标之中

每个学校的发展都有其发展的目标。这些目标包含了学校的总体目标，也包括了教师群体发展的目标以及教师个人发展的目标，还包括了学校干部的发展目标。这些具体的群体发展目标和个人发展目标组成了学校的总的目标，也就是学校发展的目标。

学校有五年规划，它的目标是能够晋升为省四星级学校，其中有教师群体的发展，建立先进的教研组，申报省级以上课题；有市级学科带头人、市区学科带头人以及名教师等培养的目标；等等。这些群体的目标和个人的目标与学校的目标相统一，有利于学校实现四星级学校的晋升。

但是，学校有限的资源不可能同时均衡地分配给每一个教师，必然有的教师先分配，而有的教师后分配，甚至有的教师分配不到；有的教师先发展，而有的教师后发展，甚至有的教师得不到发展。譬如，年终评选优秀教师，同样出色的教师很多，而名额只有几个；譬如，很多教师都希望出国深造，而出国的名额只有几个；譬如，想参加省培训的教师很多，而选送的名额只有几个；等等。这时就会出现因资源分配不公、发展不平衡而引起的冲突。如果处理不当，就会阻碍教师个人的发展，也会阻碍学校的发展。

针对这些个人目标的冲突，学校建立公正的评价机制与公平的竞争制度，对所有的教师发展都建立教师个人档案袋，并在每一次评先中当众公布，做到公正、公开和公平。除此之外，学校还建立各种激励机制与激励制度，建立学校教师发展梯队。对竞争力相对滞后的教师设立鼓励奖与安慰奖等奖项，最大限度地调动了广大教师的积极性，为学校实现总的目标创造了有利条件。

4. 校务公开：提高教师对学校领导的信任度

学校领导的信任度，一个是靠其职位的权力，另一个是靠其个人品格。前者是以法定的权力为基础的，因此，学校领导的一切策略都应体现出法的原则与精神；而后者是靠个人在工作中显示出的品行为基础的，它体现了一种人文化的精神。这就要求学校领导对学校的事务采取民主的渠道，公开校务的具体事项和内容，并通过教代会讨论、审核和表决，成为学校的制度。这就要求学校领导以身作则，先人后己，发扬大公无私的精神，以得到广大教师的信任。

学校有校务公开制度，在其学校的网络上也有校务公开的栏目。但是，教师们反映它公开的项目极为有限，除了学生每学期的收费标准以及学校的评先名单和干部任免名单外，其他一概皆无。学校校务公开的程度极为有限，引起一些教师对学校领导工作的猜疑和不信任，干群关系变得有些紧张，学校工作因此也变得有些被动。

于是，我们畅通了一系列校务公开的渠道，每个月都在学校校务栏目公开学校的费用，包括教师课时津贴的明细账目、学校的水电费、食堂的账目以及教师培训和活动的经费等。这就使广大教师的猜疑大大减少甚至消除。

每年9月都把所收的招生费向广大教师通报，年终发布学校一年的收支情况，干部的行政经费、出差费以及培训费等每一笔都由学校经济审核委员会审核检查；而且学校领导还允许教师列席学校重要会议，对学校的管理工作和领导决策提出批评意见。

学校领导严以律己，并对学校干部提出高要求，转变干部的陈旧观念，变"命令—服从"的关系为"领导＝服务"的关系，为广大的一线教师做好服务工作。这一系列做法得到了教师们的认可和赞赏。

学校的发展在于教师，每一位教师的发展对学校都会产生影响，因此，发展好每一位教师是学校工作的首要任务。要承担这样的责任，学校领导就必须处处以身作则，事事为教师着想，做事公正、公平和公开；谦虚谨慎，平易近人，虚心听取教师的意见，这样才足以凝聚教师队伍发展的核心力，发展好我们的学校。

5. 掌握和正确运用教师成长的规律

学校领导是教师专业成长的第一责任人，这句话包括了教师在其成长的全过程，当然也包括了他的学科专业、对学生的教育工作、与家长的配合工作以及与同事的合作等多方面，学校领导必须做大量耐心细致和关心帮助的工作，才得以做好教师成长的第一责任人。

教师成长有其规律，一般而言，有适应期、发展期、高峰期和衰退期。校长必须掌握和正确运用教师成长的规律，以促进教师专业的发展。

（1）适应期：关注心理承受能力，重视教师教学方法

从心理上来看，一般初进学校的新教师都对自己的新工作充满信心和展望，积极性都比较高，但是由于没有经历、缺乏经验，教学方法使用不当，处理问题往往会出现偏差，以致达不到预期效果。这在教师成长阶段来说，属于适应期。在适应期内，新教师如果在遇到问题时得不到领导和同事等的理解和开导，就会情绪比较低落，影响他们的成长，因此，学校领导要格外关心他们的心理变化，及时帮助他们调整心态，正确处理问题，循序渐进，以达到预期的目标。

（2）发展期：重视名师引领，加快教师成长步伐

教师发展的每一环节都至关重要，尤其是处于发展期的教师更为突出。学校一批青年骨干教师在教学上非常用心，教学效果显著，有一定的经验和自己的教学观点，但是，由于忙于繁重的、具体的课堂教学事务，对自己的经验总结、思想提炼和风格形成却找不到正确的方向，以致他们在教学业务上停滞不前，既影响自己的专业成长，又滞缓了学校教师专业队伍的建设。

这一时期，学校领导重视引导，不仅给他们配备名师指导，而且给他们压担子，以促进他们的自我成长，加快提高他们的教育水平，形成他们自己的教学风格，促使他们进入高峰期。如果在这一时期，他们能得到充分发展，又有名师指导和领导鼓励，他们就很有可能成为优秀的教师，甚至是杰出的教师。相对而言，这一时期是教师成长的关键期。

（3）高峰期：提供发展平台，推广教育科研成果

在教师顺利度过发展期之后，他们就进入了高峰期。在这一时期，他们的教育经验愈加丰富和成熟，他们的教育教学成绩愈加突出，并逐渐形成了自己的教育观点、教育主张和教育理论，在学生、家长和同事之中树立起高大的形象。他们会成为特级教师、名教师和学科带头人，成为教师的教师，引领一所学校甚至一个地区的教育发展。

在这一时期，首先，学校要重视他们的教科研成果，积极帮助他们推广和交流，进一步提高他们的学术水平，为他们著书立说创造条件，使他们的成果能进一步得到专家和学者的肯定。其次，学校要帮助他们树立集体主义的认识观。任何人的成功都离不开他周围人的支持和帮助，不存在孤立的、个人的自我成功，因此，学校一定要明确，个人的成果是以学校为基础的，没有学校这个团体，也就意味着没有所谓的教师的成功。

特级教师、名教师和学科带头人是学校组织中的成员，要以集体发展为中心，不能有个人主义、名利思想，要服从学校发展的大局，积极为学校多做贡献，带领好学校教师的团队建设和发展。

（4）衰退期：关重身心健康，发挥教育工作余热

任何人的生命力都是有限的，而且随着年龄的增大，他们往往在精力上、记忆力上和思维上都会出现倒退的现象，这就进入了教师成长的衰退期。在这一时期，首先，学校领导不能因为他们的教学成绩下降而冷落他们，而是要主动关心他们的健康，组织他们参加有益健康的活动，经常与他们座谈、听取他们的意见，让他们得到一种心理上的满足。其次，要发挥他们已有的经验和教育成果，让他们觉得老有所为，让他们指导和帮助处于适应期和发展期的教师的成长，帮助正在成长的教师指点迷津，少走弯路，以加快学校

师资队伍的建设。

在教师成长这四个不同的时期中,校长还要改变对教师否定的评价方式,以激励为主,批评为辅,增强教师的专业信心。对于上课不成功的教师,校长不能轻易否定,在听课教师普遍不认可的情况下,尤其是教研员也给予否定的情形下,校长更是要注重激励的方式,要千方百计找出教师上课的优点,不失时机给予肯定,同时,婉转地提出自己的批评意见。以肯定为主、否定为次,给予教师更多成长机会和台阶;要积极换位思考,以身试法,耐心开导,引领教师的专业发展。对于上课不成功的教师,校长可以以自身失败过的教训来开导教师,应该说,很多成功的教师都经历过失败,对这些失败的案例进行分析和对比,帮助教师寻找出自身的不足和教训,有助于教师的自我成长。

### (七)剔除"去道德化",重树师德规范

教师被人们誉为"人类灵魂的工程师",其道德要求之高有别于其他人。一是因为教师教育的对象,决定着我们未来公民的素质;二是因为教师作为公共事业单位的成员,必须承担社会的公共责任和义务;三是教师受到相关法律和社会道德等的规范,必须以身作则,为人师表。

教师应该拥有怎样的道德水平?社会上早就有过讨论。一种观点认为,教师作为一个正常人,他们应该有一般人所拥有的合理需求,社会对他们不能有过高的要求;另一种观点认为,教师是一种崇高的职业,他们的需求不能等同于一般人的需求,必须有高尚的情操和拒绝谋取私利的觉悟。

客观地来看,在过去30年里,第一种观点已经为不少的教师所接受,也大多被社会所认可。但是,这种认可带来了教师去道德化的倾向,影响了教师为人师表的社会形象,不利于学校道德教育的建设。

2013年9月,教育部出台了《关于建立健全中小学师德建设长效机制的意见》,明确教师不可违反师德规范,对教师违反师德的行为视情节轻重给予警告、记过、降低专业技术职务等级、撤销专业技术职务或者行政职务,直至开除处分等。

2014年1月教育部又公布的《中小学教师违反职业道德行为处理办法》(教师〔2014〕1号),教师有体罚或骚扰学生、收礼或有偿补课等10种行为的,将视情节轻重分别给予相应处分。因此,重树师德规范已经成为我们当前最为迫切的任务。

1. 教师去道德化的倾向

"去道德化"是1997年曼德斯在伦敦大学的一场演讲中,以"去道德化

的教育"(Demoralizing Education)为题提出的当时西方国家对多元道德价值的崇尚而带来的道德教育的困惑。价值澄清论①的出现使得人们更加重视个体的价值,对价值的判断呈现了相对性。里克纳指出:"个人主义崇尚个人的价值、尊严和自主,它强调权利而不是责任,不是作为群体(如家庭、社区或国家的)成员来进行义务表达和实现自我。"显而易见,价值澄清论动摇了学校的传统道德教育,使得教育人的是非观念出现了迷失。

"去道德化"是意识形态在社会转型期间的变化,它受到人们对道德社会化转向道德个体化判断的影响,它的实质是对"道德价值"的判断。在我国从计划经济向市场经济的转型中,人们的道德价值判断开始转向"经济价值"的大小,开始转向"个体的自我实现",由此忽视了社会公共的道德规范和道德准则。学校的道德教育也开始转向"功利",出现了道德教育迷失的现象。

应该指出的是,"去道德化"与我们所说的道德败坏是有区别的,它只是在实现自我价值和追求个人利益中出现的一种道德迷失,并非对他人造成直接的人身攻击和身心影响,更不是完全丧失了人们赖以存在的基本的伦理价值。因此,我们必须正确看待"教师去道德化"的倾向。

这里的"教师去道德化"是指教师在教育工作和日常行为中失去了道德的规范,这种规范依据的是教育部颁发的《中小学教师职业道德规范(2008年修订)》(简称《师德规范》),凡是不符合《师德规范》的教师行为都属于去道德化的倾向。有鉴于此,笔者把一直以来社会关注的教师问题呈现于本文,即家教现象、名利现象和行政化现象,以供大家一起探讨。

(1) 名利现象

有的学校出现一种不再讲奉献,所有工作都与利益相挂钩的不良现象。早自习费、早操费、中自习费、活动费、加班费等名目都与教师的劳动相联系,学校出现了没有人愿意承担自身工作以外的义务和责任的现象,一些教师的努力变成了个人奋斗。

学校以分数衡量教师,教师的课堂教学变成了分数的教学,忽视了学生的道德教育,以致一些学生缺少社会公德,不懂得尊重人,缺少社会责任感,不懂得关心和帮助人,一些学生的道德水平滑坡。教师的考核与分数相联系,决定教师的年终奖金。

在学校的各项教师评比中,大家争先恐后,互不相让,尤其是学校的优

---

① 价值澄清模式的代表人物西蒙、拉思斯和基尔申鲍姆指出:价值澄清模式的目的在于帮助学生澄清自己的价值。教师只是价值澄清过程中的促进者,持价值中立的态度,尊重学生自己的结论。澄清的过程包括三个过程、七个标准。价值澄清有三个特殊途径:对话、价值表格和小组讨论。

秀教师、骨干教师几乎每年都是各项评比中的获得者，学校奖励和评比总集中在这些少数的教师身上。这样，一不利于调动广大教师的积极性，二不利于学校工作的开展，三不利于教师团队的建设，对学校的整体发展带来很多不利影响。

（2）行政化现象

学校从优秀教师中选取后备干部。在学校里，优秀教师绝大多数是中层干部，特级教师绝大多数是校级领导干部。由于这么多的优秀教师成为中层干部，学科的教学和年级组的建设以及班主任队伍的建设都受到了不同程度的影响。优秀学科教师不再满足于学科教学的研究，优秀班主任不再满足于做好学生的工作，年级组长不再满足于做好年级的工作。他们都认定了一个方向，走行政化的道路。之所以这样，一是因为干部的奖励性绩效工资远高于一线教师，二是干部在职称晋升、评优等活动中可以额外加分，三是干部在安排工作时可以优选选择。

显而易见，这种等级制度忽视了教师的主体地位，而学校的资源分配往往按照等级分配，譬如晋升职称、评优和培训等。因此，普通教师发展远远滞后于拥有不同等级的行政干部。即便一些群众性组织，譬如，工会领导也是中层待遇或就是学校干部，工会委员和女工委员等也享受相应的待遇。但是，一所学校里，做普通教师的是绝大多数，而做干部的是绝对少数。如果教师都不愿意做普通教师，都走行政的道路，那么，专心于教学工作的教师就会大大减少。

2. 教师去道德化分析

《师德规范》第一条指出：教师必须"爱国守法，热爱祖国，热爱人民，拥护中国共产党领导，拥护社会主义。全面贯彻国家教育方针，自觉遵守教育法律法规，依法履行教师职责权利。不得有违背党和国家方针政策的言行"。显然，教师的名利现象以及仕途观念都违反了教育部发布的《师德规范》。

（1）名利是经济社会的产物，也是教师道德淡化的表现

20世纪80年代，曾经展开过"一切向钱看"的讨论。当时，主要有两种观点：一种观点是经济大国的建设其标志就是财富，财富是强国的标志，富国强民首先要使一部分人富起来，因此，一切向钱看是时代的要求；另一种观点认为，"一切向钱看"会使国民的道德观念产生根本变化，原有的社会道德准则和规范会受到冲击，甚至会出现社会道德的沦丧。应该说，在思想意识领域内，当时，第一种观点占了上风。那时，还不很强调教师的名，特级教师还极少，他们也不到各地去循环报告。那时兴起的是名人的签字或领

导的题字。教学交流大多还局限于学校内部，至多是学区内的交流。这些交流往往都是由教育行政部门主办，都是公共义务性的。

随着教育交流的增多，各地出现了跨部门、跨地区的交流，所请的教师已经有相应的报酬。进入21世纪以后，教育交流不断增多，也出现了教师中的佼佼者，我们把他们称为"专家"，他们大多是特级教师、校长和教育研究机构的教研员，还有的就是大学教授。由于各地中小学的教育科研水平相对薄弱，这些专家们就经常被请到各地的中小学做各种报告或指导各级中小学的课题写作，学校都会给他们不薄的辛苦费，于是，名与利就相结合起来了，以致一些专家同样的报告可以在各地做上一百多次。

（2）仕途是机关化制度的产物，也是教师道德异化的表现

学校实行的是与机关相对应的行政制度，即校长与机关的正科级干部相对应，副校长与副科级干部相对应，依此类推。在实行奖励性绩效工资时，校长是教师平均数的至少2倍，副校长、中层正职和中层副职分别为1.8倍、1.6倍和1.4倍，而且在晋升职称和评优等中干部都有优先和加分的优惠。在学校里，最高职称和特级教师大多为校长及其领导的干部们，教师占有的比例极小。这种等级制度的分配和评比使得教师处于弱势地位，因此，很少有教师愿意终身做一名教师，由此形成了"普通教师—骨干教师—优秀教师—中层干部—领导干部"的教师发展模式。

学校是教育单位，是培养和造就未来社会建设者的重要领地，教师必须有崇高思想和道德。国家鼓励教师终身从教，终身从教指的是从事教育岗位工作，而不是从事行政工作，把行政工作作为教师发展的最高目标，显然有悖于教师终身从教的职业使命，同样也不符合教师的职业道德规范。

朱小蔓教授指出："社会转型时期道德文化的多元价值取向、道德尺度与市场尺度的相悖以及展示性的教育工作者职业地位的下降使得德育过程中教育者的质量在整体水平上不高，表现为教育者对主流道德文化价值缺少真正信念，言行不一，楷模作用不够，从而导致德育过程控制力、影响力、感召力减弱。"因此，教师道德规范的异化不是教师本身自发产生的，而是由于社会环境的变化以及社会主流观念发生变革与教师已有道德观念相冲突后产生的。但是，教师的职业要求和使命又不能容忍这种道德的异化，因此，我们必须重树教师道德规范。

3. 重树教师道德规范

我们看到，名利现象成为人们追逐的时尚，从政现象更是为大家所热衷。这些现象没有得到遏止并不是因为完全没有相关的政策和制度，而是在于缺少一个有效的执行机制和监督机制，因此，我们在完善制度的同时，要建立

和健全制度执行和监督的机制。

（1）修改特级教师条例，行政干部不参加教师荣誉申报，遏制追名逐利的趋势

教师的荣誉是对其在工作中取得的成绩给予的鼓励和奖赏。这种荣誉并非纯然地属于其个人，因为他对教育教学工作的实践并非都源于他个人经验的总结，很大程度上是一种集体智慧的结晶。他的意义不仅在于其个人，而且在于更广大教师。因此，拥有荣誉的教师不能沾沾自喜，并据此作为一种资本换取自身的利益。

从目前来看，教师要完全靠自律来约束自己的行为，还相当困难。因此，我们必须修改《特级教师的条例》，明确特级教师不得以个人名义作报告而获取利益，不得做有偿家教；特级教师在学校已经是最高荣誉，因此，5年内评优不得超过2次，避免荣誉集中在个别人身上，使更多的教师有成长的空间。

我们还得明确行政干部一般不能参与教师荣誉的申报和评审，制定相应等级行政荣誉制度，譬如校长不可以是特级教师，因为他不在教师的岗位上，即使从事学科的教学，所花的时间也非常有限，他的主要工作是学校领导，是行政职务。学校的其他行政干部也是如此。这样就划清了行政干部与教师的界限。

各地的教育科学研究院，都是教育局下属的事业单位，并不从事具体的教学工作，他们属于科研机构研究人员。因此，他们也不得参与教师荣誉的申报，可以申报研究员、副研究员和助理研究员。

（2）建立与教师相分离的行政干部制度，提高一线教师绩效工资，扭转教师行政化趋向

目前的学校存在着两支队伍，即行政人员队伍和教师队伍。这两支队伍的成员往往相互混杂，不仅在资源分配中难以区分，而且在荣誉和绩效考核中相互交叉。一般说来，行政干部依靠自己的职务比教师占有更多的资源。要扭转教师走行政化道路，必须首先实行行政与教师相分离的制度。

建立独立的学校行政制度，把学校行政干部从教师中分离出来。校长、副校长和中层管理者以及各处室的相关成员都属于行政工作的范畴，他们不参加晋升教师职称和教师项目的评优，他们需要建立自身的行政考核制度、晋升制度和评优制度，参加他们自身范围内的申报和评比程序。有些地方实施校长职级制，但是职级制仅仅是校长的等级制度和年终奖励性绩效考核，并非校长专业的职业制度。因此，他们需要有国家认证的专业资格制度，即高级管理人员、中级管理人员和初级管理人员的资格证书；在荣誉称号上，

可以有特级校长、名校长、优秀校长和合格校长等。一线教师一般不从事行政工作，从事行政工作的教师一般不从事教学工作。

建立向一线教师倾斜的绩效工资制度，让教师成为学校里最令人羡慕的岗位。实行两种分离的考核制度以后，行政干部只能享受行政的待遇，不享受教师的待遇。行政干部一般都占学校总人数的15%左右，他们的绩效工资总额必须与相应的人数相对应，按照教育部绩效工资的文件一般要低于一线的骨干教师。

（3）建立教师道德表彰制度，举办师德报告会，弘扬为人师表的风尚

在应试教育还十分盛行的今天，一些学校对教师的表彰往往以学生的分数高低来衡量，而忽略了教师的教育过程、方法的运用以及经验的介绍，把教师的奖励往往停留在经济利益上，使学校的道德教育弱化。因此，我们必须重新建立起教师道德表彰制度。

首先，要确立教师道德表彰的奖项。我们可以按照《师德规范》的六条规定设立综合奖，如师德模范和师德标兵，师德模范是最高奖项，一般需要20年以上的教龄；师德标兵是仅次于师德模范的奖项，一般需要10年以上教龄。还可以设立单项奖，一般不受教龄限制，可以分别设有爱国守法奖、爱岗敬业奖、教书育人奖、关爱学生奖、为人师表奖和终身学习奖等。

其次，举办师德宣传报告会。师德需要宣传，需要传播，需要承载，让千千万万的人为道德事迹而感动和行动。师德报告的内容，可以包括教师循循善诱教诲学生的事迹，教师在工作中克服重重困难的感人事迹，教师课堂教学中为人师表、以身作则的事例以及诸多教师生活和学习中的感人事迹。

最后，建立教师道德研究会。每一个时代都会有其时代的精神，教师道德的发展也必然要与时俱进，丰富教师道德教育的内容，完善教师道德的标准，因此，教师道德的研究就成了教育工作者的重要任务，以形成时代的教师道德思想体系，指导教师的道德教育，促进教师道德品质的提高，做引领社会的道德榜样。

通过以上举措，我们重树教师的师德规范，使教师成为具有道德主体意识的人、具有道德净化和高尚情操的人、具有道德理想和道德信念的人以及具有社会规范和重建价值规范的人，以扭转教师去道德化的现象，实现真善美的道德教育。

（八）协调构建和谐校园的三大关系

和谐校园的产生源自建立和谐社会的大背景，也是社会对学校的必然要求。学校历来就是培养与造就社会精英与社会劳动者的最重要场所，它必须、

也将必须完成社会引领的客观要求与主观愿望。因为教育之中包含着理想,这种理想是一种由现实通向未来的桥梁;没有这样的理想教育,我们就不会有光明的前程;没有这样的桥梁,我们就无所适从,必然会走入理性的误区。为此,我们必须建立和谐校园,以和谐校园的建设来推动学校的教育。笔者以为要建立和谐校园就必须处理好工具理性与价值理性、物质与精神以及刚性管理与柔性管理等三大关系问题。

1. 工具理性与价值理性的关系问题

和谐校园在办学思想上与办学行为上确实应当是理性价值与工具价值的有机结合,而且必须以价值理性为根本、以工具理性为方式,来促进制度与人的和谐发展,培养全面发展的人。

目前,我们存在的问题是把工具理性与价值理性割裂开来了,纯粹地以脱离了价值理性的工具理性的方式去衡量学生,因而形成了学校"分数主义"的应试教学,从而脱离了人的根本性——价值理性。但是,笔者以为工具理性本身是一种衡量的方式,这种方式本身并没全错,错的是我们使用的方法中渗入了功利性的自私观念,由此引起了教育的偏激行为。

价值理性强调的是精神因素,即人性的支撑点,它可以从人的内在思想活动由内而外地显露出来。这些累积的思想行为显然本身并没有功利,因为人的本质是洁白无瑕的。如果说有功利,那是接受了不良环境的影响。教育本身是一种高尚品质培育的过程,也是构建和谐社会的必然要求。人与人的和谐、人与社会的和谐以及人与自然的和谐,都需要我们以教育为先导,注重品质的教育,因此,我们不该渗入功利性的教育。需要指出的是:笔者并不反对工具理性,这些数量的关系使我们有了衡量的尺码,但这并不意味着工具的理性就是功利性的。事实上,这种功利性通常是由人们外加的,如果没有这种外加的因素,工具理性的价值就更加客观与合理。因此,全面提高教育质量,可以把分数作为一项衡量的标准,但不能引向功利性。当今学校教育的问题就在于把分数与功利相结合起来了,教育也从而陷入了所谓理性的误区。

从学校管理的意义上来说,教育的价值理性确实是通过教育的工具理性来实现的,但它绝不是以价值理性的缺失为代价的,教育的工具理性必须服从于人的价值理性,因为真善美永远是人类追求生命意义的真谛,而绝非仅仅是物质数量上的概念。为此,唯有把两者完美地结合起来,唯有把工具理性的方式建立在价值理性的基础之上,我们才能在学校管理中真正构建美好的和谐校园。

2. 物质与精神的关系问题

物质决定精神,但一定时段内,物质反映了精神的内涵,由此决定了和谐校园的关键在于精神领导与共建。

和谐校园强调价值理性,实际上这种价值理性主要体现在文化的建设方面,从这样的意义上来说,和谐校园也就是要建立一种学校的文化,而它的衡量标准又必须有工具理性的价值来确定。因此,和谐校园也是物质文化与精神文化建设的统一。于是,我们都创建物质文化,布置美好的校园环境,并在环境中凸显人文精神,以物质文化来推动和谐校园的构建。于是,我们广泛宣传爱国主义教育、集体主义教育,在教育中坚持德育为先,培养具有社会主义觉悟的劳动者。然而实实在在的应试教学使得学校的精神文化建设常常不能名副其实,这与工具理性的衡量标准不无关系。所以应试教学屡禁不止、愈演愈烈,是因为不正确的功利观念形成了气候,渗透到了社会各个领域,促使正常的社会功能与道德规范缺失,影响并动摇了人们的价值理性。

这里还有一个物质与精神的问题。物质第一性,精神第二性,精神是对物质的反映。那么校园文化的建设,是先有物质还是先有精神呢?物质文化的构建,是由精神的人创造的吗?从目前的现实来看,显然人在创造着校园的物质文化,物质文化之所以起作用正是源自精神的引向。这种在时段上的向背是客观存在的,无法忽视的。学校的精神文化主要源于教师日常生活与工作中的行为表现,其中工会活动又是展现教师精神文化的重要形式。通过活动的展示,协调教师与教师、教师与干部、教师与学生以及教师与职工的关系,融合群体多元文化的精华,从而起到精神领导与共建的作用。因此,学校文化的立意在于精神,物质文化也仅是反映这样一种精神罢了。

3. 刚性管理与柔性管理的关系问题

刚柔并济应当以柔为本,以柔为本,就是以人性为本;以人性促进制度,以制度完善人性,核心在于人性。

和谐校园的建立,当然离不开学校的管理,管理也是实施和谐校园的根本保证。那么,管理是以工具理性为标准,还是以价值理性为标准?这里实际上是个制度合理不合理的问题,认可不认可的问题。制度的起草、讨论与决定通过,是全体成员共同的事务,是共同的决定,还是只是部分人的事情,部分人的决定?刚性的制度是来源于强制的权力,还是来自群体认可的团体准则,这才是刚性制度管理的根本所在。显然制度该服从于群体的意向,如果这种意向被有意地或无意地忽视了,那么这种制度则变成了强权。其实,我们在这里强调的不是这个强制的权力,而是这种刚性制度的认可程度与有效性。没有广大成员认可的制度,即使再刚性,也无济于事。因此,学校管理的要义首先是制度制定的柔性管理，而后才是制度执行的刚性管理。

制度的根本在于发挥人性，这种人性从制度的实施中表现出来，制度显然应该是人性的反映。因此，制度的产生是由于人的觉悟而形成的，而不是制度本身产生了觉悟；制度可以规范行为，但在规范行为的过程中，更能体现人性的本能。否则，这样的制度就是残忍的。

管理的目的在于发展人性、促进制度的改善，而不是压抑人性、以制度来限制人性。因此，柔性管理才是学校管理工作的起点与归宿。制度的刚性原则显然是建立在人性的基础之上的，它只是在实现人的价值理性过程之中的方式或手段。因此，忽略了柔性管理，学校的管理制度就失去了它的人的原动力。

从目前来看，我们的学校管理大多停留在制度的管理上，以等级制的层级关系制定学校的制度，以制度的形式来确定教师的规范与控制教师的行为，常体现为刚性的管理，表现为奖惩的事项，如月考、中考与高考的成绩，以成绩的高低来对教师进行奖惩；学校常规的五项评比；等等。在对学生的管理中，我们也常常用分数作为衡量学生好坏的重要标准，以致教育基本功能的缺失，也违背了全面发展学生的素质教育要求。在学校管理中，我们看到了不和谐的学校文化，形成了相互割裂的管理文化与教师文化。在市场化社会中，我们的学校受到了功利性的冲击，于是唯利是图的办学方式也不为鲜见，譬如校中校的现象就很普遍。"领导就是服务的思想"也逐渐丧失殆尽，各个等级的层次都完全与利益相挂钩，在管理中体现为不在自己的权责范围，哪怕事情再糟糕都没有义务去管。管理层之间各不相干，老死不相往来，使学校的工作难以整体推进，甚至进入了利益纷争的混乱局面。

由此，一方面，我们看到制度的管理，仅仅靠刚性原则，显然无法协调学校的发展关系，因此，还必须得重视柔性管理。这种人格的魅力、品格的象征与智慧的光芒，永远是我们管理中最珍贵的东西。一旦消失，学校就会进入僵死的、无序的无政府状态之中。刚性管理是执行制度原则的过程，但是必须建立在柔性管理的基础之上；保证制度有效实施，确实需要刚性管理，但单一的刚性管理往往难以有效。当然，学校管理显然不能离开刚性管理，否则，就没有统一的标准，造成学校规范的缺失以及思想的混乱。另一方面，我们也看到人类在不断地进步，人的思想也在不断地进步，因此，在统一人性思想基础上建立起来的制度，也必须与时俱进，以新的进步的思想来及时调整制度，使刚性管理更符合人性的发展。这样，刚性管理就有利于建立和谐有效的校园文化，有利于促进人与制度、人与环境以及人与社会的和谐发展，从而更有力地推动和谐校园的构建。

# 二、德育篇:继往开来,注重品格,培养社会合格新公民

我们将"传承品格教育,深化学校发展"理念贯穿学生培养各个方面,努力培养既有知识能力又有高尚品格的社会主义事业建设的可靠接班人。我们通过爱的教育、尊重教育、关心教育、宽容教育、诚信教育、责任教育、纪律教育、道德教育,帮助学生实现发展的"三个飞跃",即做一个热爱班级的学生,从个体人到集体人;做一个积极向上的四中学生,从集体人到单位人;做一个有社会责任感的人,从单位人到社会人。

## (一)品格教育:我们的共同任务

当"马加爵""范跑跑"现象出现,我们不得不对今天的学校教育进行反思。什么样的教育是高尚的?教育何以走向高尚?我们经历了从教育的政治化到教育的经济化、再到教育的人本化的三个阶段。教育的政治化,使人的教育狭窄化;教育的经济化,使人的教育功利化,"马加爵""范跑跑"现象正是教育功利化的沉重代价;而教育的人本化回归人的教育,才是真正的教育。当下的教育,应该是人的教育。

教育是人的教育,要实现人的全面教育,应以人为本,这个核心的要素不动摇。没有政治的教育不存在,没有经济的教育太贫乏,没有人性的教育非教育。教育为人民服务,教育为政治服务,教育为经济服务,而政治和经济的服务对象都是人民,因此,教育的起点与归宿都是人民。于是,我们就必须在政治教育和经济教育之外寻找一种以人为本的教育范式,构建一种社会风尚、社会品格与社会风范。笔者认为,品格教育就是这样的一种教育。

品格是指人的品性的表现方式,品性通过人的品质而表现为品行。品格是逐渐养成的,既有先天因素,也有后天的塑造,它具有相对的稳定性,可以表现为人的气质与处事的态度和方式,即人格。品格可以分为个体品格和社会品格。个体品格包括自尊、自爱、自信、自强、自律、自我发展、自我实现等品质;社会品格包括爱祖国、爱人民、热爱集体、乐于助人、遵纪守

法、具有社会责任感等品质。品格教育是个体品格与社会品格的结合体,自我实现与社会责任是成正比的,即自我实现的成就越高,承担的社会责任也就越大。

亚里士多德说,美德不能仅仅是教,还要通过表现美德的行为来形成习惯。这种行为的表现显然是有社会性的。英国哲学家缪勒提出了英明的论断,即"发展品格可以解决社会问题,是最有价值的教育思想"。斯宾塞则要求"教育要达到形成品格的目标"。因此,品格教育要高于一般的学校教育,是高尚的教育、美的教育,相对而言,它更侧重社会品格的形成。品格教育至少包含了品质美、品性美和品行美等三个方面。

一是品质美。以品格教育作为我们当今的教育主题,无疑切合了当今日益强化的素质教育,因此,我们必须深挖品格教育的内涵,正确理解和阐释"高尚"和"纯洁"的意义,品质最深刻的内涵就是高尚纯洁的品德,即通常所说的美德,因此,我们必须把勤劳、自律、诚实、友爱等作为学生品格教育的重要元素,实现学生教育的品质美。

这里所说的品格的先天因素主要指的就是品质,品质包括了人的各种特质,其核心的意义则在于价值观的形成,可以说,什么样的价值观决定了什么样的人,因此,这是核心问题。价值观的形成起源于家庭、改善于学校、合成于社会。在此,仅仅谈谈学校的教育。

价值观实际上是人对是非的判断,形成的好与坏的观念。作为学校教育,教师就必须提供符合社会标准的一系列事件,以形成学生正确的是非观念,并切合实际、让学生设身处地地参与问题的解决,通过合作学习,设置道德两难的场景,让学生分析、阐述各自的意见,提供可以解决道德两难问题的最佳方案,反思对比自己以往的道德行为,增强是非辨别的能力,学校可以通过课程的设置有计划有步骤地实施价值观的教育。

二是品性美。品性是由品质而体现的个性。我们知道,人的个性都是有差异的,即使有同样的价值观,人的认识程度与对事物的敏感程度也都各不相同,而学校教育正适应了学生各自不同的个性需求。为了培养学生良好的品性,我们可以丰富品格教育的方式,走与社会实践相结合的教学道路,加强学生的社会适应能力;我们拓展教育的外延,丰富学校的课程建设,设立人文学科以形成学生的人文性和良好的修养,设立自然学科以形成对学生求真的品性。我们需要通过各种丰富多彩的活动,形成良好的学风、教风和校风,创建良好的校园文化,以促进学生良好品性的形成。我们可以设立具有学校文化特色的学科教学体系,做到科学、人文和通用的并举,挖掘学生的潜能,培养学生的学科品质,促进学生的个性发展,实现学生教育的品性美。

三是品行美。品行体现为一种道德行为,通过品格的塑造过程,体现于我们的学生、我们的教职工,体现于我们的课堂教学和学校环境,也体现于我们丰富的文化底蕴,并由此产生学校的典型人物,形成学生的风范、教师员工的风范、领导的风范以及学校的风范,以引领我们的学校教育,实现学生教育的品行美。

良好的品行,需要教师的示范,教师必须身体力行,主动承担学生的关心者、示范者和指导者的角色。教师必须创建一个民主和谐的课堂氛围,始终关怀学生,建立道德纪律的准则,培养学生的责任感和进取心。教师必须关注每一个学生的行为,给予他们及时的学科帮助和心理辅导,促进他们心理的良好成长。

此外,要实施品格教育,我们还必须具备四个重要的条件,一是有效的品格教育必须有团结的领导力量,以支持品格教育的开展;二是有效的品格教育必须提供学生从事道德实践的机会;三是建立一支高质量的教科研队伍,以为学校教育的发展创造有利条件;四是要加强制度的创新,以制度促进人的发展,以人的发展促进制度的建设。

首先,品格教育有包括校长在内的专门领导力量,他们主持品格教育的开展。校长是学校的轴心,而校长的一个重要使命是与其他人(教师、父母、学生、社区成员)共同分担品格教育的领导责任;对品格教育的领导包括不同层面:一是明确教育目标与行为规则;二是以身作则,树立个人榜样;三是依据教育政策、学校人事状况与资源做出各种决定。领导者必须明确品格发展不是学校教育的一个附加工作,而是贯穿于学校教育的整个过程之中的;包括教师、学生与父母在内的领导组负责监督与引导品格教育的计划、实施,鼓励全体学校成员参与品格教育活动。受到品格教育影响的教师、父母与学生在品格教育决策中有发言权;学校常规的领导机构承担制订品格教育方案与计划的责任。

其次,学校可以通过如下方式有效引导学生从事实际的道德活动:一是鼓励学生参与学校工作(合作学习,学长辅导,学生政府,服务项目或在学校花园中的种植与维护工作,美化校园、保持校园清洁的工作等)和社区服务工作(照顾老人、帮助流浪者、参与环保项目等);二是提供所有的学生以充足的机会;三是提供机会让学生进行自主的评价与设计;四是留出专门的在校时间支持学生进行个体的或团体的道德实践反思活动;五是明确地肯定学生的道德实践。

再次,我们必须抓好教师队伍的建设,建设一支品格好、造诣深、具有开拓精神的优秀教师队伍。我们必须坚持以课堂教学为主线,坚持以育人为根本，坚持以科研为引领，把三者紧密地结合在一起，不断提高学校的教育质量。我们必须加强干部队伍建设，形成一支干练、有效、高素质的优秀干部队伍，建立良好的学校服务体系，为学校教育的发展创造有利条件。

最后，我们还必须改进和完善学校制度，以制度创新促进人性发展，以人性发展促进制度完善，使学校和谐、快捷和圆满地发展。我们还必须加强民主建设，调动广大教职工的积极性，充分发挥他们的聪明智慧，创设学校共同发展的愿景，实现教师、领导与学校共同发展的目标。

教育需要品格来引领，成为品格的教育；人生需要品格来引领，成为品格的人生；社会需要品格来引领，成为品格的社会。品格教育，品格人生，品格社会，已经成为我们今天教育的主要风标和重要任务。

### （二）品格教育：学校德育的必由之路

学校是一所普通高中，肩负着全面培养学生的重大责任，但是，近20年来，片面追求升学率的现象一直十分严重，学校把主要的工作放在了学科教学之上，导致了学生思想道德教育的弱化。学生的社会责任感不强、自觉自律的意识薄弱、克服困难的意志力差、学习目标功利化以及公民意识和法治意识等普遍不强。这些与我们当前的素质教育显然是不符合的。为了改变这些现象，我们挖掘学校的传统文化，传承学校的传统教育，结合国内外教育的成功经验，探索和发展适合于学校的教育。

1. 学校早期的品格教育

如本书第一部分所述，学校早期的品格教育注重学生的全面发展，主张"与人为善"的美德，从经典中汲取营养；重视学生的兴趣培养和人格影响，以阅读和各类活动丰富学生精神世界，可以说，这种品格教育已给学校德育文化定下基调。

2. 品格教育的重新认识

"培养高尚纯正之品格，切实适用之学诣"办学宗旨对于当今的学校教育依然有积极意义。

（1）正确界定品格教育的基本概念

品格即人的思想品德的规范。品格可以体现为人的性格、态度和观念以及由此而表现出来的行为，即什么是高尚的人，什么是道德的行为，什么是自己应该承担的责任和义务。品格具有相对的稳定性，可以表现为人的气质与处事的态度和方式，即人格。

品格教育是社会价值和个人价值相结合的教育，它建立在"人的全面发展"的理论基础之上，它包括了人的智力和体力的全面和自由的发展、人的能力的全面和自由的发展、人的物质需求和精神需求的全面和自由的发展以及人的个体和社会的全面的和谐发展。它是德智体等的全面发展，也是个体和社会的共同发展，是个人、集体和社会三者的一体化发展，更是我们当前构建和谐社会的根本要求。

在学校，品格教育可以体现于课堂教学，通过培养学生的学科素养提高学生的品格；在家庭，可以通过日常的生活教育培养学生的良好品格；在社会，可以通过具体的公益性活动提高学生的品格。

（2）正确认识品格教育的社会价值

首先，品格教育是学校德育的必由之路。品格教育以培养受教育者的品格为核心目标，以核心价值观的培养为品格教育的内容，使学校道德教育有了明确的目标和内容，为提高学校道德教育的实效指出方法。其次，品格教育是社会文化多元化的必然要求。品格教育的提出是当前价值多元化发展趋势的必然选择。培养、内化良好的品格，对于维护社会的稳定、和平及发展具有重要的意义，对于受教育者更好地适应社会具有重要的作用。再次，品格教育是改造民族性格缺陷，培养强健的民族品格的必然选择。崇尚和奉行忠诚、诚实、正直和公正的美德，是人类共处的原则。显然，品格对民族或国家的生存与发展具有决定性。

（3）正确把握品格教育的学校价值

就学校层面而言：品格教育可以使教师认识到教学中渗透品格教育的重要性，在教学中教师必须遵循知识教育和提高思想相统一的规律，在传授知识的同时注意挖掘教材的思想政治、道德、品质等教育因素，做到既教书又育人。

品格教育可以将教师的现代课堂教学改革的意识和现代课堂教学的操作有机结合，将日常工作与科研工作相结合，试图在研究、实践过程中逐步形成有价值、有实效、操作性强的工作模式。

品格教育可以与学科素养紧密联系在一起，培育有社会责任感等核心价值观，使学生形成良好的品格。

（4）正确定位品格教育的研究内容

我们从学生品格教育的现状研究开始，并对比美国品格教育的实践过程，从文化差异、社会制度以及人生观、世界观和价值观异同中取长补短。由价值观培育学生品质美，由课程文化构建学生品性美，由示范教育践行学生品行美，以形成我们自己品格教育的实践模式。

品格教育是个体价值和社会价值相结合的教育，可以通过道德教育、课程教学以及社会实践等方式实现，从而形成学生的社会心理，继而塑造学生的社会品格。

学科素养可以促进学生良好品格的形成。品格教育可以通过学科素养的提炼而融合于学生品格之中，丰富和充裕学生的品格内涵，以形成良好的品格。

品格教育可以通过学生的日常生活而实现，学校、家庭和社会是品格教育的结合体，形成三位一体的教育模式，将有助于形成学生完整的品格。

品格教育需要榜样示例。我们充分挖掘学校已有资源，树立品格教育的典型人物（钱钟书、张青莲、刘方元等）；挖掘当前正在实践品格教育并成为优秀的模范和优秀集体，以形成独特的品格校园。

3. 品格教育的实践探索

（1）明确培养目标和方式

品格的塑造过程，体现于我们的学生、我们的教职工，体现于我们的课堂教学和学校环境，也体现于我们丰富的文化底蕴，并由此产生学校的典型人物，形成学生的风范、教师员工的风范、领导的风范以及学校的风范，以引领我们的学校教育，实现学生教育的品行美。

了解国内外品格教育的现状，从中汲取精华、得到启示，继而联系学校的实际，拓展品格教育的外延，深化品格教育的内涵，以形成完整的学科素养。

注重品格人物的挖掘。从学校百年发展的历史中，深挖其中的突出人物，研究他们所取得的成果，包括科研成果、文学作品以及人物传记等，从而确立品格人物的风范，为培养全人的教育树立榜样，推动品格教育的全面展开。

注重品格人生的塑造，形成我们时代的品格人物，并从这些人物中树立典型，起到时代风范的作用。

（2）掌握实施品格教育的主要途径

杜威认为，道德教育可以使学生成为有一定道德的人，实现的途径是学生参加社会实践、教育的方法和教材的教学以及问题的解决。品格教育与道德教育有相似的地方，它也是要建立一种大家所遵循的方向和规则，因此，也可以通过以下途径来实施。

首先，从现状中发现问题、分析问题和解决问题。目前的素质教育还难以到位，应试教育还依然盛行。通过对学生现状调查，发现问题、分析问题和解决问题，确立品格教育的核心要素。对照、分析和比较中美两国教育的异同，健全我们的思想品德教育，建立学生品格教育实践的原则、方法和标准等。

其次，以参加社会活动培养社会责任感。参与社会公益活动，培养学生的社会责任感。学生将深入社会生活领域，针对现在的食品安全问题进行调查，提高学生的道德意识；展开人与动物的社会活动，促进人与动物的和谐共生；对我们周围的环境进行检测，提高学生保护地球的意识；等等。

再次，以丰富教育方式培养学生品格素养。通过爱心教育工程、感恩教育、诚信教育、基础道德文明教育、心理健康教育、学生自主管理、青年党校、学生社团、社会实践、校园主题文化等实践活动来凸显各类品格教育过程的核心价值观，提高学生的品格素养。

最后，以培养学科素养丰富品格教育的内涵。学生学习的场所主要在于课堂，因此，课堂教学也是实施品格教育的重要领地。语文学科以阅读鉴赏培植人文素养，数学学科以求真务实培养科学理性，英语学科以文化差异拓展国际视野，物理学科以科学实验培养意志品格，思品学科以公民意识培养社会责任感，化学学科以深入社会提高道德意识，生物学科以和谐共生培养生命素养，地理学科以人与环境提升爱国热忱，历史学科以品格典范提升品格教育，音体美劳等学科以艺术审美升华学生品格。

通过以上四方面的实践，学生能形成社会责任感、懂得尊重他人、诚实守信与乐于助人的品格，表现于学生的日常生活行为、对父母长辈的尊重和对同学朋友的友爱以及对他人的关心，表现为对社会的关注和环境的保护以及形成正确的人生观、世界观和价值观。

（三）学生品格培养的路径选择

1. 掌握课程标准，找准学科课程与学生品格培养结合点

课堂教学是学校教育的主渠道。德育是围绕这个主渠道，或者说在这一主渠道中展开的。所以，学校德育一定要从教学中的课堂教学、课堂教学中的学科教学角度来思考落实的问题。我们知道，不同学科课程的核心价值是不同的。英国哲学家培根在《论读书》中说：读史使人明智，读诗使人灵透，数学使人精细，物理使人深沉，伦理使人庄重，逻辑修辞使人善辩。国家课程标准对各门课程的价值进行了确认，规定了各门课程的性质、目标、内容框架，对不同阶段学生知识与技能、过程与方法、情感态度与价值观等方面提出了基本要求。为了进一步明确各学科育人价值，教育部正式颁布了《普通高中课程方案和语文等学科课程标准（2017年版）》，凝练了各学科核心素养（表2-1）。

表 2-1　高中课程标准中的学科核心素养（部分）

| 学科 | 学科核心素养 |
| --- | --- |
| 语文 | 语言建构与运用、思维发展与提升、审美鉴赏与创造、文化传承与理解 |
| 数学 | 数学抽象、逻辑推理、数学建模、直观想象、数学运算、数据分析 |
| 英语 | 语言能力、文化意识、思维品质、学习能力 |
| 历史 | 唯物史观、时空观念、史料证实、历史解释、家国情怀 |

学科核心素养是学科育人价值的主要体现。良好品格的培养，从宏观上来说，一定要针对不同的学科，依据各自的课程标准，找到不同学科与品格培养的宏观结合点。这样，各学科教师在学生良好品格培养中才有方向，才能有的放矢。

2. 注重习惯养成，找准学习过程与学生品格培养结合点

学生学习过程也是学生养成良好品格的过程。要知道，学生的学习不仅仅在于其智力因素的发展，还在于其非智力因素的变化。学生一段时间内在家做作业而没有玩手机，这就是自律和对自己负责的表现；学生持之以恒地克服自己的惰性，这就意味着塑造自己的品格；学生日复一日地刻苦学习，这就意味着锤炼勤奋的品格。

然而，这一结果并非完全自然发生的，需要有意识地强化。笔者曾选取学校 2014 届与 2016 届两届高三学生各 200 名进行对比研究，前者在英语学习中对品格培养顺其自然，后者则有意识地加以强化。结果表明，在对学习意义的认识、对学习的坚持等方面，后者要明显优于前者。

为了让学生形成良好的学习习惯，下面几个关键词不能忽略。第一，按时。必须培养学生按时学习的习惯。一个学生唯有善于控制自己，按时学习，才能形成良好学习习惯。这样的学生，学习坏也坏不到哪里去，而且这样的学生做事有规划，对自己有控制力。第二，坚持。学习不是一朝一夕的事情。有一副对联讲得好："苟有恒，何必三更眠五更起；最无益，莫过一日曝十日寒。"学习的过程有欢乐，有痛苦。这个过程最能磨炼一个学生的意志，培养其优秀的品格。第三，主动。学习是学习者主动建构的过程。学生学习，一定要端正学习动机，有了良好的学习动机，学习才会有动力，才会主动设置成长目标，有了目标才会有前进的方向。第四，反思。子曰："学而不思则罔，思而不学则殆。"只有反思，才能将前人的知识化为自己的知识。反思的过程也是批判、质疑的过程，有助于知识的再创造。

3. 依据教师性格，找准教学风格与学生品格培养的结合点

不同的教师有不同的教学风格。教学风格一旦形成，很少因教学内容和

教学对象的变化而变化，表现出持续一贯的稳定性。影响教学风格的因素有很多，主要有教师性格、品德修养、知识结构、思维方式等。其中，教师的性格对教学风格的影响最大。教师的性格是不同的，有的内向，有的外向。当然，这里的外向与内向只是相对而言，大多数教师都是混合型性格的，有的偏外向型性格，有的偏内向型性格，所以，内向与外向在这里指混合型中的两种偏向。

一般来说，偏内向型性格的教师不喜欢表露自己的思想，在学生面前往往比较严肃，但他们做事认真、细致、有条不紊。上课思路清晰，逻辑性比较强，解释分析到位，学生比较容易理解和吸收。但是，这样的教师一般都强调制度，强调工作和学习的严谨性，是非分明，一视同仁。学生往往守纪律，学习认真踏实，比较容易养成良好的学习习惯。但是，由于内向，他们对学生的爱，学生在短时间内往往难以感受到，容易产生疏远感。

有的教师偏外向型性格，他们热情，喜欢表达自己的感情，与学生关系往往比较融洽。他们的上课形式多样，活动丰富，容易调动学生的学习积极性。但是，他们往往缺少深入思考，做事比较粗心，教学不够严谨，条理不够清晰，甚至会出现差错。课堂上往往比较松散，纪律不够严明，学生的习惯养成不够理想。

两种性格所形成的教学风格各异，从知识性、纪律性和学习的有效性而言，内向型教师具有比较明显的优势；而从人文性、民主性和学习的创造性而言，外向型教师又具有优势。因此，教师一方面要根据自己的特点，在教学实践过程中发挥自己的优势，如外向型性格的教师可以多安排一些生动活泼的活动，引导学生形成相应的良好品格；另一方面要培养完整的人，所以需要努力寻求两种优势相结合的教学风格，克服自身的性格缺陷，调整自己的教学设计，如内向型教师可借助多媒体教学设备（视频、音乐等）配合课堂教学，以激发学生的积极性，以更好地促进学生良好习惯和良好品格的养成。

4. 改善师生关系，找准教师行为与学生品格培养结合点

良好的师生关系是培养学生良好品格的一把钥匙。"尊其师，才能信其道。"教育的秘诀就藏在师生关系中。教师与学生的关系远非仅仅是传授知识和接受知识的简单关系，还包含着相互情感关系，譬如教师对学生的爱，教师对职业的爱，教师对学生的责任感；学生对教师的热爱、敬重和崇敬；等等。教师与学生只有建立起良好的关系，才能接纳、相容与共进。

什么样的师生关系最能促进学生良好品格的生长？有调查显示，排在前三位的是相互平等、相互尊重和相互理解的师生关系。"人人平等"是现代文

明的一大特点，平等是构建新型师生关系的核心。只有平等的师生关系，才能激发学生生长的主动性。尊重是构建新型师生关系的桥梁，教师只有弯下身子，把学生看作一个完整的生命体，让学生感受到教师的关怀，才能实现师生的良性互动。理解是构建新型师生关系的价值取向。只有师生之间有深度的理解，才能够消除隔阂，成为朋友，教学相长。

　　教师如何行动才能创造一种和谐的师生关系？首先，教师要爱学生。这种爱，不但要藏在心里，而且要挂在口头，付诸行动。爱学生会带来师生关系的和谐，心理相融，情感相通。爱有利于增强师生间的相互交往，相互沟通，形成生动活泼、民主和谐、积极向上的良好氛围。伴随着这种氛围，各种教育影响就会如涓涓细流进入学生的心田。当然，教师对学生的爱，一定要建立在公正、公平基础上。教师应该把阳光洒向全体学生，既不偏爱优等生，也不歧视"后进生"，对好的学生不偏袒，不姑息，对暂时后进的学生要善于找到他们身上的"闪光点"，给予及时的鼓励。其次，教师要注重身教。教师优雅，学生也就学会了优雅；教师幽默，学生也就学会了幽默；教师刚毅，学生也就学会了刚毅。教师一定要增强道德敏感性，教师一个会心的微笑、一个赞赏的目光、一句亲切的话语都可以影响到学生。教师的良好品行就是对学生最好的品格教育。

　　教育就是一棵树摇动另一棵树，一朵云推动另一朵云，一个灵魂唤醒另一个灵魂，我们必须抓住一切可能，培养学生良好的人格，成就一个个大写的人。

### （四）促进学生健康品格发展

　　什么是品格教育？它的目的、内容和实践方式又有哪些？至今都没有形成一种统一意见，但是，这并没有影响品格教育的实践推进，各校推行的品格教育既各有侧重，又无所不容。本文就学校品格教育实践做一些初步探讨和总结。

#### 1. 品格教育融合于德育实践活动

　　对于品格教育的定义，研究者至今都缺少一个统一的认识。我们通过调查问卷和学生访谈，发现学生最看重的品质依次为：诚信、尊重、宽容、责任、自律、有爱心等。为此，我们以"培养学生做有社会责任的人"为目标，确立了爱的教育、诚信教育、纪律教育、关心教育、宽容教育、尊重教育、责任教育等教育主题。

　　以社团活动丰富学生生活，培养良好的道德情操。学校共有学生社团23个，覆盖全校80%以上学生，如桃坞文学社、桃坞心语社、桃坞DIY社、桃坞画信社、桃坞科技社、桃坞集邮社、桃坞篮球社、桃坞动漫社、桃坞足球社、桃坞话剧社等。学校还创办《桃坞文学梦屿》《桃坞科技之光》《桃坞心语社·心语小筑》等刊物，在提升学生品位、开阔学生视野等方面起到了良好效果。

以主题班会引领方向，塑造学生良好的品格。针对各班实际，同学们共同讨论确立不同的教育主题，譬如"做一个守信的学生""做一个诚实的学生""做一个懂得关心他人的人""做一个有责任心的人"等。鼓励学生针对日常生活中发生的事件和社会上的一些现象展开讨论、分析和交流，从而树立确立正确的人生观、世界观和价值观。

学校通过调查问卷、学生访谈以及阶段性观察，综合评价各个班级的教育工作。实践证明，班会的目标明确和针对性强，学生往往针对具体问题进行分析讨论，教师的引导作用也暗藏其中。

学校建立文明礼仪指导中心，推广品格教育实践活动，以空乘班为先导进行文明礼仪教育。由空乘班学生组成的"文明礼仪岗"就像一面镜子，时刻提醒学生进行自我检视。在学校的各项活动、集会中，均以空乘礼仪规范要求全体学生，站姿、坐姿、走姿，样样有标准。此外，学校通过开设相关选修课程对学生开展形体礼仪培养。

2011年11月18日，"苏州市中小学文明礼仪教育研究与指导中心"正式挂牌我校，这是市教育局对我校立足空乘特色、辐射全校进行长期文明礼仪教育实践成果的肯定。

"青苹果之家"呵护学生健康成长。学生良好品格的形成不仅需要形式多样的活动推力，更需要从学生身心健康的发展入手，健康的心理是促进学生良好品格形成的内在因素。

作为青少年健康人格工程试点的"青苹果之家"，下设"文墨雅韵""虚静养智""春华秋实""青春飞扬"等六个主题区，将国学、书法、雕塑等传统文化元素与现代化科技手段融合，通过人机互动演示、游戏、学习交流、咨询等方式，让学生在接受传统文化的熏陶的同时，寻求释放压力、寄托心灵的空间，同时获取情绪调节与青春期性知识等心理健康常识。

2. 品格教育立足于学生发展

在品格教育实践中，学校通过建立个人发展档案袋，记录、分析每一个学生的行为表现和行为结果，帮助学生在自我的动态发展中获得成长的动力。

品格教育促进学生从个体的被动发展走向自主发展。个体的品格发展需要一个行动指南，即一个切合学生实际的品格发展目标。一般来说，学生的个体目标是各不相同的，就同一个体而言，不同阶段的目标也是由低至高的，一个目标的实现常常是另一个目标的开始,如此循环往复的过程也是学生自我发展的过程。

我们认为,学生的品格发展往往是从他律到自律的过程,记录和描述某一行为和事件是促进学生发展的有效方法,它有利于学生对自己的行为进行反思,也可以使学生的成长过程更加清晰。记录可以是阶段性的,反映学生某一阶段的概况;记录也可以是主题性的,这样便于有针对性地改进自我的不足;记录也可以是持续性的,即在动态发展中看待自我,以把握自我发展的总体趋势。

促进学生从个体的发展走向集体的发展。学生的个体发展不是独立于班级集体的,而是与学校的班级集体共同发展的,因此,个体的品格发展也要遵循班级集体规范,并有益于班级集体的发展,从而为班级集体所肯定和认可。

品格教育的主体是学生个体,也是由学生个体所组成的集体。它首先培养的是学生的主体性,即学生在教师的指导下通过学习和社会实践提高自身的主体意识、自主能力,从而实现自我的主体性。品格教育的主体活动都是依托集体活动来进行的,每一种自主行为都受到集体的影响和规范,都是集体活动的组成部分。譬如,要培养学生诚实的品质,虽然目标指向个体,但是活动的开展却离不开集体,更重要的是,每个人都是在与其他个体相互作用(分享、交流、讨论等)的过程中不断完善自我,从而接近或达成目标的。

从这个意义上说,个体活动是集体活动的某种具体表现形式,品格教育的起点是个体,归宿也是个体,而过程则受集体的影响。因此,我们在实际教育工作中要充分发挥学生个体的积极作用,以形成班集体的良好氛围,继而推动学生的品格教育。

### (五)以百年品格教育培养新时代合格公民

1. 追溯办学历史原点,回望百年品格教育历程

在120年的办学过程中,学校为顺应时代发展,先后开展了不同主题内容的品格教育。如20世纪50年代开展爱国主义教育,校内还有学生踊跃报名参军,参加保家卫国的抗美援朝战争;60—70年代,学校开展学雷锋活动,动员学生做好人好事,校内涌现出一大批乐于助人、奉献祖国的优秀标兵;80—90年代,面对改革开放和祖国建设热潮,学校鼓励学生"为中华崛起而学习",培养了大批建设祖国的人才。这些都成为学校开展品格教育的宝贵积淀和财富。

2. 对接教育改革需求，深化新时期品格教育内涵

进入21世纪以来，培养学生发展核心素养成为教育的重要目标。苏州四中围绕教育方针和时代需求，基于自身丰厚的文化底蕴和历史渊源，将品格教育作为学校教育的长远发展主题，将"传承品格教育，深化学校发展"理念贯穿学生培养各个方面，努力培养既有知识能力、又有高尚品格的社会主义事业建设的可靠接班人。同时，学校将学生发展核心素养重要元素融入品格教育，构建起品格教育的"12334工作模式"。

其中"1"是指确立品格教育的一个根本目的，即培养合格的新时代好公民。"2"是指明确品格教育的两种功能，包括社会功能和个体功能，这源于品格教育是促进个人品格与社会品格相结合的教育，前者主要包括自尊、自爱、自信、自强、自律、自我发展、自我实现等品质，后者主要包括爱祖国、爱人民、热爱集体、乐于助人、遵纪守法、具有社会责任感等品质。个人自我实现的成就越高，承担的社会责任也就越大。两个"3"分别是指明确品格教育的三个阶段，即做合格之人、做有用之人和做有责任感之人。重视品格教育的三种方式，包括价值教育、课程文化和示范教育。最后的"4"是指协调品格教育的四种关系，即人与人、人与事、人与社会环境、人与自然之间的关系。

为促进主题教育真正落地，学校对学生提出了一些具体的行为规范，如责任教育可以表现为爱护、关心他人，乐于助人，富有正义感等，具体到日常行为，如要做到考试、测验、默写不作弊，不抄袭他人作业，借他人东西及时归还，遵守与他人的约定，在校外主动制止他人闯红灯等行为，针对他人破坏花草植被、随地吐痰和丢纸屑或果壳等行为能够进行制止，等等。学校试图通过这些具体可感的教育活动，帮助学生实现发展的"三个飞跃"，即做一个热爱班级的学生，从个体人到集体人；做一个积极向上的学生，从集体人到单位人；做一个有社会责任感的人，从单位人到社会人。

3. 探索多元教育路径，保障品格教育深入落实

围绕"培养有社会责任感的合格公民"的品格教育总目标和相关教育主题，学校积极探索多种教育途径，推动品格教育的深入落实。

（1）有效探索学科育德，提升品格教育深度

学生学习的主要场所在课堂，有效的品格教育必须融于学科教学之中，在培养学生知识技能的同时培养其必备品格。为此，学校针对不同学科特点，通过主题课程确定了品格教育的不同侧重点。如语文学科以阅读鉴赏培养学生的人文素养，英语学科通过展示文化差异培养学生的国际理解素养，物理学科以科学实验操作培养学生的意志品格，思品学科以公民教育培养学生的

社会责任感，生物学科以落实和谐共生理念教会学生珍爱生命，地理学科通过倡导人与环境和谐共处提升学生的环保意识，历史学科以开展爱国主义教育提升学生的民族责任感，等等。

此外，学校还探索出在学科教学中融入品格教育的五环节模式：一是备课，寻找在学科教学中开展品格教育的切入点；二是上课，促进学科教学与品格教育的交汇互融；三是布置作业，通过有效设计找出在学科教学中开展品格教育的迁移点；四是课后辅导，通过发现学生在学习中存在的问题找出品格教育的着力点；五是评价，保障学科教学与品格教育之间的平衡点，避免仅仅将关注点放在学生学业成绩的提升上。

（2）完善校本课程体系，丰富品格教育内容

学校还围绕品格教育总目标和主要内容，构建起涵盖科学、艺术、德育、劳动、心理健康等不同类别，具有丰富内容的校本课程体系。如文明礼仪教育是学校落实品格教育的一门重要校本课程，学校围绕课程实施开展了多方面工作。例如，学校发给学生每人一本《中学生文明礼仪》口袋书，方便学生随学随用；通过设立文明礼仪教育月、开展文明礼仪征文活动，宣传学生中的感人事迹，表彰文明学生和文明班级；通过举办文明礼仪风采大赛、"微笑大使"评选活动、"校园礼仪天使"形象比赛等各种赛事活动，展示学生良好的精神风貌，促进全员形成注重文明礼仪的意识和行为。

（3）深入开展社会实践，强化品格教育实效

要想使品格教育取得实效，就要为学生提供参与社会实践的机会。如学校通过创造各种机会，让学生在参与社会公益活动中培养起社会责任感。学生志愿者团队自发照顾社区里的孤寡老人、参与社区义务劳动、到福利院献爱心等。周末，学校还在市区重要路口和活动中心设立文明礼仪岗，组织学生积极参与；同时组织学生积极参加第三届全国大学生运动会、世界滑板锦标赛等国际国内大型活动的文明礼仪服务工作，展示学生的良好形象和学校的礼仪教育成果，受到社会各界的高度赞誉。

学校还组织学生开展各类社会调查，以此增进学生对社会的了解，提升对重大社会问题的关注和思考。如学校针对食品安全问题，组织学生开展食品安全调查，定期对校内食堂采购的食品进行检测、开展针对食堂餐饮的满意度调查等，从而保障了校内的食品安全，学校食堂被苏州市卫生局评为A级。为提升学生的环保意识，学校组织学生成立"水文化"课题组，从水文地理的角度分析地方气候条件和种植业发展，从水资源的利用和破坏分析自然环境对人类生存的影响等，最后还将研究成果汇总向政府相关部门反映并提供解决方案。

(4) 加强事迹成果宣传，营造品格教育氛围

在开展品格教育的过程中，学校非常注重发挥优秀师生的示范引领作用，在校内营造良好的品格教育氛围。例如，学校通过举办校友报告会，邀请科技、军事等领域的优秀校友为在校师生做报告，或邀请往届优秀毕业生向在校的学弟学妹介绍在大学里的学习生活情况等，以激励他们更好地学习。学校还通过评选"桃坞杏坛月度人物"和"桃坞月度英才学生"，宣传校内优秀师生事迹，营造品格教育文化。除此之外，学校还注重品格教育成果的积累宣传，如编写品格教育系列读本、品格教育故事集、品格教育德育案例集、品格教育课堂教学案例集等，学校出版的《中学品格教育的实践与探索》一书还获得"第五届江苏省教育科学优秀成果奖二等奖"。

通过多年的品格教育，学校学生都形成了良好的思想意识和行为习惯，诚实守信、友爱互助、文明礼貌在校内蔚然成风；学校也成为苏州市中小学文明礼仪指导中心校，积极为市内兄弟学校的文明礼仪教育提供示范指导，并被评为"苏州市文明单位""江苏省文明单位"。

# 三、课改篇：变革课堂，创新模式，凸显教学育人新导向

学校教育最主要的场所是课堂，课堂不仅是传授学生知识和技能的地方，也是教育学生做人的地方。教师在教学的过程中从来就不应该离开教育，在集体的教学过程中实行思想的教育、道德的教育和法治的教育；不仅在于建立良好的班集体，而且也在于建立适合每个学生发展的教育思想。

高中语文课程标准指出："要全面提高学生的语文素养，充分发挥语文课程的育人功能。……塑造热爱祖国和中华文明、献身人类进步事业的精神品格，形成健康美好的情感和奋发向上的人生态度，实现本课程在促进人的全面发展方面的价值追求。"即便是理科，其中依然包含着诸多育人的内容。高中数学课程标准指出："数学教学活动，……要注重培养学生良好的数学学习习惯，使学生掌握恰当的数学学习方法。"可见，无论是文科还是理科，它们都包含了育人的功能。

## （一）将品格教育渗透到课堂教学的每个环节

学校经过多年的实践，初步探索出一套行之有效的将品格教育与学科教学相互融合、渗透的方法，实现了既教书又育人的目标，促进了学生素质的全面提高。

1. 在课堂中阐发学科主题的价值内容

**案 例**

3月29日下午，苏州市第四中学，高二语文课堂。

"竹杖芒鞋轻胜马，谁怕？一蓑烟雨任平生……"学生诵读了苏轼的《定风波》之后，纷纷站起来讲述自己对词意的理解。年轻女教师进一步启发：这些词句又体现了作者怎样的人生态度和胸怀？在教师循循善诱之下，学生不再单纯流连于字句，开始结合预习时了解的背景知识，讨论作者人生态度

的可贵之处：苏轼尽管仕途坎坷，却有着豁达的胸怀……

第二节课的预备铃刚响过，离正式上课还有五分钟时间，大屏幕上播放着濮存昕"预防艾滋，反对歧视"的公益广告，学生志愿者沿着教室的过道挨桌分发有关无偿献血与骨髓捐献的宣传单。在这节高一生物课上，教师讲授了"动物与人体生命活动的调节"一章中"免疫调节"部分的内容，但她的讲授并没有完全止步于教科书上的知识点，还涉及了如何预防艾滋病、如何关爱艾滋病患者以及器官移植等内容。

我们在听课中发现，注意阐发学科主题中包含的价值内容，是学校课程教学的普遍特色：历史课上有爱国将领优秀品质的阐述，语文课上有人物品格的分析……当学科教学涉及伦理问题时，教师会与学生一起讨论。

2. 通过多种活动促进学生品格教育

（1）以各种社团组织活动陶冶学生情操

学校现有23个学生社团，包括桃坞文学社、桃坞心语社、桃坞航模社、桃坞昆曲社、桃坞科技社、桃坞集邮社、桃坞动漫社、桃坞足球社、桃坞话剧社等。学校还创办了《桃坞文学社·梦屿》《桃坞科技社·科技之光》《桃坞心语社·心语小筑》等刊物。社团活动覆盖学校80%以上学生，在提升学生品味、开阔学生视野、熏陶学生道德情操等方面起到了良好的作用。

（2）以主题班会引导思想，塑造学生良好品格

学校针对各个班级存在的不同问题，每学期初各班级班主任和学生共同讨论，确立各班不同的教育主题，譬如"做一个守信的学生""做一个诚实的学生""做一个懂得关心人的人""做一个有责任心的人"等。同时，围绕学生日常生活中发生的事件和社会上的一些现象开展主题班会，组织学生讨论、分析和交流，帮助学生确立正确的人生观、世界观和价值观。

（3）以行为教育引领方向，培养学生礼仪习惯

学校通过"身边的好人好事""说说我们的故事"等活动，每月请"月度英才学生"和"桃坞杏坛月度人物"作先进事迹讲座，激励教师和学生做有品格的人。

学校还建立文明礼仪指导中心，利用小话剧等生动活泼的形式指导学生的具体行为。并以空乘班为先导，促进学生综合素质、活动能力的培养和文明礼仪的教育，如让空乘班学生在教学楼门厅设"文明礼仪岗"，引领全体学生礼仪行为；在学校各项活动、集会中，以空乘礼仪要求规范全体学生的站姿、坐姿、走姿；利用选修课程，对普高班学生开展形体礼仪培训等。

3. 将品格教育融入教学的每个环节

学校引导教师在备课、上课、布置作业、课后辅导和评价等教学活动的

各个环节中,设计丰富多彩的教学形式,将品格教育引入课堂教学,努力将教书与育人真正融合起来。

在备课环节中寻找学科教学与品格教育的切入点。学校要求教师在了解学生的实际情况和自己知识能力的基础上,熟练掌握教材内容,确立教学目标。这个目标不仅包括学科知识和技能目标,也包括学科素养目标,同时还包括品格教育目标。

在课堂教学中力争找到学科教学与品格教育的交汇点。教学过程中,教师通过学生感兴趣的事情,尤其是生动的情景和情感描述,将所学内容与学生已有知识相联系,激发学生学习动机和积极情感,使学科知识和品格教育联系起来。

在作业中实现学科教学与品格教育的迁移。教师在布置作业时重视知识技能迁移,也重视知识内涵的迁移,通过思考、反省和感悟,提炼品格教育的要素,让学生在写作业的过程中提高自身的品格。

在课外辅导中缩小学科教学与品格教育的落差。在辅导中,教师不仅帮助学生解决学习知识和技能的过程中遇到的问题,而且也帮助学生解决学习中的心理问题和情感态度问题。不少学生的学习落差并非本身智力和能力导致,态度问题是首要原因,其次是情感问题,再次是心理问题。教师在辅导过程中应区别对待,针对不同情况选择正确的方式解决学科教学和品质教育之间的落差问题。

改变评价制度,努力让学科教学与品格教育两者兼顾。目前,学校的学科评价不仅包括学科成绩的评价,也包括学生品格的评价。学科评价改变以往的学习奖励制度,设置学习进步奖、鼓励奖等,不再以学生成绩在班级或年级内的排名为依据进行奖励,而是以其自身成绩的前后对比作为奖励依据;不仅仅以学科的考试成绩作为奖励的唯一依据,还以学生的品格作为重要依据;不再以单一的总结性评价为标准,而是以过程性评价为中心,全面评价学生。

目前学校还以特色教育为品牌,建立了全国首家普通高中空乘培养基地,并荣获多项荣誉称号。

### (二)学科品格教育案例选

多年来,我们一直习惯性地把品格教育与学科教学分离开来抓,以至于学科教学中应有的素质教育常常被淡化。于是,新课程标准结合学科特点和学生的年龄特征,在学科教学中强调培养价值观、传统文化、法律意识和民族精神,这些都是品格教育的内容。要把品格教育和学科教学融为一体,就必须让品格教育进入教学课堂,否则,素质教育最多也只能算在学校实施了"一半","育人为先"的课堂教学也难以真正落实。因此,学科品格教育应运而生。所谓学科品格教育,即在各个学科教学中实施品格教育,把新课程标准提出的学科素养与品格教育完全结合起来,实施对学生全面教育的活动,培养既有学识能力又有道德品质的人,其核心在于培养有社会责任感的人。基于此,我们就从教学活动的五个环节系统展示学科品格教育的实现过程。

1. 课堂教学五环节的基本要求

(1)备课:寻找学科教学与品格教育的切入点

备课是实现课堂教学工作的前提条件。教师需要了解、熟悉和掌握教材的教学目标,也需要了解和掌握学生的实际情况,还需要了解自己已有的知识和技能,以确立切合学生、教材和教师三方面实际的目标。这个目标不仅包括学科知识和技能的目标,也包括学科素养的目标,还包括品格教育的目标。

### 案例

#### 关"艾"——了解艾滋病、关爱艾滋病患者

课堂目标

(1)概述艾滋病的名称和病毒名称、结构及致病机理,理解生物科技对社会和家庭的重要性,增强学生对所学知识的重视以及历史使命感。

(2)了解艾滋病的传播途径和预防措施,进而关爱艾滋病病人,拒绝歧视和冷漠,实践关爱教育。

(3)关注世界艾滋病日及主题,全民动员防艾抗艾,提升学生的社会责任意识。

(4)了解我国"四免一关怀"政策,更深层次地思考生命的意义。

(2)上课:寻找学科教学与品格教育的交汇点

上课是实现课堂教学目标的主要环节。它通常包括引入、新授、巩固、小结和拓展等过程。整个过程都是以一定的线索贯穿始终的,可以是以事件发展为线索的,也可以是以观点阐述层层推进的,还可以是以人物刻画和描述逐渐深入的。

引入通常起到渲染课堂气氛的作用,激起学生学习的热情。教师可以通过学生感兴趣的事情,尤其是通过生动的情景和感性的描述,将所学内容与学生的现有知识相联系,激发学生的学习动机和积极情感,使学科知识与品

格教育联系起来。

新授一般被看作知识的传递，其实知识的传递一直是由有情感的教师来实施的，而且知识的积累也是通过人的感觉、思维和创造完成的，在这些过程中展现了人的勤奋、耐心、意志力、责任心、求真求实等可贵的品质。从这个意义上来说，学科知识教育与人的品格教育是密不可分的。

巩固往往是通过适当的练习完成的，不管是文科还是理科，或是劳技等。练习是对知识进行操练、分析和运用的过程。自然学科的知识通常强调科学性和准确性，强调逻辑思维和推理；而人文学科的知识通常强调文化、习俗、道德、规范等思想性的东西，更具主观性和人文性。虽然两者有区别，但是，他们的共同点在于都要通过人的活动来实现，其中必然蕴含着品格教育的要素，如刻苦、严谨、毅力等。

小结是一节课所有知识要点、技能要素以及品格教育要素的归纳和提炼。

拓展是课堂教学和教育的延伸，既包含知识技能的延伸，也包含品格教育的延伸。拓展可以体现在课堂教学的每一个环节。

## 案 例

### 让我许个愿——感恩母爱

夏老师以歌曲《懂你》为导入，自然、亲切地引发学生的情感。随后，他以"体验方式"的默读，和学生们一起走进作者（学生的同龄人）的情感世界，让学生寻找感动自己的句子，根据课文的情节写出作者对母亲的感情经历，通过具体的事例把握作者有了怎样的转变，学生对作者的转变又有怎样的感受，层层递进地挖掘其思想感情。整个教学过程，结构完整，层层深入，刻画了语文教学的"细雨润无声"，展示了生动的语文学科品格教育的课堂。

（3）布置作业：设计学科教学与品格教育的迁移点

作业布置是针对课堂教学的内容诊断，包括巩固练习、提高练习和预习练习，对课堂教学的效果有直接影响。因此，教师在布置作业时一定要重视知识技能的迁移，通过思考、反省和感悟，提炼品格教育的要素，在完成作业的过程中提高自身的品格。

（4）课后辅导：提高学科教学与品格教育的落差点

在一节课后，有些学生对所学和所教的知识不理解，甚至听不懂，无法达到课堂教学的目标，因此，辅导是教学活动的一个必要环节。有些学生学不好的原因并非智力有问题,而是态度或心理方面有问题,因此,辅导不仅是指教师帮助学生解决所学知识技能中的问题,而且也指教师帮助学生解决学习中的情感、态度和心理的问题。

**案例**

阳光天使——桑兰

　　对于这一课,成绩不理想的学生会觉得有些句子难以理解,对课文的结构不清楚,对访谈的要求也一知半解,教师需要帮助这些学生重新整理思路,写好笔记,提高写作技巧。而有的学生则认为桑兰是个幸运儿,如果换成自己,就不会得到关爱,他们认为这样的故事没有普遍意义,有人甚至写了"我比桑兰更痛苦"的作文,对于这类学生,教师应从态度和情感方面进行辅导。

　　(5)评价:保持学科教学与品格教育的均衡点

　　以往,学科教师往往以分数的高低把学生分成好、中、差三个等级,这种评价说到底就是一种标签,不利于全体学生的成长。因此,我们要建立融学科教学和品格教育为一体的课堂教学,寻找两者之间评价的均衡点。

　　学科评价不仅包含学科成绩的评价,而且包含学生学习品格的评价。改变以往的学习奖励制度,不再以学生成绩排名进行奖励,而是以其自身前后的成绩对比作为奖励依据,设置学习进步奖、鼓励奖等。把评价的目的落在激励上,让学生增强学习信心,并以自己的品格确立在班级和学校中的良好形象,这种自信会促使学生更加努力学习,努力提高成绩。

　　2. 语数英等学科教学案例

　　(1)语文:以阅读鉴赏培植人文素养

　　阅读鉴赏既是一种学习能力的培养,也是一种品德的塑造,因此,课堂教学应讲究方式方法,不是简单地带读,每一个教师都应该对阅读和鉴赏的方式进行研究,实现有效课堂,最终达成提升学生阅读能力的目标,使学生具备终身学习的能力,养成良好的人文素养。

　　语文课程极具鲜明的人文特点,教学的重点在于文本阅读的方法,在逐步提升鉴赏能力的过程中进行情感态度、价值观的熏陶,达到完善人格的目标。因此,"情""意"是语文课程最鲜明的特点,如何把语文特点落实到教学中并收到成效,这就需要教学策略,把理念和目标融化成具体的方式方法,根据"阅读与鉴赏"中提出的目标要求,我们可以确立以下具体的教学策略:

第一，激发阅读自觉性。阅读教学须完成从浅层次阅读进入深层次阅读的过程。深度阅读是建立在自主阅读的基础上的，要进入深层阅读必须要深思，因此，教师在进行阅读教学的时候应当给予学生足够的时间去读，反复读，使学生在接受文字信息的同时调动知识积淀和情感体验，完成亲历阅读感悟的过程，形成自己的认识和判断，从而完成对文本意义创造性建构。

第二，横向拓展，触发阅读兴趣点。一个人的语文水平三分靠课内，七分靠课外。教师在指导学生阅读时，应当"内引""外联"，把独立的文本放到一个更大的参照体系中去，可以就作品的意蕴进行多维和深度的解读。例如，在语文教学实践中，应把横向拓展用于文言文实词、虚词的教学过程中，让学生用旧知识串联新知识，反复比较常用的虚词、实词，达到积累的目的。现在横向拓展还用于把独立的文本放入相关的某一主题中，苏教版语文的编排尤为明显。如必修五中的第二模块"此情可待成追忆"中选取了《陈情表》《项脊轩志》《长亭送别》《罗密欧与朱丽叶》，这四篇文章都通过"情"展开，或孝情或离情，每篇文章的表达各具特色，用个性化的表达使抽象的情感具体可观，打动读者。在教学过程中，教师可以就这四篇文章表述上的差异性进行比较，进而加深对阅读素材的感悟。

第三，纵向探究，提升思维品质。《孟子·万章上》："故说《诗》者，不以文害辞，不以辞害志。以意逆志，是为得之。""意"是阅读主体对文本的理解，"逆"是探究，"志"是指作者的用意。因此阅读不能只看表层的文字符号，还要对文本底层进行深究。罗斯杰认为人生来就对世界充满好奇心，在合适的条件下，每个人所具有的学习、发现、丰富知识与经验的潜能和愿望，都能够释放出来。引导学生纵向探究就是激发释放他们的探究精神，教师要善于利用有限的教学时间突出教学重点，特别要注意避免多元化阅读的误区。在纵向探究过程中应进行补充背景资料，知人论世。在文言文、诗歌教学中，补充背景资料是必不可少的，关键是要把握好时机。如杜甫的《客至》，很多学生读了之后会很疑惑，与杜甫之前写过的《兵车行》《登高》差异极大。在学生的疑惑中插入背景，这首诗是杜甫五十岁时，在成都草堂所作。杜甫在历尽颠沛流离之后，终于结束了长期漂泊的生涯，在成都西郊浣花溪头盖了一座草堂，暂时定居下来，诗人在久经离乱、安居草堂后不久，客人来访时作了这首诗。抓准时机引入背景，不光能帮学生释疑，还能激起学生的阅读兴趣。

对文本深层解读的方法有很多，如比较法、反弹琵琶法、悖逆法等，无论何种方法，只要能让学生好读书、求甚解，都值得尝试。阅读的真正意义就在于透过文本的表层现象触摸文本深层的脉络与灵魂，达成精神上的交流，实现思想上的升华。

(2) 数学：以数学建模培养运用实践素养

数学模型是数学知识与数学应用的桥梁，研究和学习数学模型，能帮助学生探索数学的应用，产生对数学学习的兴趣，培养创新意识和实践能力，加强数学建模教学与学习，并对学生的智力开发产生深远的意义。下面是学校教师在教学实践的一些思考和做法。

例如，通过几何、三角形测量问题的教学。在数学4模块中，学生将学习三角函数、平面上的向量（简称平面向量）、三角恒等变换。三角函数是基本初等函数，它是描述周期现象的重要数学模型，在数学和其他领域中具有重要的作用。在本模块中，学生将通过实例，学习三角函数及其基本性质，体会三角函数在解决涉及周期变化规律问题中的作用。

向量是近代数学最重要和基本的数学概念之一，它是沟通代数、几何与三角函数的一种工具，有着极其丰富的实际背景。在本模块中，学生将了解向量丰富的实际背景，理解平面向量及其运算的意义，能用向量语言和方法表述和解决数学和物理中的一些问题，发展运算能力和解决实际问题的能力。

### 案 例

海水受日月的引力，在一定的时候发生涨落的现象叫潮，早潮一般叫潮，晚潮一般叫汐。在通常情况下，船在涨潮时驶进航道，靠近船坞；卸货后落潮时返回海洋。下面是某港口在某季节每天不同时间的水深关（表2-2）。

表2-2 某港口某季节水深时刻表

| 时刻 | 水深/米 | 时刻 | 水深/米 | 时刻 | 水深/米 |
| --- | --- | --- | --- | --- | --- |
| 0：00 | 5.0 | 9：00 | 2.5 | 18：00 | 5.0 |
| 3：00 | 7.5 | 12：00 | 5.0 | 21：00 | 2.5 |
| 6：00 | 5.0 | 15：00 | 7.5 | 24：00 | 5.0 |

① 选用一个三角函数来近似描述这个港口的水深与时间的函数关系，给出整点时的水深的近似数值。

② 一条货船的吃水深度（船底与水面的距离）为4米，安全条例规定至少要有1.5米的安全间隙（船底与洋底的距离），该船何时能进入港口？在港口能待多久？

③ 若某船的吃水深度为4米，安全间隙为1.5米，该船在2：00开始卸货，吃水深度以每小时0.3米的速度减少，那么该船在什么时间必须停止卸货，将船驶向较深的水域？

（3）英语：培养学生发展核心素养

立足"立德树人"的根本目的，既教书又育人，培养新时代社会主义事业的建设者和接班人。从教学活动的五个环节（图2-1）入手，把课堂教学与品格教育结合起来，培养既有学识能力又有道德品质的人。

图2-1　教学活动的五个环节

第一，备课：寻找学科教学与品格教育的切入点。备课是实现课堂教学工作的前提条件。教师需要了解、熟悉和掌握教材的教学目标，也需要了解和掌握学生的实际情况，还需要了解自己的已有知识和技能，以确立切合学生、教材和教师三方面实际的目标。这个目标不仅包括学科知识和技能的目标，还包括品格教育的目标。

以"What is happiness to you?"为例

This period is meant to realize four aims.

After learning this period, the students will be able to:

① talk about the gymnast Sang Lan;

② get to know and use the strategy of reading interviews;

③ figure out the essences of Sang Lan's good characters;

④ describe their own understandings of happiness.

这篇课文介绍的是体操运动员桑兰的事迹，它本身就是品格教育的素材，学科教学的育人目标和品格教育的目标一致。语言表达的训练和阅读技巧的运用，如关键词、主旨句以及篇章结构等，既有利于增强学生语言的概括能力和组织能力，又有利于彰显桑兰在困境中所表现出的良好品格以及文章的感染力，体现"立德树人，育人为本"的课堂教学理念。

第二，上课：寻找学科教学与品格教育的交汇点。上课是实现课堂教学目标的主要环节。它通常包括引入、新授、巩固、小结和拓展等过程。整个过程都是以一定的线索贯穿始终的，可以是以事件发展为线索的，也可以是以观点阐述层层推进的，还可以是以人物刻画和描述逐渐深入的，等等。

引入通常起到渲染课堂气氛的作用，激发学生学习的热情。教师通常通过生动的情景和情感的描述，将所学内容与学生的现有知识相联系，激发学生的学习动机和积极情感，促发学生的学习思维，以使学科教学增强对学生品格教育的联系与效果。

The period begins with the topic of "What is happiness to you?" in order to let students tell us their happiness and their understandings of happiness.

引入通常是为了引发学生思考，抓住有提问价值的问题（事实问题、关系问题），可以促发学生探究精神、端正学习态度以及促进学生逻辑思维和系统语言表达能力。提问一般要把握好三点，提问要明白清楚，让学生能理解，不要过多采用二选一的选择题。

呈现是直观化的一种形式，有助于事实、现象、事件的直观化，有助于促进学生能力、技能和情感的发展。呈现通常有两种方式，一种是静态手段，如绘画、速写、地图、图解、模型等，揭示内容的场景；另一种是动态手段，如视频录像再现事物、现象的经过和过程，如参观现场，使学生实地观察发生的现象。

The period goes on with the questions "How to become happy?" so as to find happiness from Sang Lan, such as keeping busy, staying optimistic, trying her best to serve the society.

以问题为导向，插放视频，引导学生听读全文，通过关键词、主旨句以及文章结构和主题的把握，通过精读寻找相关细节，得出桑兰的幸福观是什么，培养学生的阅读技巧，提高学生的思维能力。

巩固往往是通过适当的练习完成的，通过归纳的方法梳理基本事实、相互关系以及相关规则等。它有两个基本条件，一是学生能正确理解应掌握的所学内容，二是学生要持有专心记忆和回顾所学内容的态度。学科知识通常强调文化、习俗、道德、规范等思想性的东西，更具主观性和人文性，都蕴含品格教育的要素，如刻苦、严谨、毅力等。

① What is an interview?
② What is the topic of the TV interview?
③ How did Sang Lan get injured?
④ True or false
⑤ Key information about Sang Lan

本文是一篇采访报道，采访者对桑兰人生的认识过程，运用自己的新闻观点、知识积累和思维方式，通过观察、倾听，经过思索而做出分析判断，探寻桑兰的人生轨迹和人生哲理。学生可以学习和掌握采访的知识、理解、运用和写作，并增强自身的逻辑思维的能力。

小结是就一节课整体知识要点、技能要素和品格教育要素的归纳提炼。

它通常是一种归纳的使用方式。

① What did Sang Lan do during her different periods? (pairwork)

Before Accident ……

While in hospital ……

Back to China ……

② Use as many adjectives as possible to describe Sang Lan's characters (pairwork)

brave, cheerful, determined, hardworking, optimistic, energetic, positive, active

拓展是课堂教学和教育的延伸,引导和帮助学生在比较分析中形成概念,把握事物的共性和个性,探寻科学发展和人文发展的过程和规律。可以是知识技能的加深和加量,也可以是学生品格教育内容的延伸,是一种演绎思维能力的使用方式。

Discussion: The period ends with the topic of "How should we be a happy man?" which is intended that the students can think themselves as Sang Lan what they will do and express their opinions about happiness. Do you think Sang Lan is always happy? If you are Sang Lan, will you feel happy? How do we like to be a happy person? (group work)

课堂讨论是一种集体思维的过程,有助于引导学生的积极性思维和培养学生正确的人生观;有助于丰富学生的知识和经验,使其树立学习的信心以及探索真理的信念。把握课堂讨论效果的两个条件,一是提问要把握学生的思想动态,让学生有话可说;二是对学生的回答不要断然否定,要站在学生角度肯定其具有合理性的一面。课堂讨论是一种共同解决问题和引发新知识的教学方法。

整个课堂教学的设计以"什么是幸福,怎样才是幸福,我们该怎么做才幸福"为引子,突出学生对幸福观的认识、转变和提高;整个课堂教学也强调学习策略,引导学生学习怎样阅读访谈文章,即对比桑兰在受伤前、在医院治疗中以及在出院后的种种表现,引发学生的思考、反省以及形成对幸福观的再认识。从整个教学过程来看,知识学习、技巧运用和掌握与教育目标的达成交汇在一起,是一种学生从感性认识上升到理性认识的过程。

第三,布置作业:设计学科教学与品格教育的迁移点。布置作业也是课堂教学的最后一个环节。教师在布置作业时一定要重视知识技能的迁移,也要重视知识内涵的迁移,使学生通过思考、反省和感悟,产生思想灵感,继而触发顿悟,提升自身的思想境界,以促使学生在做作业的过程中提高自身的修养和品格。

Write a report about Sang Lan on account of the interview within 150 words;

Write a composition with the title of *My viewpoints on Happiness* according to a certain social phenomenon.

桑兰这篇课文主题是对人生观的认识。在布置作业时，教师可以让学生将访谈改写成记叙文，这是一种机械的巩固练习，起到了复习、回顾和加深的作用；也可以写成论述文"我的幸福观"，以访谈引出话题，结合自我的幸福观进行对比与分析，从而确立正确的幸福观；也可以从社会现象引入话题，用社会现象与桑兰做对比和分析，发表自己对幸福的看法。

作业的布置通常在课前已写在教案上，其实，我们更应该在上课的过程中根据学生的学习和对知识的掌握情况重新调整和布置作业，不仅要找到学科教学与品格教育的迁移点，也要找到两者与学生之间的迁移点。

第四，课后辅导：提高学科教学与品格教育的基准点。辅导不仅是指教师帮助学生解决学习知识和技能中的问题，而且也指教师帮助学生解决学习中的心理问题和情感态度问题。

在一节课后，有些学生对所学和所教的知识不理解，甚至听不懂，无法达到课堂教学的目标，因此，辅导也是教师教学的一个必要环节。

对桑兰这一课，成绩差的学生会觉得有些句子难以理解，对课文的结构不清楚，对访谈的要求也一知半解。因此，教师需要帮助这些学生重新整理思路，写好笔记，认识写作技巧和运用方法。

有的学生则颇具思想性，认为桑兰是个幸运儿，尽管她承受了伤残的痛苦和打击但还有那么多人关心、爱护他；如果换成自己，则可能没有人关心，没有人爱护，会很孤独，会比桑兰痛苦得多；认为这样的故事没有普遍意义。

Discussion: The period ends with the topic of "How should we be a happy man?" which is intended that the students can think themselves as Sang Lan what they will do and express their opinions about happiness.

确实，生存的权利不仅是个人的责任，也是社会的责任。对于有益于大众的事情，教师必须在平时课堂教学中加以宣传和引导。

第五，评价：保持学科教学与品格教育的均衡点。在一个普通的班级里，学科教师往往以分数的高低把学生分成好、中、差三个等级。这种定位说到底就是一种标签，不利于全体学生的成长。因此，我们要建立融学科教学和品格教育为一体的课堂教学，寻找两者之间评价的均衡点（表2-3）。

表 2-3　Step 8　Assessment

| How can you: | 5 | 4 | 3 | 2 | 1 |
|---|---|---|---|---|---|
| understand the article about happiness? | | | | | |
| know about the good charactors of Sang Lan? | | | | | |
| debate how to set up correct viewpoints about some examples? | | | | | |
| write an excerpt according to the interview within 150 words? | | | | | |

学科评价不仅指学科成绩的评价，而且指学生学习品格的评价。学校改变以往的学习奖励制度，设置学习进步奖、鼓励奖等，以学习的品格作为重要条件，全面评价学生。评价的目的在于激励学生，增强学生的学习信心，促使学生更加努力学习，提高学生的学习品质。

（4）生物：以和谐共生培养生命素养

"共生"一词，来自古希腊语 Symbiosis，共生概念则由德国真菌学家德贝里（Anton de Bary）于 1879 年提出。共生是不同种属共同生活在一起的普遍存在的生物现象。如果仅仅是说文解字式的教授，那么教学也将流于文字形式，最终也就毫无成效。为此根据不同年龄段、以相应年级的教学教材为活动背景，学校开设了一系列的生命教育的主题活动（表2-4）。以先进优秀的科学文化提升学生，以视野开阔、内涵丰富的文化主题活动培养学生，形成"和谐共生"的生命文化氛围。

表 2-4　生命教育主题活动

| 阶段 | 主题 | 活动项目 | 活动目标 |
|---|---|---|---|
| 高一年级 | 欣赏自然和谐之美 | 识别校园植物 | 通过观察，认识生命的意义，感知身体的奥秘，养成热爱自然的情感 |
| | | 认识动物标本 | |
| | 人与人和谐共处 | 玩转青苹果乐园 | |
| 高二年级 | 人与微生物和谐共生 | 制作葡萄酒 | 通过实验，体验生命的价值，感悟人与其他生物和谐共生的美好生活 |
| | | 制作酒酿 | |
| | 人与其他动物和谐共生 | 养殖热带鱼 | |
| | | 生态缸养殖 | |
| 高三年级 | 人与人、人与社会和谐共处 | 艾滋病防治宣传 | 从疾病和死亡的角度理解生命的意义，深层次理解何为人与社会、自然和谐共生 |
| | | 捐髓宣传 | |
| | 人与自然和谐共生 | 雾霾与生活 | |
| | | 人与海洋 | |

高一的主题活动是欣赏自然和谐之美。认识校园植物和实验室动物标本，

这种触手可及的生命教育激发了学生浓厚的学习兴趣。学生说:"每天走在美丽的校园里,可以叫出身边一草一木的名字,对这些花花草草就更怜爱了。"对生命的认知和怜爱就是生命素养。根据高一学生的生理特点,学校教师还特地补上了一系列青春期性教育的主题活动。活动利用实验楼上的青苹果乐园引导学生认识人体构造和青春期的变化,利用科学知识武装学生的头脑,成了生物教学中有效疏导早恋行为的方法。生命素养提升在学生理解恋爱、婚姻的意义,拒绝过早性行为,不轻易尝试爱情的苦果中得到了体现。

高二的主题活动是通过实验体验生命。利用微小的酵母菌制作果酒、果醋和酒酿。学生们从抱着怀疑的态度开始实验,到信心满满地呈上自己的实验成果,亲身体验了生命的奇迹。学生们感叹"微小的生命,也有不可估量的价值"。学生们也因此认识到,正因为每种生命都有不可替代的价值,才更需要人类珍爱生命,维护自然环境。

让学生体验生命的另一种方式,就是亲手照顾、喂养动物。可选择了场地要求少、易于控制生活环境的鱼类进行养殖,并将鱼缸安置在人流量大的图书馆。负责养鱼的学生担当起了家长的责任,制作喂食表、宣传画,定期给鱼儿换水,清理鱼缸,记录鱼群的数量和生活状态。繁殖出的孔雀鱼宝宝,切切实实地让学生体会到了父母之爱背后的辛苦和无怨无悔。生命教育源自生命的诞生,只有认识其他生物,爱护其他生物,才会真正和它们和谐共生。

### (三) 文明礼仪课程培育内外兼修人才

1. 内外兼修:培养学生高尚纯正品格

当前,一些学生的文明礼仪行为不尽如人意,例如,不尊重教师、家长,同学被欺凌等不文明现象时有发生。因此,学校开展文明礼仪教育非常必要。就学校而言,我们期望通过对学生进行文明礼仪教育达到以下三个目的。

一是培养内外兼修的社会主义合格公民。"外塑形象,内修品行,传承美德,培养合格公民"是学校开展文明礼仪教育课程的核心理念。我们希望通过系列课程的学习、熏陶与体验,让每个学生在具备优美形体的同时,更具备亲和力、流畅的表达能力、良好的人际沟通能力、健康的身心素质以及积极主动的文化学习态度,提升学生的素质和内涵,进而使其成为优雅大方、豁达乐观、明礼诚信的合格公民。

二是做"八礼四仪"的先行者。学校自2004年以来一直坚持对学生进行文明礼仪教育,其内容与江苏在全省范围开展的文明礼仪养成教育"八礼四仪"高度吻合。2014年,苏州市以我校教师的文明礼仪教材为蓝本,以学生文明礼仪动作为示范,通过本地媒体进行推广。

三是培养"社会需要"的优质学生。学校始终坚持"培养学生高尚纯正之品格，切实适用之学诣"的办学宗旨，不仅教会学生知识和技能，还突出培养学生做人的品格。

2. 课程保障：打好培养优质学生基础

学校成立了"文明礼仪教育课程基地"建设领导小组和专家指导委员会，明确分管副校长负责制等措施。专门成立了"文明礼仪教研组"，成员由实施"形体礼仪"等核心课程的教师组成，负责核心课程开发、文明礼仪课程实施以及组织学生参加国家、省市级礼仪实践服务等。

根据江苏省课程基地"创建鲜明特色的教学环境"建设要求，学校结合已有条件，因地制宜建立了文明礼仪专用教育体验场馆，内设瑜伽塑身馆、化妆形象馆、文化修养馆、手工活动室、器乐活动室等。所有上下楼梯墙壁，都以学生"笑脸照"相迎；各层楼道墙面布置了"八礼四仪""苏州市文明礼仪标准""中学生常规礼仪、姿态宣传栏""学生成人仪式"等主题鲜明的宣传内容；每层楼道都挂有四中学生仪容仪表规范图示，营造出浓郁的熏陶氛围，焕发出文明礼仪鲜活气息。

2014年8月，由苏州市教育局全额拨款140多万元建造的"苏州市第四中学空乘情境教育基地（模拟机舱）"投入使用，为学校推进文明礼仪教育提供了一流的实践场地。根据文明礼仪教育"活动、体验"的新要求，学校全新引入"礼仪成像""VR文明礼仪体验系统"、文明礼仪知识交互问答显示器、楼道分贝仪等信息化仪器，对学生文明礼仪知识学习与互动体验、文明言行等进行强化和熏陶。

为实现全面提升学生综合素质和内涵修养的目标，学校陆续开发了若干课程，丰富项目内涵。例如，塑身健体类包括形体塑身、仪表与化妆、瑜伽、太极、舞蹈；文化修养类包括中华古礼、西方礼仪选讲、书法素养、美术欣赏、传统国学、英语口语交际、声乐器乐熏陶等；实践服务类包括苏州市范围内的各种礼仪服务、志愿者活动、社区服务支持、对口民航院校参观体验；活动探索类包括桃花坞木刻年画、泥塑、手工、衍纸画、核雕、印章篆刻等；学科素养类包括文明礼仪与其他学科的渗透整合，如礼仪教研组的礼仪课程，包括政务礼仪、商务礼仪、服务礼仪、社交礼仪、涉外礼仪、学校礼仪、生活礼仪和空乘礼仪等八大分支，学生每人一册《中学生礼仪》口袋书，随学随用，提高学生的礼仪素养和养成文明礼仪的行为。

此外还有语文教研组的"名著赏析"和"经典诵读"、历史组的"名人故事"、英语组的"礼仪口语"等。在平时的教学活动中，构建和谐的师生关系，培养学生善于沟通和表达的能力及文明礼貌的习惯。

3. 搭建平台：有效实施和推广文明礼仪教育

多年来，学校不仅在校内，更在苏州大市范围内搭建了"文明礼仪"教育实践活动平台。学校已建成的空乘模拟舱、青苹果之家、形体礼仪房等，为学生学习文明礼仪知识和技能以及提高内在修养打好实践基础。我们还组织学生参与了第三届全国大学生运动会、世界滑板锦标赛、上海世博会等近百次全国性大型活动的文明礼仪工作，展示了我校学生的良好形象。

学校特色鲜明的文明礼仪教育因成绩显著，被苏州市教育局挂牌为"文明礼仪教育与研究指导中心"，承担大市范围内学校文明礼仪教育的指导和研究工作。学校组织了"苏州市德育校长文明礼仪培训""苏州市中小学生干部礼仪培训"和苏州市直属学校学生干部"八礼四仪"轮训等活动，宣传和推广文明礼仪教育。

作为品牌活动，学校设有文明礼仪教育月、文明礼仪征文活动，宣传学生的感人事迹，表彰文明学生和文明班级；举办"文明礼仪风采大赛"，展示学生良好的精神风貌；举办"微笑大使"评选活动及"校园礼仪天使"形象比赛，推动学校的文明礼仪教育与精神文明建设。

文明礼仪教育也被纳入学校德育工作。在学校的主题月、活动周、"国旗下讲话"等德育活动中，校园文明行为"十讲""十不"规范、八礼四仪内容等，都是常讲常新的内容；班会活动课上，"礼仪在我身边、文明伴我成长"等主题活动不断开展。学校还征集"校园文明习惯及文明用语"和"身边的不文明行为——图片或漫画"，开展"礼仪在我身边"主题黑板报评比，"我身边的礼仪故事"和学生文明礼仪知识竞赛，以及"家在苏州"、文明餐桌行动等丰富多彩的活动，帮助学生在活动中感悟、在感悟中提升文明礼仪素养。

（四）以教研组调研加强学科团队建设

教研组建设是学科教育发展的关键。没有一个强有力的教研机制，没有一个行之有效的制度，没有一个发展的规划和计划，没有一个强有力的执行过程，那么，就不可能有一个高质量发展的教研组，也不可能有一支高质量的教师队伍。教研组的任务就是要造就一支高质量的教师队伍。如何来造就这样的一支队伍，这确实是学校多年来一直思考的问题。

1. 教研组调研工作背景

学校曾经与苏州中学齐名，学贯中西的文学大师钱钟书、著名数学家和教育家山东大学校长潘承洞与他的弟弟潘承彪以及中科院院士钱钟韩、张青莲、刘元方、姚熹等一大批人才都毕业于我校。其中，刘元方回忆说他一口流利的英语得益于我校良好的英语学习环境。

恢复高考后，我校依然有着雄厚的师资队伍，数学有孙贞一、张家瑞、王光元，物理有吴德安、徐锦林，化学有张迪、王震，语文有严仁杰、张永良，英语有张伯勋、汤继胜、郑思源，体育有谢灿良、刘初雄，等等。他们都在全市具有很高的知名度和很大的影响力。

英语组在历史上曾是我校的亮点，但是，由于诸多因素，这些年我校英语并没有继续发挥这种优势。教研组调研在我校历史上还是第一次，我们希望通过英语组调研工作，推进有效教学，并以此为契机，发动其他所有教研组高质量开展教研活动，寻找差距与不足，激励全体教师克服困难，勇于开拓，大胆改革，不断进取，重振昔日之雄风。

2. 调研工作主要内容

调研工作主要分为六个部分。第一部分是准备工作。寻找不足，统一思想，构建"1453教学工作法"，确立工作方向、细化工作目标，以课堂教学为重心，谋划建立有效课堂，加强教研组和备课组建设。具体如下。

指向一个根本目标：建设一支高质量发展的专业师资队伍。一是师德高尚，热爱教育，甘于奉献；二是专业过硬，态度勤勉，成效显著；三是和谐团结，乐于助人，勇挑重担。

强化四项主要任务：一是加强教研组长和备课组长的引领作用；二是加快年轻骨干教师的成长；三是形成有效激励评价制度和机制，增强教师专业发展的动力；四是扎实做好教研组日常工作，加强合作学习，一步一个脚印，切实把每一项工作都认真做好。

坚持五项基本原则：一是适合学生的知识经验；二是适合学生的思维水平；三是适合学生的兴趣特点；四是遵循学生的学习规律；五是遵循学科的内在要求。这是一个从低到高、循序渐进的过程。

采取三个重要举措：一是要有一个实在的工作计划，有起点，有过程，有结果；二是从小而言，解决课堂教学的某个环节或某些问题，上好示范课、家常课和研讨课这三堂课，写好一篇文章、做好一个课例和做好一个小课题；三是从大而言，就是要做好课程、做好课堂和做好课题。

"1453教学工作法"强调的是过程性研究，以课堂教学的问题为中心，解决相关教与学的关键问题；加强的是教学质量的评估手段，将形成性评价与终结性评价结合起来，全面看待和评价存在的问题；并通过过程性活动健全制度和机制，以制度和机制保障教师专业发展和教学质量的提高。

第二部分是调研报告。从教研组教师的人员结构和基本素养的调查发现问题，分析和拟解决师资队伍力量不强、中老年教师缺乏专业发展动力以及教研组长、备课组长轮换频繁、教研组对教师专业发展作用不大等问题。

教师平时大多忙于课务工作和教学工作，对教学过程思考不多，集体研讨更少，难以形成良好的教学研讨氛围。在实际工作中，教研组和备课组更是缺少实际具体的工作目标，缺少解决具体问题的意识，往往依靠教师个人在教学过程中对工作的感受进行浅层次的思考，并采取相应的解决问题的方法，而这些方法常常不能行之有效，往往头痛治头，脚痛治脚，缺少联系的、系统和整体的思考，呈现的是碎片化现象，使得学生的学习缺少完整性而不牢固。

譬如讲析阅读理解时，教师注重的是答案从哪里来的细节分析和相关技巧，而对文章的体裁、结构和特点等规律性的东西缺少讲解和分析，以致影响学生对整个文章的概要和中心思想的把握。阅读文章有两种方式，一种是从整体到部分，一种是从部分到整体。缺少了对整体的概括和理解，阅读肯定要出问题。这就告诉我们教学管理工作要抓什么，要牢牢围绕课堂教学展开教研活动和备课活动，要以课堂教学中的问题为对象，进行分析、研究和指导，解决教师在教学工作中最实际的问题，缩短教学管理与教学工作最后一米的距离。

听课评课长期流于形式，缺少深入探究，就难以聚焦相关问题进行研讨，往往也难以解决实际问题。为此，我们需要改进听课评课的方式，采取专题听课，课堂环节观察，聚焦观察某一个问题，集体研讨，以此有侧重地解决一些关键问题。开设研讨课，集体备课—主持人报告—授课教师上课、说课—其他教师听课、评课，诊断课堂教学—促进教师二次反思，提高课堂教学质量。

第三部分是教研活动。目前的教研活动、备课组活动、听课评课活动、研讨都不是很充分，甚至仅仅是走个过场，没有起到相互促进和提高的作用。这很大程度上，是思想认识不足。学校在制订教学工作计划，进行管理活动和教研活动时，任务与目标仅仅指向工作进程和教学成绩，而对教学过程缺少指导与研究的过程，这就大大影响了教学的效果。

教研活动和备课活动要实际，定主题、定内容、定目标、定人员、定时间、定地点，有过程、有结果、有记录，不形式主义。为此，编写专业阅读专辑，供教师选择参考；开展有效教学交流活动和课题研究活动，并将活动汇编成册，供教师学习借鉴。建议教研组建设做好四个方面工作：一是要加强教研组长和备课组长的引领作用；二是要加快年轻骨干教师的成长速度；三是要形成一种激励制度，增强教师专业发展的动力；四是要扎实做好教研组日常工作，加强合作学习，一步一个脚印，切实把每一项工作都认真做好。

第四部分是学期总结。通过教师对自身工作的反思和总结，寻找教师工作的亮点。他们有的注重教学方法，以学定教，因材施教，努力上好每一堂课；他们有的认真钻研教材，做好课前准备，把握好每一个关键问题，理清每一个细节，使学生在课堂上豁然开朗；他们有的经常牺牲课余休息时间，辅导学生，努力做到不让一个学生掉队；他们有的虚心好学，向同行和老教师请教，不忘初心，砥砺前行，在工作中取得了显著的成效……

  第五部分是教案。大多教案都能按照教材要求确定教与学的目标，设定学科教学素养的具体任务和要求；设定重点和难点；采用 PPT 课件、相关视频、信息技术手段以及补充材料等。教学过程基本完整，有个别教师还有课后反思和改进对策。建议一是要全盘考虑，整体思维。分析所教内容在本册与本单元中的重要地位，与主题相关话题，确定本课时的中心任务。二是要重视效果和课后反思。针对设定的目标，与课堂教学的结果进行对比，进行深入思考，总结经验，采取有效措施，改进教学工作。

  第六部分是试卷分析。大家都很重视语言知识的讲解，大多都能正确分析和讲解；重视综合运用能力的培养，在语境中解析和破解，联系地看待和解决问题；重视听力的练习与讲解，重视提高听力的基本方法，循序渐进，熟能生巧；重视阅读理解的分析和讲解，从文体结构到体裁特点以及相关技巧。总体而言，教师的试卷分析基本到位。建议试卷分析要先做整个试卷的概要分析，易难程度、考题范围等，对学生做题情况做整体上的分析；然后，再对各个部分的题目进行具体分析。从整体到部分，全面分析学生在各个类型题目上出现了哪些问题，主要原因是什么，需要如何解决。

  总体而言，英语组的建设须进一步做好两方面工作，即队伍建设和学科建设。队伍建设要做到四点：一是要建立教研组长和备课组长准入制度，加强专业队伍引领；二是要加快青年教师队伍建设，发挥他们生力军的作用；三是要加强中年教师骨干队伍建设，发挥他们中流砥柱的作用；四是要重视老教师的影响力，发挥他们的榜样作用。

  学科建设要做到三点：一是要进一步加强实证研究，解决学科教学关键问题；二是要进一步研讨和把握核心素养与学科素养在新时代立德树人中的重大意义；三是要加强教学与教研的一体化建设，教研组活动、备课组活动制度化、规范化、常态化，发挥教研促进教学的重要作用。

  3. 调研工作思考建议

  （1）坚定"进步就是成功"理念，做切合适用之教学

  "进步就是成功"，是针对长期以来学校招生入学分数低、学生学习能力和学习习惯比较差的情况而提出的。为此，我们对今天的学生要采取多层级、多样化教学的方法，从简单基本知识和技能着手，激发学生学习动能，循序

渐进，筑牢基础，逐级提高，步步深入，提高学生的学习能力。

在教学实践中，我们要力求做到三点：一是重视基础，适当降低要求，循序渐进。譬如，针对每个单元词汇比较多的情况，采取先教音标、英汉互译的方法，减轻学生的学习压力。二是检测重视学生学会了什么，保障考查成绩的合格率。譬如，在平时检测中，重视基础知识和运用技能的测试，以考查学生学会内容为主。三是对学生采取积极评价的方式，与自身对比找到自己进步的起点，与他人比较找到自己的不足，与整体比较找到自己的定位，以此增强学习自信心，为学生持续学习打好心理基础。

（2）以备课组为单位，构建校本教研团队

备课组是教学研究的最基本单位，同教材、同进度、同计划，为教学研究创造了最有利条件，建立合作型研讨小组，通过个人反思、专业引领、同伴互助，开展切合教师教学实际的学习、研讨和实践活动，实现共同发展的双赢目标。

第一，个人反思，提供课堂教学中的真实问题。在同一备课组内，教师的教学内容与进度基本一致，在课堂教学中教师发现或遇到教学问题时可共同研讨。为此，教师们在教学中对一些问题进行反思和研究，对有疑问或有重要价值的地方，可以记录下来，也可以写成案例、论文等，提供备课组集体研讨。

第二，同伴互助，建立教师教学研究的共同体。教师的教学不是纯粹的个体活动，它不仅显示个人的教学效果，也反映了备课组集体备课的成果。从目前的情况而言，以备课组为单位进行考核的学科建设已经相当普遍，同一年级学科绩效考核的成绩关系到每一个成员，因此，备课组共同体建设尤为重要。一是要备课组成员每周提供相关研讨问题，二是要备课组成员每周组织研讨，三是要备课组研讨活动有规范详细的记录。通过集体研讨，取长补短，共同进步，建立和谐发展共同体。

第三，专业引领，加快教师团队建设的步伐。备课组长是一组的领导者，起着最重要的作用。备课组活动的策划组织都由备课组长执行，为此，不仅需要成为学科专业的带头人，而且还要成为共同体建设组织者。具体而言，备课组活动要有详细的计划，即有目标、有目的、有主题、有内容、有研讨、有效果、有记录。譬如组长每周要求成员发现一个教师教学中的问题、一个学生学习中的问题、一个教材使用中的问题，然后进行梳理，形成备课组研讨的中心问题，避免研讨活动时无话可说的现象。

（3）坚持以课堂教学为研究对象，构建问题中心模式

课堂教学是实施教学工作的场所，在课堂教学中既能发现学生学习的问

题,又能发现自身教学的问题,通过自身反思和同伴互助,进行分析研讨,取长补短,解决问题,提高专业水平。

一是发现问题。教师在课堂教学中要善于发现问题,积极主动地将课堂教学中某个片段、案例或整个过程记录下来。

二是确定问题。针对呈现的"问题",进行分析探讨,譬如,学生为什么抓不住故事的中心思想?教师对此做了怎样的讲解?学生对此的理解如何?教师讲解中是否有不当之处?然后,确定自己要着手解决的问题。

三是学习借鉴。通过自我反思,查找资料学习,与同伴交流,把解决的方法记录下来,以便在接下来的课堂教学中解决问题。

四是实践尝试。将自己学习和交流得来的教学方法,重新设计解决问题的方案,在课堂教学中进行二次实践,根据学生的学习进展,调整、改进和完善。

五是成果分享。相关问题解决后,可以将自己研究过程写成案例,进行整理,上升到一定的理论高度,也可以写成论文或个案研究等,提供给同行学习借鉴。

(4)倡导以课例研究为抓手,搭建专业发展平台

课例研究实际上是一种研讨课,并非公开课或示范课。课例研究可以是对一节课的教学研究,也可以是对一节课中某一环节或某一片段的教学研究。课例研究原则上是一种集体研究,有四个步骤:一是要确定一个主题,决定由谁上课;二是上课教师进行教学设计,小组成员共同讨论,改进原有教学设计方案;三是开课教师上课,成员集体听课,对课堂教学中的优缺点进行记录;四是课后进行研讨,开课教师再次论述教学设计的意图以及在实施过程中的感受和体验,对不足之处请求其他成员进行指导和改进,同组成员听课后对课堂教学提出中肯的意见,帮助开课教师共同提高教学水平。

课例研究对于教师来说最为直接、有效。教师可以不重视诸如需要广义的教育研究,但是,绝对不能不重视课堂教学的研究。离开了课堂教学的研究,教师也就失去了站稳和站好讲台的水准,因此,以课例研究为抓手,学校还必须对各备课组的课例研究加以引领、激励和搭建平台。

第一,引领。一是示范,备课组长需要走在组员的前列,主动承担课例研究的首要责任,以自己的课堂教学为例,进行批评与自我批评,引领组员积极参与,带领组员做好课例研究工作。二是制度,即课例研究要成为制度,每学期每个组员至少做好一次课例研究工作,可以是阅读课、试卷分析课、作文课等。三是汇编成册,将各组员的课例研究装订成册,供大家学习借鉴。

第二,激励。为更好地推进课例研究工作,每学期开展各学科课例研究

评比工作，设立一、二、三等奖，设立用于奖励的教学科研基金。对于获奖的教师，学校在评先、评优、年度考核和职称评审中予以加分。对于在评比中获奖比例高的备课组，分别设立一、二、三等奖，并予以集体表彰和集体奖励。将获得一等奖的作品汇编成册，发给全校教师学习和借鉴，以推广他们的研究成果。

第三，搭建平台。对于获得一等奖作品的教师，学校聘请专家给予他们指导，参加省市级征文活动，对于获得省市级奖项的作品，公布在校园网上，邀请他们在全校大会上进行交流学习，并优先推荐送审区、市学科带头人，为他们专业发展搭建平台。相关经验和成果，可以尝试在学校内学习和推广，以促进教学研究，提高课堂教学的效率。

毫无疑问，教研组建设在学校学科教学中发挥出越来越重要的作用，通过学生为本与课堂教学，通过专业引领和课例研究，通过搭建平台和经验推广，教研组对学校学科建设和教师专业发展起到重要的推动作用。

# 四、课题篇：教研结合，自主发展，彰显科研兴校新成果

教科研是学校教育发展的原动力。可以说，没有教科研，学校的教育就难以得到有效的发展，教科研工作是学校高质量发展的根本保证。2010年以来，学校确立了以品格教育为主题的长期目标，以课题研究为抓手，加强教育、教学、教研的一体化建设，成功申报了教育部规划课题"普通高中空乘特色学校的实践研究"、江苏省教育规划重点资助课题"中学品格教育的实践与探索"等国家、省市级课题，并顺利通过了结题，印证了"教育科研是学校教育发展生产力"的论述，推动了学校教育的快速发展，4位教师被评为"市学科带头人"，16位教师被评为"区学科带头人"，众多教师在国家、省、市级比赛中频频获奖；学校年年获得"苏州市基础教育科学提高教学效果进步奖"，先后多次被评为"苏州市文明单位"和"江苏省文明单位"。

## 全国教育科学"十一五"教育规划立项课题
## "普通高中空乘特色教育的实践研究"
## 结题报告

本课题主持人为张剑华，课题编号为GHB093188。2011年10月立项并开题，2015年4月结题。结题报告由张志峰执笔完成。课题组核心成员有张志峰、蔡力行、马忆兰、邓志敏等。

一、简介部分

苏州市第四中学是所百年老校，创建于1902年，前身系美国圣公会开办的上海圣约翰大学附属中学——桃坞中学，曾经培养了钱钟书、张青莲、刘元方等一大批杰出人物。

世纪之交，为了改变学校发展滞缓的现状，落实和深化学校"培养学生高尚纯正之品格，切实适用之学诣"的办学宗旨，学校于2004年7月与中国

民航大学合作，在全国普高中开办了首个空乘基地班。

经过10年的教育实践和探索，学校形成了一支专业水平较高的队伍。现有特色专业课程教师10多名，中高级教师占62%，在全国各级各类学校评比中，获得了100多项优秀成果。

学校形成了校本课程的教育体系，开设形体课、游泳课、舞蹈课以及文明礼仪课等30多门课程，编著有10多本校本课程教材；学校还深入社会，积极参加国际、国家各级各类大型活动的礼仪工作，为苏州教育树立了良好的形象；学校经苏州市教育局授权还建立了"苏州市青少年文明礼仪中心"，负责对兄弟学校的文明礼仪指导和示范工作，推动了我市文明城市的建设工作。

10年来，学校的办学成绩连年上升，空乘学生高考录取率达到97%，学校连续三年获得"苏州市教育发展创新成果奖"，在全国几个各类杂志和中国教育报上发表了数百篇文章，得到了社会各界和学生家长的广泛支持和拥戴。

与此同时，学校还倡导和建立了全国空乘特色教育联盟，定期召开研讨会，不但确立了在同类学校的领先水平和中心地位，而且对推动了兄弟学校的特色教育发展产生了深远的影响。

## 二、主体部分

（一）研究问题

1. 概念的界定

特色学校顾名思义就是指有特色的学校。它是指在先进的教育思想的指导下，从本校的实际出发，经过长期的办学实践，形成了独特的、稳定的、优质的办学风格与优秀办学成果的学校。

空乘特色是指将空乘特色课程教育与普通高中课程教育有机结合，以增强学生综合素质，为高校空乘专业输送优质生源，为国家航空事业输送优秀空乘人才作为培养目标，最终使学校教育能凸现空乘特色品牌教育的特色。

2. 研究目标与内容

（1）研究目标

总目标：增强学生综合素质，为高校空乘专业输送优质生源，为国家航空事业输送优秀人才；做精做优空乘班，打造学校空乘特色品牌。

具体目标：高中第一年，使学生尽快地适应高中学习，树立空乘意识，培养特长爱好；第二年，使学生掌握高中课程，增强空乘意识，特长初见成效；第三年，使学生有较好的学习成绩，较强的个人素质，较高的面试通过率和高校空乘专业录取率。

(2) 研究内容

① 空乘教育发展的理性框架研究

学校秉承"进步就是成功"的教育理念、遵循"纯洁高尚之品格,切实适用之学诣"的办学宗旨,走"适合自己的才是最好的"特色之路。从学校的实际出发,以空乘特色为龙头,做精做优做强空乘班,着力打造空乘教育品牌,带动学校的全面发展,通过空乘班学生综合素质的培养,营造良好的育人环境,促进学生全面发展和个性化发展,从而推进素质教育,满足社会的多样化需求。通过课题的实践研究,形成学校特色教育发展的理念,引领空乘特色学校的形成。

② 空乘教育管理制度研究

对空乘班学生教育教学进行精细化管理。从三处入手,一是加强德育管理,全面提高空乘班学生的思想素质。具体工作:创设整洁的空乘特色环境,营造浓郁的空乘文化氛围;组织高一学生军训,强化组织纪律、集体团队观念和行为规范教育;塑造良好的空乘班学生形象;培养学生的自主管理能力;完善组织管理;建立空乘班毕业生联谊会。二是加强教学管理,全面提高空乘班学生的文化素质。三是加强素质培养,全面提高空乘班学生的综合素质。具体工作:科学安排特长课程;有效组织社会实践活动;严格组织学期学生综合素质考查。

③ 空乘特色教育师资队伍建设研究

创建特色学校无疑要有一支素质优良、个性特色鲜明的骨干教师队伍。通过组织教师进行团队学习,学习相关的理论和先进的教学实践经验,组织教学研讨,发动教师撰写课题论文、校本教材,争当空乘特色教育的实践者和探索者,努力成为学校特色资源的开发者。积极与教育专家建立长期合作关系,采用走出去请进来等多种形式,强化专家引领下的校本特色培训,学习先进的教育教学理念,给学生以特色课程的滋养。

④ 素质教育背景下学生综合素质培养研究

实施"素质培养文化关怀"的教育策略,突出素质教育背景下学生综合素质培养,主要有四个方面,思想素质:突出优良品行、爱心服务、团队精神等的培养;心理素质:突出积极健康向上的个性心理等的培养;能力素质:突出学习能力、英语能力、生存能力、交际能力、才艺能力等的培养;身体素质:突出健康、形体、视力等的培养。

同时依托课题,对空乘班学生的综合素质进行培养,形成空乘特色文化,丰富学校的文化内涵,并辐射到四中的每一个人,带动全校学生全面发展。

⑤ 空乘特色课程开发研究

营造特色环境课程。要充分认识到组成学校的环境文化、自然人文等诸要素和谐共生是学校原生态激活新生态催生的关键所在。因此在建设有文化有品位的校园时特别注重德育的物化和德化，将学校的德育要求、校园文化物化为学校的文化景观，使之潜移默化，又以景观为载体德化为鲜明的教育要义，使学校自然人文、教育要素达成和谐。做到空乘特色"环境化"，营造良好的物化环境，及时做好公共场所的空乘文化环境布置，充分体现空乘特色，突出环境育人。空乘班要搞好教室的文化布置，尽量体现班级个性和空乘特点。

开发特色课程。空乘班学生除了进行正常普高课程教育以外，学校还为其量身定做了属于空乘风格的特色课程。主要是三大板块，文化课程（开设国家规定的普通高中所有科目（高考选考科目侧重文科类）；特长课程（艺术特长、英语交际口语、双语、形体训练、游泳、文明礼仪与化妆、航空专业知识讲座等）；实践课程（社会公益活动、航空基地实践等）。

开发校本教材的形体礼仪课程，对于学生保持良好的形体，养成良好的文明礼仪习惯，塑造高雅的气质具有良好的作用；每学期开设游泳课程，游泳为民航学生的一项必备技能，空乘班学生力争人人会游泳；开设的艺术特长课程的学习，如手工制作、文学艺术表演、艺术体操等，使学生不仅"会唱、会跳、会写"，同时也增强了综合能力，促进了精神的成长；还聘请外教进行"面对面"口语教学；邀请高校知名专家到校进行专业航空知识讲座等。有效地组织学生参加各种社会实践活动，安排学生观看空乘专题片，拓展社会视野，提高活动能力，增强集体团队观念和空乘意识，展示综合素质。例如，参加校外的社会公益实践活动和航空基地实践活动。学校组织的空乘艺术活动，例如，年度的微笑大使评选，最佳引导员评选和市级艺术类节目比赛等。

3. 研究价值

社会价值：目前空乘行业乃是热门紧缺行业，我校对于学生进行空乘特色教育，主要是为了满足民航事业蓬勃发展的需要，为国家输送优质空乘人才；同时也是为了应对当前经济危机导致的就业难。我校为了满足学生的长远就业需求，搭建空乘特色项目教育平台。

学校发展价值：学校立足实际，以空乘特色教育为突破口，对学校实行整体优化，在现有的生源基础上培养出高质量有特长的学生，提高教育教学质量，提高学校竞争力，在特色形成和品牌的培育过程中，使学校普通高中的发展上升到新的更高的水平。

人的培养价值：培养学生综合素质，让学生具有可持续发展的潜能，这是普通高中实施素质教育的重要内容。我校对空乘班学生实行综合素质教育，既注重知识的获得，又注重能力的培养，以培养学生高尚的情操、强大的心理素质、强健的体魄、优秀的服务能力，这一培养为学生的个性化发展提供适合的教育途径，既满足了经济社会对于特殊人才的需求，又实现了人的可持续发展。

4. 研究假设

我校空乘特色教育在全国普高类学校属于首创，开启了学校特色教育的又一新渠道。学校通过与高校合作，经过多年的实践与总结，可以为学生开辟一条适合自我发展的道路，既能满足学生自身的要求，又能满足社会的需求。学校注重文明礼仪教育，并建立苏州文明礼仪中心，对中小学推行文明礼仪教育具有重要的作用；学校注重空乘课程与普高课程相结合的教学思路，可以为校本课程的设置和教材的编制和实施提高新的方式；校本课程的研究和教学与教材的研究，可以提高师资队伍的建设，建立一支思想素质较好、业务水平较高和爱岗敬业的师资队伍；学校积极参加社会活动，为各级各类大型活动做好服务工作，可以树立学校教育的良好形象。学校的一系列特色教育实践可以为兄弟学校的特色教育提供宝贵的经验和丰富的材料，促进其他各校特色教育的发展。

（二）研究程序

1. 研究方法

（1）文献法

根据课题的需要，查阅了大量关于创建特色学校和空乘特色建设方面的资料。

（2）实践活动法

研究者组织研究对象通过实践活动，培养空乘意识。

（3）教育实验法

A 课程方案：文化课程（开设国家规定的普通高中所有科目，侧重文科类）；特长课程（艺术特长、英语交际口语、双语、形体训练、游泳、文明礼仪与化妆、航空专业知识讲座等）；实践课程（社会公益活动、航空基地实践等）。

B 综合素质考察方案：思想素质（不记名的问卷调查）；心理素质（心理学专业软件测试）；能力素质（每学期文化课考核、普通话测试、英语口语测试、特长展示）；身体素质（身高体重测试、身体围度测试、站姿展示、走姿展示、形体展示）。

（4）分析测试法

每学期末对研究对象进行综合素质考察，针对研究对象在特定的阶段取得的成绩进行量化分析。

（5）问卷调查法

针对学生的素养进行前测、过程测试和后测。

（6）案例分析法

对学生的发展进行案例的分析、比较、总结和提高。

2. 研究对象

全体普高空乘班在校生，年龄在16周岁至18周岁。

3. 研究思路

本研究从空乘教育的社会需求进行调查分析、从学生以及家庭对空乘行业的了解和愿望调查分析、从学校现有的办学状况和发展前景进行分析决策、从国家现有的政策研究分析空乘教育的趋势，然后得出结论，普通高中开办空乘基地班是一项有发展前景的重要改革。

从学校内部建设而言，需要设置空乘教育的课程、培养目标和招生人数，需要建立一支合格的师资队伍，需要有一整套空乘管理的制度，需要通过教育实践和社会实践探索普高与空乘两条腿走的路径。空乘教育在普通高中实施是一种办学探索的选择，是满足社会需求和学生需求的理性选择，可以通过摸索达到预期的目标。

4. 研究步骤

准备阶段2009年9月—2009年12月：制定课题研究方案，成立研究组，收集有关材料，明确研究内容；

实施阶段2010年1月—2013年12月：开展实验，完成子课题的研究工作，撰写比较成熟的论文，并编写校本课程；

总结阶段2014年1月—2014年7月：完成课题报告，上报研究成果，将论文汇编成册。

三、结论与对策

（一）结论

第一，学校空乘特色教育实践先于现有的国家教育中长期规划，具有前瞻性，而且在实践中取得了丰硕的成果，改变了学校发展滞缓的局面，说明高中多样化办学确实是普通高中办学的有效途径。

第二，学校空乘特色教育白手起家，从无到有，从困难中崛起，说明了普通高中学校的教师蕴藏了巨大潜力。只要充分发挥广大教师的积极性，学校不仅在已有的基础上能取得成绩，而且在前所未有的事业上也能创造辉煌，教师是学校发展的第一生产力。

第三，领导必须高瞻远瞩，全面审视学校发展现状与未来，掌握学校发展的第二曲线，审时度势，及时抓住发展的机遇，把握学校未来发展的方向，运筹帷幄，谋划和实施有效的工作。可以说，领导是学校发展的核心力量，没有这样的力量，学校是难以有发展前景的。

第四，课程设置和开发是空乘特色教育实施的重要保障，针对学生的实际和已有的师资采取课程设置的双轨制和课程开发有序推进和扩大，不是故步自封，也不是因循守旧，因此，在借鉴他校的经验时，绝对不能全盘照搬，而是要有选择地扬弃。

第五，空乘特色教育在与高校的合作中一定要走自己的路，不能依照大学的办学方式或大学的研究模式进行运作和实践，我们看到自身与大学的合作研究不足，但是，我们至少保留了我们熟悉的、需要的、适应的教育理念、教育思想和教育模式。只有教师全方位地参与和投入，学校才足以找到自己发展的真正道路。

第六，教育不仅有其基本功能，而且也有其社会功能，而发挥社会功能是学校教育的终极目标。空乘特色教育不仅是为了让学生完成学业任务，也是为了让其参与社会实践工作，发挥教育的社会功能。学校教育要走向社会，与社会活动相结合，这已经成了当前学校的重大任务。

第七，学校教育的首要目的是树立学生良好的品德，让学生学会认知，学会做事，学会合作，学会生存，而课程的教学与之是完全一致的。我们把品格教育与学科素养结合起来，不仅提高了学生的学业水平，也提高了学生的道德水平，实现了我校的办学宗旨——"培养学生切实适用之学诣，高尚纯正之品格"。

第八，制度是保障，机制是根本。我们建立了以广大教师为基本力量的管理机制，发挥教师的主体地位；集思广益，发挥集体的智慧，建立公正、公平、公开的考核评价制度，有效地保障了空乘特色教育的有效实施，取得了教育实践和教育研究的可喜成绩。

（二）问题

本课题为实践性研究，由于在普通高中内开办空乘特色教育还属于初始阶段，即使在大学（天津民航大学，1999年）最早开办空乘专业至今也只有15年的历史，而在普通高中（苏州四中，2004）也才10年的历史。因此，在普通高中更加缺少成功的先例和样本，实践和研究存在诸多困难和不足。

第一，空乘特色教育的成功案例研究不足，仅仅以我们学校的办学经验作为研究的基本材料，缺少比较，所推广的经验也存在地方性特征，因此，研究具有局限性。

第二，空乘特色教育是新生事物，缺少系统的理论指导，所有的实践都是在摸索中进行的，所有的研究也只体现于学生素养和高考成绩以及相应的社会影响力之上，而缺少支撑性的理论基础，研究也没有形成有效的理论。

第三，空乘特色教育是建立在与高校合作基础之上的，它的办学目的还难以脱离升学与就业的功利性目标，虽然学校在教育实践的过程中实施了大量品格教育以提高学生的素养，但是，学生家长的初始目的无疑没有得到根本转变，而对此方面，课题的深入研究还显不足。

第四，空乘特色教育与高校仅仅存在于合作的机制，而合作的研究在课题研究中几乎没有体现，如何利用高校的优势资源弥补现有学校研究的不足确实也是一个值得注意的问题。

第五，空乘特色教育的实践与研究在本地产生了重大的影响，文明礼仪教育推广到其他学校，但是，这些指导和实践在课题研究中所展示的材料不够充分。

第六，空乘特色教育建立了以我校为中心的联盟，这个联盟还显得比较松散，相互的交流、学习和借鉴，还主要停留在办学的形式上，对于课程的分析和研究、地域差异和学生培养以及课程设置和师资培训还存在不少的研究空白。

（三）对策

第一，与兄弟学校加强交流，相互提供成功或失败的教学案例，以取长补短，并通过有效的数据分析和现场考察，提取第一手资料，做进一步的调查研究，以共同提高研究的水平和办学的质量。

第二，与高校加强合作性的研究，聘请高校的专家直接指导我们的课题研究，以提高课题研究的针对性和研究质量。

第三，与同盟学校建立更加紧密的制度化关系，通过严密的制度将合作交流和共同提高作为我们联盟的基本保障。

第四，把文明礼仪教育推广到更大的地区，不仅去示范和指导，而且还要帮助他们在日常生活中进行观察、统计、分析和研究，以形成真实有效的成果。

第五，进一步深入研究空乘学生的素养与教师的关系、与地域文化背景、与家庭以及社会的关系，以对空乘特色教育的研究更加完整、更加全面、更加有效和更加有影响力。

# 中国教育学会"十三五"教育科研规划立项课题
# "高中英语学科品格教育的实践与探索"
# 结题报告

本课题主持人为张志峰，课题编号1610060074B。2016年10月立项并开题，2021年3月结题。结题报告由张志峰执笔完成。

## 一、课题研究的由来

学校前身系1902年美国圣公会创立的桃坞私立中学，学校以"培养学生高尚纯正之品格，切实适用之学诣"为办学宗旨，与美国当时的品格教育有着渊源，而且又与我国当前学生发展核心素养密切联系。因此，本研究试图围绕"学校""英语学科品格教育""实践与探索"三个核心概念解决以下三个问题：

第一，学校品格教育的渊源在哪里？查阅学校历史，对美国百年品格教育的历史做文献资料的搜索和综述，重新认识、理解品格教育的现代价值和意义，有利于重新界定我们学校当前的品格教育。

第二，品格教育与英语学科的相关性在哪里？对英语学科教育进行了重新认定，确定品格教育是英语学科教育工作的必然选择；立德树人是英语学科教育的重心，而品格教育侧重的是人的全面发展，两者相结合加强了学生核心素养的发展。因而，探索在英语学科中如何实现教书育人的使命，通过人文历史，传播传统文化，根植中国文化，开阔视野，加强学习，促进与世界文化的交流，有利于培养学生的社会责任感，是英语学科教育的重中之重。

第三，品格教育实施的领域在哪里？品格教育的范围远大于德育教育，它存在于我们日常的生活、工作和学习之中。因此，品格教育必须在各个学科中的课堂教学实施，与学科素养相结合，与学生发展核心素养相结合。为此，在学科中进行大量的实践与探索，可以形成一些教学经验、教学方法、教学策略和教学模式，推动课堂教学的改革和发展。

## 二、课题的界定与假设

课题研究在于改变现有课堂二维目标的状况，改变形式上的三维目标并重的现状，确立以育人为主要目标课堂教学主题，挖掘英语课堂教学中的育人功能，探索如何在教师的教与学生的学中开展育人与教学的活动，即如何在英语课堂教学中既立德树人，又发展学生语言的学习素养和运用能力，培养全面发展的学生，为社会培养有用的人才。

英语学科品格教育是指通过英语课堂教学促进学生对英语国家文化的理

解和对中华优秀文化的认同，培养学生全球化背景下的知识素质、人文修养和行为取向，同时，学生能获得文化知识，理解文化内涵，比较文化异同，吸收文化精华，树立正确的价值观念和道德情感，形成优良的品格，具备跨文化沟通和传播中华优秀文化的能力。

就英语学科教育层面而言：

一是通过课题研究，教师认识到教学中渗透品格教育的重要性，在教学中渗透德育、美育。在教学中教师必须遵循知识教育和培养学生品格相统一的规律，在传授知识的同时注意挖掘教材的思想性、文化性、教育性和社会性等教育因素，做到既教书又育人。

二是将教师的现代课堂教学改革的意识和现代课堂教学的操作有机结合，将日常工作与科研工作相结合，试图在研究、实践过程中逐步形成有价值、有实效、操作性强的工作模式。

三是通过一系列课堂教学实践和研究，培养学生的品格，使品格教育与学科素养紧密联系在一起，注重学生的情感、态度和价值观的教育，增强学生的社会责任感，使学生形成良好的品格。

### 三、研究目标

以提高学生语言能力、思维能力和学习能力为基础，通过丰富多彩教学内容，注重学生的文化意识、文化差异和文化理解等文化内涵的熏陶，培养学生的关键能力和必备品格。

通过大样本的学生调查，寻求解决问题的切入点，将学科教育与品格教育相融合；加强课堂教学环节中渗透品格教育的。通过课堂教学实践，激发学生学习动机，消除学生课堂焦虑，加强合作学习，形成良好的学习氛围，学会反思，学会学习，养成良好的学习品质；同时，通过教材内容和名著阅读，提高学生文化意识，对文化差异和多元文化具有学习能力、理解能力和包容肚量，形成较好的国际公民意识和素质。

### 四、课题保障

本课题的参与者都为我校科研的先进人物，其中大多参加过国家级、省级和市级课题的写作。课题主持人是国家级课题"普通高中空乘特色教育实践研究"的核心成员，主持和完成了省级课题和市级课题各一项；课题组成员大多都具有研究生学历，都有比较丰厚的科研成果。

教师A，中学高级教师，硕士学位，苏州市教育科研先进个人、苏州市学科带头人。先后在国家级、省级报纸杂志上发表了100多篇文章，计30多万字；其中人大复印全文转载7篇、索引29篇，中国教育报20篇，中文核心期刊16篇（其中CSSCI4篇）。

教师B，中学高级教师，硕士学位，省级课题主持人。苏州市区学科带头人，在国家、省市级刊物上发表近20篇文章。

教师C，市级课题主持人，在国家、省市级刊物上发表10多篇文章。

本课题立足于苏州地区，并以研究者的工作场所为主要基地，研究对象主要为学校在校学生。苏州教育处于全省领先地位，笔者所在学校以及调研学校皆为省重点中学，它们具备研究所需要的人力和信息资源与设备条件以及优厚的资金保证。因此，我们坚信，我们一定能圆满地完成本课题。

**五、研究方法**

1. 科研方法选定与应用范畴

（1）科研方法

文献研究法。主要运用于理论部分的研究和对学生发展核心素养的文本分析。

实证研究的方法。调查、观察、测量、访谈等，主要了解当前学生的校园生活和价值观的状况，了解社会对学生价值观的期望。

质的研究方法。在分析学生典型的校园生活方式时，结合调查法，将运用质的研究方法，叙写典型的生活方式。

个案分析法。收集典型案例进行分析研究，从中挖掘和提炼科学有效实施举措，及时予以推广。

（2）应用范畴

适用于本校高中学科英语教育，并涉及相关普通高中的调查研究，作为对比参考，既具有个性的一面，又具有共性的一面，对同类学校普通高中的英语教育有借鉴作用。同时，对学校开展德育工作也有促进的作用。

2. 课题研究路径

本研究从学生实际出发，对高中英语学科品格教育现状进行问卷调查和必要的访谈，从中发现问题，继而通过教材分析、课程研究和课堂教学问题以及学生学习情感分析和研究，进行深层次剖析，并且联系品格教育的历史使命与文化传承以及英语国家多元文化意识的培养，来展示和创设英语学科品格教育的课堂教学研究，使理论研究与实践相结合，形成一系列具有指导性的教学方式、教学方法和教学模式，从而丰富和创新我们当前的课堂教学。

3. 研究内容

具体分为理论研究和实践研究两部分。第一部分理论研究，厘清核心素养与高中英语课程标准的关系，明晰英语学科学生必备品格与关键能力的由来，构建品格教育与学科教学相融合的课堂教学模式。

第二部分实践研究，包括学生英语学科品格教育现状调查研究、学生英语课堂学习情感因素的调查研究、英语教材内容及其特点研究，以及英语学科品格教育模式的实践研究。

例如，对《牛津高中英语》教材使用的研读、对《牛津高中英语》教材内容的分析、对《牛津高中英语》教材教学方法的探讨、跨学科教学整合的新尝试、教研组进行研讨课研究、开展丰富多彩的课外活动。

4. 使用的科研技术手段

（1）量性研究

根据一定的研究假设，设计并运用标准的统一问卷，采用标准的调查过程（设计问卷、前测、调整后的正式测试等），获得大量的信息和资料，对学生学习行为描述进行归类并转变为可测量的变量，运用统计分析技术，揭示变量之间真实关系和本质属性，以得到验证和实现假设的目的，用数字精确计算和表达的，具有一定规律性的情境。

（2）质性研究

通过谋划、计划、观察和记录，在课堂教学情境下采用对学生的表现行为加以收集，通过与学生访谈获得完整、全面而真实的信息，对反映出的现象进行整体性研究，进行归纳法、分析，形成结论，通过与学生互动对其行为进行叙事分析和意义建构，获得解释性理解，需深挖现象背后原因的情境。

（3）三角互证

运用学生的"体验"大样本的"问卷""关键人物访谈"以及"关键事件"的个案剖析、"参与性观察"等人种学"三角互证"的方式，来证明本研究资料来源的真实性和研究方法的逻辑构成；由此表现教学、学习和课堂管理中存在的问题。

## 六、研究步骤

第一步，2016年6月—2016年10月，通过网上检索等手段，对与本课题有关的相关文献作文献综述，概括出现有相关研究的长处与不足，从而确定本课题的主攻方向。

第二步，2016年10月—2016年12月，草拟出课题研究的大体框架，明确研究的主要内容，开题报告会。

第三步，2017年1月—2016年6月，开始理论探讨和问卷编制等的研究。

第四步，2017年7月—2018年10月，课堂教学实践，课程、教材、教法研究，相关实证研究等。

第五步，2018年12月—2019年11月，整理相关实证资料，进行理论总结，形成最终研究成果。

### 七、研究假设和研究创新

1. 研究假设

英语学科品格教育可以提高学生发展的核心素养，可以凸显育人为先的课堂教学模式，可以提高课堂教学的效率。

2. 研究创新

英语学科品格教育在目前尚无形成的公开研究成果，是一种当代课堂教学的挑战，对实施与完成长期以来的素质教育是一种新的尝试，而且由于它立足于学校本身的实际，其自身独特存在的新价值和新经验，无疑为我们的后来者重新打开了一扇大门。

### 八、质量标准测试

英语课程标准要求发展学生学科核心素养，即语言能力、思维品质、文化意识和学习能力。为此，制定和依照《高中生英语学科品格教育质量标准》对课堂教学实践进行调查研究，结果表明，学科品格教育效果明显，且学科素养与学业成绩成正比，即学科素养越好，则学习成绩高；数据统计与平日观察相一致，实验班学生明显要优于学科班学生，主要表现于学业成绩和四项指标的优良率。

### 九、研究结果

第一，就学生英语核心素养而言，学生的语言运用能力、思维能力、文化意识和学习能力都有了明显提高；学生的学习责任感增强，学习目的更加明确，学习过程更加认真，学习效果更加明显，自我评价更加明智，为培养学生发展成为社会主义建设的有用人才打好坚实的基础。

第二，教师处处以身作则，为人师表；专业发展和专业水平提高较快，先后有8名教师开设市级公开课，并得到好评。一名教师被评为苏州市大市学科带头人、一名教师被评为苏州市区学科带头人，还有多名教师获得了教坛新秀、德育先进工作者和市教育先进工作者。教研组还被评为学校先进教研组。

第三，教师科研成果颇丰，形成了调查报告集，如普通高中学生英语学科素养等十项调查研究报告；形成了课题论文选，如《基于学科品格教育中提升高中英语语言能力微探》等20多篇文章。多年来在全国核心期刊和省市期刊上发表了10多篇文章，出版《中学品格教育的实践与探索》《教师专业发展及其校本教学研究》的论著，获得获第五届江苏省教育科学优秀成果二等奖。

第四，形成了课题研究报告，在英语学科教学领域里开辟了一片新的领地。在英语课堂教学中实施品格教育完全可能，与课程标准的要求一致，符合教师专业标准的指标，是当前"立德树人"的根本任务。学生品格教育模式与课堂教学五环节在教学实践中起到显著作用，更好地发挥了教师在教学中的作用，学生在学习中的作用，做到教学相长，对推动素质教育意义重大。

### 十、不足之处和后续研究

第一，由于时间与精力有限，课题就学生必备品格与关键能力没有做相关性的深入研究和数据测试与评析，因此，这项有待今后进一步深入和研究。

第二，课题的研究与学校历史上的品格教育缺少应有的联系，虽然当时的背景以及社会制度不同，但是，依然有不少可借鉴的东西，有待今后进一步研究。

第三，课题无论在理论上还是实践上的研究和探索都是初步的、浅显的，都只是在自身学校内实践与研究的结果，其可行性和实效性还有待今后一段时期加以不断验证、改进和完善。

第四，课题研究的人员，无论在理论和实践上，都缺少学术研究的高水平，离学术研究还有距离，有待今后进一步加强教师的专业培训，提高教师研究的学术水平。

# 江苏省教育科学"十二五"规划重点资助课题"中学品格教育的实践与探索"结题报告

2011年4月，我们成功申报了省重点资助课题《中学品格教育的实践与探索》，课题编号为 B-a/2011/02/057。课题主持人为张剑华校长，兼任学术委员会主任；教师工作室负责人、学术委员会副主任张志峰具体负责课题研究和指导工作。经过五年实践研究，顺利完成工作。结题报告由张志峰执笔完成。

结题报告分为六个部分：一、课题尝试解决的主要问题；二、课题研究的目标与内容；三、课题研究的主要过程；四、课题研究的重要观点与结论；五、课题研究的价值与社会效应；六、课题研究的不足与反思。

### 一、课题拟要解决的主要问题

学校前身系1902年美国圣公会创立的桃坞私立中学，学校以"培养学生高尚纯正之品格，切实适用之学诣"为办学宗旨，与美国当时的品格教育有着渊源，而且又与我国当前学生发展核心素养的研究密切联系。因此，本研究试图围绕"学校""品格教育""实践与探索"三个核心概念解决以下三个问题：

第一，学校品格教育的渊源在哪里？我们查阅了学校历史，并对美国百年品格教育的历史做了文献资料的搜索和综述，重新认识、理解品格教育的价值和意义，重新界定我们学校当前的品格教育等。

第二，品格教育与德育的相关性在哪里？我们对德育教育进行了重新认定，并确定品格教育是德育工作的必然选择；德育教育是基于学生道德伦理的教育，而品格教育侧重的是人的全面发展，体现为对个人的总体印象和概括性的判断。因而，我们深入学校的德育工作实践与研究，进行有步骤的探索，即做规范的人、做有用的人以及做有责任的人，从制度育人到自律育人再到责任育人，从个人准则到班级公约再到社会公德，使学生走上一个又一个新的台阶。

第三，品格教育实施的领域在哪里？我们认为品格教育的范围远大于德育教育，它存在于我们日常的生活、工作和学习之中。因此，我们认为品格教育必须在各个学科中的课堂教学实施，与我们的学科素养相结合，与我们的学生发展核心素养相结合。为此，我们在各个学科中进行了大量的实践与探索，形成了一些教学经验、教学方法、教学策略和教学模式，推动了我们课堂教学的改革和校本课程的建设。与此同时，我们开展社会实践活动，参与社会公益活动，进行文明礼仪示范宣传活动等，在社会上起到了良好的效应。

**二、课题研究的目标与内容**

本课题的研究目标、研究内容、研究重点在课题的实践和研究中不断调整、改进和完善，以更适合学校工作的实际情况，尤其是在开题会、阶段性汇报、中期汇报中在省教科院彭主任、蔡主任以及市教科院朱院长的指导下进一步明确了目标的定位和研究的具体内容，譬如品格教育概念的界定、品格教育的研究内容和实践方式等。

1. 研究目标

通过品格的塑造过程，体现于我们的学生、我们的教职工，体现于我们的课堂教学和学校环境，也体现于我们丰富的文化底蕴，并由此产生学校的典型人物，形成学生的风范、教师员工的风范、领导的风范以及学校的风范，以引领我们的学校教育，实现学生教育的品行美。

了解国内外品格教育的现状，从中汲取精华、得到启示，继而联系我校的实际，拓展品格教育的外延，深化品格教育的内涵，以形成完整的学科素养。

注重品格人物的挖掘。从学校百年发展的历史中，深挖其中的突出人物，研究他们所取得的成果，包括科研成果、文学作品以及人物传记等，从而确立品格人物的风范,为培养全人的教育树立榜样,推动品格教育的全面展开。

注重品格人生的塑造,形成我们时代的品格人物,并从这些人物中树立典型,起到时代风范的作用。

2. 研究内容

杜威认为,道德教育可以使学生成为有一定道德的人,实现的途径是学生参加社会实践、教育的方法和教材的教学以及问题的解决。品格教育与道德教育有相似的地方,它也是要建立一种大家所遵循的方向和规则,因此,也可以通过以下途径来实施。

(1) 从现状中发现问题、分析问题和解决问题

目前的素质教育还难以到位,应试教育还依然盛行。通过对学生现状调查,发现问题、分析问题和解决问题,确立品格教育的核心要素。对照、分析和比较中美两国教育的异同,健全我们的思想品德教育,建立学生品格教育实践的原则、方法和标准等。

(2) 通过参与社会活动,培养社会责任感

参与社会公益活动,培养学生的社会责任感。学生将深入社会生活领域,针对现在的食品安全问题进行调查,提高学生的道德意识;展开人与动物的社会活动,促进人与动物的和谐共生;对我们周围的环境进行检测,提高学生保护地球的意识;等等。

(3) 以丰富教育方式培养学生品格素养

通过爱心教育工程、感恩教育、诚信教育、基础道德文明教育、心理健康教育、学生自主管理、青年党校、学生社团、社会实践、校园主题文化等实践活动来凸显各类品格教育过程的核心价值观,提高学生的品格素养。

(4) 以培养学科素养丰富品格教育的内涵

语文学科以阅读鉴赏培植人文素养,数学学科以求真务实培养科学理性,英语学科以文化差异培养国际公民素质,物理学科以科学实验培养意志品格,政治学科以公民意识培养社会责任感,化学学科以社会调查提高道德意识,生物学科以和谐共生培养生命素养,地理学科以珍爱提升环保意识,历史学科以爱国教育提升民族精神,音体美劳等学科以艺术审美等升华学生品格。

通过以上四方面的实践,学生形成社会责任感、懂得尊重他人、诚实守信与乐于助人的品格,形成正确的人生观、世界观和价值观。

3. 研究重点

本课题从学生品格教育的现状研究开始,对比美国品格教育的实践过程,从文化差异、社会制度以及世界观、人生观和价值观异同中取长补短。由价值观培育学生品质美,由课程文化构建学生品性美,由示范教育践行学生品

行美，以形成我们自己品格教育的实践模式。

### 三、研究的主要过程

（一）研究的主要阶段以及相关成果

1. 文献检索与分析阶段（2012.3—2014.2）

一是课题组继续广泛收集资料，通过大量的阅读和梳理，我们发现品格教育在我国中小学研究不多，尤其在学科中进行品格教育还很少见，有些学科还是空白。二是进行校史学习和研究。我校于1902年由美国圣公会建立，品格教育具有历史的渊源，品格教育对我们学校教育有促进作用。主要成果有：《品格教育：美国的实践与中国的思考》《钱钟书与他就读的桃坞中学》。

2. 组织调查和访谈的阶段（2012.9—2014.5）

一是与广大教师进行座谈和讨论当今学生品格教育的时代性和重要性，教师在课堂教学中的学生品格教育的缺失；二是对学生进行品格教育的现状进行调查问卷，发现学生教育的家庭问题、学校问题和社会问题；三是通过现场观察对学生的表现行为进行描述性的叙述，进行分析、讨论和研究，寻求学校解决问题的方法、途径和策略。主要成果有：学生品格教育的现状调查和分析研究、学生课堂学习焦虑的调查与分析、学生学习动机的调查与分析、学生学习策略的运用和实际效用调查与研究、学生文化意识和情感态度的调查与分析等。

3. 理论探讨阶段（2012.3—2014.6）

一是对品格教育的概念进行重新梳理和重新界定；二是重新认定品格教育的价值和目标以及功能；三是对品格教育进行重新认识和寻找其理论基础。这一阶段的相应研究成果主要有：品格教育——学校德育工作的根本属性，品格教育——我们共同的任务，品格教育——实现人的全面发展的必然选择等。

4. 整体推进的实践实施阶段（2012.9—2016.6）

一是从学校层面全方位推动品格教育的全面实施，进行设计和规划的调整；二是从德育层面进行全面推进的品格教育；三是从教学层面进行与学科教学相结合的品格教育。这一阶段的相应研究成果主要有：品格教育的学校功能，品格教育的德育功能，品格教育的课堂教学实践，品格教育的案例研究，品格教育的故事采编等。

5. 形成终结性研究成果阶段（2015.2—2016.6）

一是《中学品格教育的实践与探索》课题结题报告；二是对各阶段形成的研究成果进行汇总和统稿。这一阶段的相应研究成果主要有：研究报告，各学科校本课程汇编，各学科品格教育读本修缮汇编，各学科课堂教学案例汇编，各处室教育教学教研管理工作汇编，品格教育故事汇编，各学科课题实践与研究总结和汇总等。

（二）主要研究工作（2012.4—2012.8）

1. 学习和研究

（1）品格教育文献综述

课题研究需要阅读和研究大量的资料，因此，课题组广泛收集资料，阅读的论文有200多篇、学位论文有10多篇、著作有50多本。通过大量的阅读和梳理，我们一致认为，美国的品格教育最有影响力，取得了令人瞩目的成就。我校于1902年由美国圣公会建立，品格教育具有历史的渊源，因此，着力于品格教育对我们学校教育有促进作用。

校史学习与研究。我校是一所百年历史名校，创始于一九〇二年（清光绪廿八年），前身系美国基督教圣公会创办的"苏州私立桃坞中学"，为上海"圣约翰大学"附属中学。学校以"培养高尚纯正之品格，切实适用之学诣"为办学宗旨，与美国品格教育是一脉相承的，它注重学生的全面发展，主张"与人为善"的美德。可以说，这种品格教育已经注入了我们最早的"国际理解教育"。

品格教育的重新认识：第一，正确界定品格教育的基本概念。第二，正确把握品格教育的学校价值。第三，明确实施品格教育的实践策略。

（2）构建品格教育的工作模式（34313模式）

① 明确品格教育的三个阶段

第一阶段：培养学生做合格的人，从小事做起，学会做一个普通的人，遵守社会规范的人，具体可以体现为诚信、正直、守法等素养。

第二阶段：可以培养学生做有用的人，通过自己的努力对他人、对社会有用的人，具体可体现为毅力、信心、自主等素养。

第三阶段，可以培养学生做有责任的人，具体可表现为爱护、关心、乐于助人、正义等素养。

② 协调品格教育的四种关系

品格教育，首先是一种人与人的关系，必须以相互尊重为基础，否则，就难以实施品格教育，难以培养有品格的学生。

其次，是一种人与事的关系，"对事不对人"是人与事的主要关系。人与事的关系对于中小学生形成人生观、价值观和世界观相当重要。

再次，是人与社会环境的关系，学校通过社会的有形教育，可以培养学生正确处理与社会环境关系的能力。

最后，是人与自然的关系，学会爱自然，与自然和谐相处，也是品格教育的一个重要方面。

③ 重视品格教育的三种方式

价值教育。深挖品格教育的内涵，正确理解和阐释品格教育的意义。把勤劳、自律、诚实、友爱等作为学生品格教育的重要元素，通过合作学习，提供符合社会标准一系列事件，让学生设身处地地参与问题的解决，设置道德两难的场景，增强是非辨别的能力，以形成学生正确的是非观念。

课程文化。丰富品格教育的方式，拓展教育的外延，丰富学校的课程建设，设立人文学科以形成学生的人文性和良好的修养，设立自然学科以形成对学生求真的品性。

示范教育。品行体现为一种道德行为，通过品格的塑造过程，体现于我们学生、我们的教职工，并由此产生学校的典型人物，形成学生的风范、教师员工的风范、领导的风范以及学校的风范。

④ 认识品格教育的一个根本目的

品格教育一个重要的目的就是要培养合格的公民、好的公民。社会的事件、学生日常生活、阅读经典、社会实践活动，都是达到这一根本目的的有效途径。

可见，品格教育实则是教育者和受教育者就提高人的素质的相互活动，在活动过程中实现人的品格的提升，通过人与事、人与人、人与自然、人与社会和环境等的相互联系，寻求适当的、多样的、有效的方法，建立和谐进步的关系，实现人的美好的价值追求，以形成良好的规范，指导人们的活动，做有责任的好公民。

⑤ 掌握品格教育的三种功能

品格教育的目的——想要德育干什么；品格教育的功能——德育（本来）能够干些什么；品格教育的效果——德育实际上干了什么。

品格教育功能与品格教育目标、品格教育效果既相互区别又相互联系，所以，树立正确的品格教育功能观具有重要的实践意义。

首先，正确的品格教育功能观有助于德育目标的确定；其次，正确的品格教育功能观有助于适度、适当的品格教育评价的形成。

品格教育的主要功能：社会性功能，包括政治功能、经济功能、文化功能、生态功能等。个体性功能：人要生存、发展、享用需要等（马克思）。个体生存功能、个体发展功能、个体享用功能：苦——乐（鲁洁教授提出）。教育性功能：引导作用、激励作用、促进作用。

2. 观察访谈与问卷调查

观察访谈。就学生关注的现象进行访谈，譬如尊重、责任、爱心、同情、友善等看法和是非判断；就学生的家庭教育状况进行访谈，了解学生就学生家庭教育的现状；就学生的学校表现行为进行观察和现象描述，展开讨论，观点分析，焦点争论等。每一个班级通过主题活动开展研讨工作。

问卷调查。就访谈中的你焦点问题编写调查问卷，确定学生普遍认为的品格教育的重要元素，了解学生品格教育的现状问题，譬如学习动机和课堂焦虑的问卷调查，学生情感态度和文化意识的问卷调查等。各个学校都以学科特点进行问卷编制，然后进行预测、调整、修改和二次测试，以力求问卷更符合学生的现状和学科设置的要求。

3. 品格教育的多样化活动形式

通过调查问卷和学生访谈，针对学生的实际，培养学生的良好品格就尤为必要。学生最看重的品质，依次为：诚信、关心、尊重、宽容、责任、道德高尚、自律、有爱心等。我们确立了爱的教育、诚信教育、纪律教育、关心教育、宽容教育、尊重教育、责任教育和道德教育等八个主题，以"培养学生做有社会责任的人"为目标，具体分为三个步骤，即做一个自律的学生，从他律到自律；做一个热爱集体的学生，从个体人到集体人；做一个积极向上的四中学生，从集体人到单位人；做一个有社会责任的人，从单位人到社会人；开展了多样的实践活动。

一是以阅读经典传承文化精华，塑造学生的人文素养。
二是以社团活动丰富学生生活，培养良好的道德情操。
三是以校舍布置渲染教育主题，构建品格校园的氛围。
四是以主题班会引领方向，塑造学生良好的品格。
五是以国旗下讲话引领学生，激励学生做高尚的人。
六是建立文明礼仪指导中心，推广品格教育实践活动。
七是建立"青苹果之家"，呵护学生健康成长。

4. 构建学科教学模式五环节，融品格教育于教学全过程

构建教学活动的五个环节，即备课：寻找学科教学与品格教育的切入点；上课：实现学科教学与品格教育的交汇点；作业：设计学科教学与品格教育的迁移点；辅导：提高学科教学与品格教育的落差点；评价：保持学科教学与品格教育的均衡点。

为此，确立各个学科主题，通过课堂教学五环节加以实施，即语文学科以阅读鉴赏培植人文素养，数学学科以求真务实培养科学理性，英语学科以文化差异培养国际公民素质，物理学科以科学实验培养意志品格，思品学科以公民意识培养社会责任感，化学学科以深入社会提高道德意识，生物学科以和谐共生培养生命素养，地理学科以人与环境提升爱国热忱，历史学科以

品格典范提升品格教育，音体美劳等学科以艺术审美升华学生品格。

5. 制定《品格教育质量标准》，实施效果优良

学生品格教育质量呈现的是逐渐提高的趋势，表明了品格教育的启动、发展和推广是一个渐进的过程。调查研究表明，这项工作的推进是缓慢的，对于目前高考指向来说是艰难的，三年间学校迈出三大步，成效明显，为我们的后续研究奠定了坚实基础。

### 四、课题研究的重要观点与结论

本课题的重要观点与研究的重点，即学生品格教育的现状如何，德育工作中如何进行品格教育，以及学科教学如何实施品格教育，是紧密联系的。所得出的结论也同样与三个方面的实践研究是紧密结合的。主要从"学校品格教育的现状""德育工作的现状""教学工作的现状"着手，发现问题，分析问题，解决问题，从现场研究，到问题探索，再到理论研究，力求寻找学生教育的一些规律性东西。

（一）重要观点

第一，品格教育是我校的优良传统，传承品格教育有助于学校立德树人的教育。

早在1902年建校之初，学校就提出了"培养学生高尚纯正之品格，切实适用之学诣"的办学宗旨，一百多年来，学校培养了文化泰斗钱钟书、中科院院士张青莲、钱钟韩、竺可桢、潘承洞、刘元方、姚熹等杰出人才以及数以万计的祖国建设栋梁。为了秉承学校的优良传统，应对教育实际中出现的问题，学校把"品格教育"作为"十二五"教育规划的主题，培养学生做合格人、有用的人和有社会责任感的人，以引领社会的道德风尚。

第二，中学品格教育是融合于社会的教育，是应对和学校当前种种道德教育和社会伦理道德沦丧的一种有效教育方式。

随着社会经济的不断发展，人们对社会的准则出现了偏离，以致把直接的经济利益看作是衡量学校教育的标准，人们把教育也看成一种产业，把学生当成资源，看成是产品，重视其产入和产出，以致忽视了育人和树人的道德标准。学生只重视知识和技能的学习而忽视做人和行为习惯的养成，学生只重视个性的发展和个人利益的得失而忽视团队的精神和集体的利益，学生只重视自身价值的实现而忽视对社会价值的影响，因而违反学校规定和校园暴力事件屡有发生，给社会的公共秩序带来了严重影响。因此，重建学校的道德教育规范就尤为重要。

第三，中学品格教育不仅是针对学生个体的教育，而且是面向所有学生的教育和全面的教育。

品格可以分为个体品格和社会品格。个体品格包括自尊、自爱、自信、自强、自律、自我发展、自我实现等品质；社会品格包括爱祖国、爱人民、热爱集体、乐于助人、遵纪守法、具有社会责任感等品质。品格教育是个人品格与社会品格的结合体，自我实现与社会责任是成正比的，即自我实现的成就越高，承担的社会责任也就越大。

品格教育是社会价值和个人价值相结合的教育，它建立在"人的全面发展"的理论基础之上，包括人的智力和体力的全面与自由发展、人的能力的全面与自由发展、人的物质需求和精神需求的全面与自由发展以及人的个体和社会的全面的和谐发展。它是德智体等的全面发展，也是个体和社会的共同发展，是个人、集体和社会三者的一体化发展，更是我们当前构建和谐社会的根本要求。

因此，品格教育可以有效推进学校全面的教育工作，品格教育是学校德育工作的必然选择，品格教育是学校教学工作不可缺少的重要部分。

（二）主要结论

在学校调查研究中，我们发现学生教育处于弱势地位，亟待重视与改进；家庭教育缺失，教师需要承担起相应的部分责任；学校教育需要从学业为本转为育人为本；教学与教育两项分离，亟待融合与互为促进。

品格教育是学校德育工作的必由之路，也是学生发展核心素养的重要组成部分；必备品格和关键素养在课堂教学中相互渗透、互为促进，有助于学生发展核心素养。示范教育、课程文化以及价值教育是学生教育的重要途径，可以通过课堂教学五环节加以实施，效果明显。教师的教学行为对学生品格的形成有影响，教师的教学风格有助于学生品格的形成，学生的学习过程是品格形成的过程。

**五、研究价值与社会效益**

第一，学校将品格教育与学科教学相结合，改变了教育与教学在课堂教学中的分离现象，确立了"立德树人""育人为本""育人为先"的教学理念；摸索德育教育的新模式，建立了"34353"教育模式，为学校的教育教学实践打好了良好的基础。五年来，学校教师在调查研究、文献研究和实践探究中有200多篇文章在全国核心期刊、省市级刊物上发表。

第二，本研究得到了苏州教育局和社会各界的广泛关注的大力支持。五年多的课题研究和实践应用，得到了省规划办彭刚主任、蔡守龙主任以及苏州教科院朱文学院长等专家的多次悉心指导。学校以品格教育为主题，统领学校的各项教育工作，走在了苏州市学校教育改革的最前沿。张剑华校长多次在省市教育工作会议上做相关报告和交流发言，得到专家、领导和同人的一致好评。

第三，以空乘教育为特色，以普高教育为根本，成为我国普职融通高中的典型学校，得到了中国教育科学研究院的充分认证和高度评价。学校成为苏州市中小学文明礼仪指导中心校，为我校和兄弟学校的文明礼仪教育做出了重大的示范作用和指导作用。教师队伍建设整体专业水平快速提高，一大批骨干教师、优秀教师大量涌现出来。教师在省市各项大赛中获奖频频，成绩斐然。

第四，学校注重人文管理，坚持以人为本，以制度促进人的发展，妥善处理柔性管理与刚性管理的关系，构建了和谐校园的良好环境。学校重视校园环境的建设和美化，为广大师生创造了一个优雅、静谧、舒心的教育环境。

第五，学校硕果累累，教学成绩连年高考有新突破，并创造了十年新高。取得各类省市奖项数十项，连续三年获得了苏州市科学提高教学成绩进步奖，并被评为苏州市文明单位，今年还被推荐送审江苏省文明单位。

### 六、课题研究的缺憾与反思

品格教育的课题研究涉及学校工作的各个方面，在一些层面上推动有难度，在某些学科的教学实践中层次不一，有的比较深入，有的比较浅显。一是品格教育课题的理论研究涉及心理学、教育学、课程论以及管理学等理论，各学科组的研究能力和实践水平不一，如何从这些理论中梳理出适合我们实践的指导性理论，并运用于我们的实践工作，确实是一个重大的难题。

二是品格教育既有统一性又有差异性，学校在整体推行品格教育、确立总体目标的时候，同时强调各个班级、各个年级都要求以各自学生的实际，进行针对性的品格教育，班主任、年级组长的研究意识、观察能力和写作水平也参差不齐，因此，如何处理好整体与个体的关系，是我们要解决的第三个问题。

三是品格教育的实践与探索是一个系统的研究，它既需要理论的水平，又需要实践的能力，各个负责部门的组织能力和协调能力也有差异。能否发挥教师最大的积极性，能否胜任研究的工作并勇于承担这样的责任，这是制衡我们课题研究水平最关键因素。

因此，品格教育的实践研究，我们将依然作为学校"十三五"教育发展规划的核心主题。无论在学校整体层面上还是在各个部门层面上，无论在学校德育层面上还是在各学科教学层面上，无论在学校教育层面上还是在家庭和社会层面上，我们都将继续我们的实践探索和理论研究，把"高尚纯正之品格，切实适用之学诣"的办学宗旨与我们当前的社会主义核心价值观和中国学生核心发展素养结合起来，竭尽全力，把学生培养成社会主义的接班人。

# 江苏省"十二五"教育科学规划立项课题
# "'教是为了不教'教育思想与校本教研的实践与创新"
# 结题报告

本课题为江苏省"十二五"教育科学规划立项课题（课题编号：yl/2015/07），主持人张志峰、王高才。2015年4月立项并开题，2018年12月结题，结题报告由张志峰执笔完成。

结题报告分为六个部分：一、课题尝试解决的主要问题；二、课题研究的目标与内容；三、研究的主要阶段以及相关成果；四、课题研究的重要观点与结论；五、课题研究的价值与社会效应；六、课题研究的不足与反思。

## 一、拟解决的主要问题

本研究试图围绕"教是为了不教""校本教研""实践与创新"三个核心概念解决以下三个问题：

第一，"教是为了不教"的渊源在哪里？我们查阅了叶圣陶先生关于"教是为了不教"的相关论著，做了文献资料的搜索和综述，结合实际，重新认识、理解"教是为了不教"的价值和意义，运用到我们学校当前的校本教研中来。

第二，"教是为了不教"与校本教研的相关性在哪里？我们对校本教研进行了重新认定，并确定校本教研是学校教学工作的必然选择；校本教研是基于"教是为了不教"教育思想促进教师个人专业成长，促进教师团结互助、共同进步、专业引领，提高教师专业队伍整体素质的重要途径。

第三，校本教研实施的领域在哪里？显然，在我们课堂教学实践研究之中，它不仅与课堂教学有关，也与我们学校管理制度、机制建设和管理过程密切有关。可以说，没有制度的保障，没有机制的正常运行，没有管理的合理化过程，校本教研本身的实践是很难奏效的。为此，我们在各级学校中进行了校本教研的实践研究与创新，发现校本教研的经验与成果以及推广价值，探寻管理的人文需求，创新校本教研的制度和机制，优化教学管理的过程，推动校本教研的发展、变革和进步，提高各级学校校本教研的水平。

## 二、研究目标与内容

本研究目标、研究内容、研究重点在实践过程中不断调整、改进和完善，以更适合学校工作的实际情况。

### （一）研究目标

从各级学校校本教研实践中，发现问题，总结经验，提炼校本教学的科研模式，有效地促进各级学校的教学科研工作，提高各级学校的教学质量；学习和探索各级学校教研的普遍性规律，构建有效的校本教研的组织机制，促进学校、校际以及区域间的合作和共同发展；寻找和挖掘各级学校教研的特色，探索多样化教学的管理方式，改变"千校一面"的传统管理模式；探索和培养学校教研队伍专业化的途径，着力校本教研的变革，促进各级学校研究型教师队伍的形成；变革和制定相关校本教研的制度和考评机制，为深入推进中小学教学改革提供对策和建议。

（二）研究内容

1. 苏州市"教是为了不教"校本教研现状分析的研究

校本教研的制度建设和机制建设的现状调查；校本教研的实施现状情况调查；校本教研教师专业发展引领的现状调查；等等。

2. 叶圣陶校本教研思想的理论研究

叶老教育思想与校本教研的关系，国外校本教研理论与叶老教育思想的联系，叶老教育思想对目前学校校本教研的指导意义和实践作用。

3. 建构"教是为了不教"校本教研的机制和实践模式

组织相关学校进行"教是为了不教"校本教研的个例研究；研究和制定中小学"教是为了不教"校本教研制度，建立校本教研机制以及中小学校本教研实施意见及其细则，为教育行政机构提供政策咨询。

4. 研究对象

苏州市沧浪实验小学、苏州市平直实验小学、苏州市第一初级中学、苏州市彩香实验中学、苏州市彩香实验小学、苏州市第三十中学、苏州市第十六中学、苏州市第四中学等相关学校。

5. 研究重点

第一，"教是为了不教"研究机制和制度建设的研究，如教研组队伍建设、备课组队伍建设以及研究型教师队伍建设；校本教研中的教研组制度、备课组制度以及相关的活动制度等。

第二，"教是为了不教"管理机制的研究，教务处校本管理的情况、管理人员的能力结构和知识素养，教科室校本管理情况、管理人员的能力结构和知识素养，以及学科专业教研人员教师专业引领情况的研究等。

### 三、研究的主要阶段以及相关成果

（一）文献检索与分析阶段（2015.3—2015.8）

一是课题组继续广泛收集资料，通过大量的阅读和梳理，我们发现校本教研与叶圣陶教育思想相结合的研究文献资料。二是对相关学校进行校本教研的调查研究，如彩香实验中学、田家炳初级中学、平江中学、十六中学、第一初级中学等,总结经验,发现问题,促进校本教研工作的开展。

主要成果有:叶圣陶教育思想汇编,校本教研的观察与思考汇编。

(二)组织调查和访谈的阶段(2015.8—2018.3)

一是与广大教师一起学习、座谈和讨论叶老教育思想的时代性和重要性,教师在课堂教学中的自主学习管理机制的缺失;二是对校本教研的现状进行调查问卷,包括制度建设、教学实践、师资建设等;三是通过现场观察对校本教研的落实情况进行描述性的叙述,进行分析、讨论和研究,寻求学校解决问题的方法、途径和策略。

主要成果有:校本教研:雷声大雨点小——来自十所初中的调查报告,中国教育报新闻调查,2015-04-29;随迁子女教学困境咋突破,中国教育报2015-08-04;破解随迁子女集聚校教师发展之困,中国教育报,2015-08-02;随迁子女集聚校教研开展"远"与"近",中国教育报,2015-08-18;中小学教务处工作亟须走向专业化,中小学管理,2017(8);变教师"被发展"为主动发展,中国教育报,2016-03-23;从"政"到乐"教"这个向怎么转,中国教育报,2018-04-13;等等。

(三)理论探讨阶段(2015.3—2018.8)

一是对校本教研的概念进行梳理和界定;二是重新认识叶圣陶教育思想的价值;三是对校本教研进行重新认识和寻找其理论基础。

这一阶段的相应研究成果主要有:继往开来的追寻与坚守,教育文摘周报,2015-09-30。构建有助学生自主学习的环境,中国教育报,2018-10-21;课程创新提升艺高学生审美素养,中国教育报,2017-11-29;"1+2+N":夯实华夏根基打开国际视野,中国教育报2018-01-24;等等。

(四)整体推进的实践实施阶段(2015.9—2018.8)

一是从学校层面全方位推动校本教研的全面实施,进行设计和规划的调整;二是从教学上全面推进的校本教研,加强自我反思、同伴互助和专业引领的实践活动;三是在一线学校进行深入调查和研究,发现问题,寻求对策,改进和完善校本教研机制和教研模式。

这一阶段的相应研究成果主要有景范中学:分层走班促进学生自主发展,彩香实验中学:ACP促进课堂教学合作学习,十六中学:LAST课堂教学促进学生合作学习,第一初级中学:科学探究提升学生自主学习能力,田家炳初中:以姑苏文化课程建设促进学生主体发展,苏州工业园区翰林小学:信息技术引导学生自主课堂,苏州工业园区文萃小学:自主体验学习塑造品质与人格,等等。

（五）形成终结性研究成果阶段（2018.5—2018.8）

一是撰写《"教是为了不教"教育思想与校本教研的创新与实践》课题结题报告；二是对各阶段形成的研究成果进行汇总和统稿。这一阶段的相应研究成果主要有：研究报告，叶圣陶教育思想读本修缮汇编，教研管理工作汇编，课题实践与研究总结和汇总，等等。

### 四、研究的重要观点与结论

（一）重要观点

"教是为了不教"不仅是一种教学的方法，而且也蕴含了其丰富的教学研究的思想，对指导我们校本教研具有重大作用。

首先，"教是为了不教"是叶老一生总结出来的教学实践的精髓，他注重课堂教学实践，强调学生主体，通过切合学生实际的教学方法，积极培养学生学习习惯和能力，对我们今天校本教研工作的反思具有重要的引领作用。

其次，叶老一生的教学自始至终贯穿着"教是为了不教"的思想。要达到"教是为了不教"，教师们必须进行调查研究，必须在"教是为了不教"上下功夫，必须立足课堂教学。他的这一教研观为我们校本教研指明了研究的方向和研究的重点，有利于推动学校的教研活动和组织建设。

再者，要达到"教是为了不教"，教师必须提高专业水平。叶老对教师专业发展尤为重视，他提出了教师专业发展的思想，并批评一些教师不注重课堂教学的实际，脱离学生，夸夸其谈，又脱离了文本；一些教师缺乏驾驭课堂教学的能力，专业不水平不高，难以胜任教学的工作。这对我们以校本教研促进教师专业成长具有借鉴意义和促进作用。

第四，校本教研"个人反思、同伴互助和专业引领"的核心要素与叶老的"教是为了不教"的教育思想、教师成长、合作学习以及教研观和教师发展观相一致，对于指导我们校本教研工作具有重大作用。

第五，校本教研工作不仅与课堂教学有关，而且也与课堂教学管理的机制以及管理人员结构素养有关，还与校本教研管理的制度相关，因此，在叶老"教是为了不教"教育思想指导下，学校的制度建设和机制建设相当重要，对实现达到"教是为了不教"目标具有重大影响。

（二）研究结论

"教是为了不教"教研观对校本教研具有引领和指导作用，推动了中小学校校本教研工作的开展，无论在制度建设和机制建设，还是在教学过程的管理以及教师专业发展等方面，取得了丰硕的成果。

首先，深化了叶老"教是为了不教"的教研观，对校本教研工作起到了引领和指导作用，参与学校开展了"教是为了不教"的项目实验，取得了丰硕成果，3所学校被评为"教是为了不教"项目先进学校。

其次，践行了叶老关于教学要深入学校调查研究的思想，对本地区十余所学校进行广泛的调查研究，在"教是为了不教"教育思想指导下，紧紧围绕校本教研的"个人反思、同伴互助和专业引领"进行细致调查和研究工作，总结和归纳取得的经验和成绩，发现问题，分析问题，解决问题，提出了一些可资取的思考建议。

再者，重点研究了校本教研的制度建设、机制建设，包括教务处、教科室以及教研组和备课组的建设，指出了管理部门现有人员结构和素质存在不足的问题，提出了管理部门专业化建设的意见，同时，对教研部门的教研过程来了调查研究，对建立相关的教研机制和教研的方式方法等都提出了切实可行的建议。

最后，重视教师的专业引领，学科教研员在引领教师发展过程中所发挥的作用以及存在的一些问题，指出了需要建立一系列责任制度和考评制度，要完善现行的教研员制度和考评机制以及建立教研员资格制度和培养教研员后备资源库的建议等；同时，要完善名师工作室的工作制度和工作机制，对名师工作室的评价和考查要以团队为单位，不能过度侧重于个人的成绩。

**五、研究的价值与社会效应**

第一，叶老"教是为了不教"教育思想与校本教研的综述，对我们确立"教师即研究者"的主体地位、教学研究的方法以及教学理念的更新和认识具有重要价值，对教学实践过程具有指导和引领的重大价值。

第二，遵循叶老"教研观"，进行了广泛的调查研究，听课、座谈、讲座，收集了大量一线资料。不仅涉及校本教研教师情况的调查研究，而且涉及校本制度及其机制的建设。课题研究，贴近学校教育一线实际，真实有效，可信度强，具有借鉴作用和指导价值。

第三，重视教师专业发展，强调专业引领的作用、发挥名师的作用以及完善名师引领制度、机制以及考评方式等，并同时提出了"普通教师专业成长迫在眉睫"呼吁，深入学校一线，调查研究，发现问题，力图分析和解决"成为研究型教师"的难题，对教师专业发展有重要价值。

第四，涉及教研机构指导状况的研究，指出了教研人员存在的不足，建议建立一系列配套制度以完善教研人员的专业发展和素养提高，对提高学校校本教研的指导工作有一定价值。

参与者包括了多所学校领导，他们在各自的学校开展了丰富的实践活动，并且取得很多的成绩，都在全国重要教育报纸和杂志上发表了不少的文章，而且有些媒体还对相关学校做了专题报道，产生了良好的社会效应。

## 六、研究的不足与反思

### （一）研究不足

第一，叶老"教是为了不教"教育思想对校本教研具有指导作用，但是，他的教研观还是散见在相关的文章中，缺少系统的制度和机制具体的实践指导，因此，在实际研究中，理论与实际的切合度有时不够紧密。

第二，涉及了多所学校，相关学校对校本教研有探索，尤其在课堂教学方面成绩突出，但是，在制度建设和机制建设方面存在不足，缺少管理专业的教研人员，给实际研究带来不少困难。

第三，涉及面相当大，在设计方案时，涉及了政策、制度、机制和教学管理过程以及课程、教材和教法等诸多方面，但是，由于研究者限于能力、精力、时间、物力、财力等诸多因素，仅仅对学校制度、机制和教学管理过程进行了相关的研究，因此，研究不够全面，存在不少缺陷。

### （二）反思改进

第一，我们将在今后的校本教研中进一步广泛阅读和研究叶老"教是为了不教"的教学研究思想，提炼其教研的精华，形成达到"教是为了不教"校本教研的思想体系和制度文本以及组织机制，进一步有效地推进校本教研工作。

第二，我们将进一步理论联系实际，在实践中做进一步深入的调查研究，以考证制度管理的科学性以及人文关怀的合理性，以达到制度与人性相互促进和互相完善的效果。

第三，我们还将进一步加强各级学校之间的合作研究，在课程、教材和教法方面进行深入的研究，通过制度和机制的建设促进校本教研的发展，以加强区域间学校合作的效用。

# 文 献 资 料

[1] 张剑华,张志峰. 品格教育:学校德育的必由之路[J]. 中国德育,2012(10):66-69.

[2] 张剑华,张志锋. 学校管理中的人际冲突及其处理[J]. 中小学校长,2012(9):44-46.

[3] 张剑华. 钱钟书与他就读的桃坞中学[J]. 中小学管理,2013(2):52-53.

[4] 张剑华. 以柔为本,刚柔并济,做好学校管理工作[J]. 教书育人,2013(29):36-37.

[5] 张剑华. 促进学生健康品性发展:苏州市第四中学品格教育的实践与探索[J]. 中国德育,2014(2):70-71.

[6] 张剑华. 品格教育提升办学品位[N]. 中国教育报,2016-12-14(7).

[7] 张剑华. 钟书楼里勤耕耘,传承发展谱新篇[J]. 教育家,2019(22):54-55.

[8] 张剑华. 苏州四中:普职融通打开"空乘"一片天[N]. 中国教育报,2019-03-13(9).

[9] 张剑华,邓志敏. 文明礼仪课程育内外兼修人才[N]. 中国教育报,2019-05-29(7).

[10] 张剑华,张志峰. 以百年品格教育培养新时代合格公民[J]. 中小学管理,2021(11):57-59.

[11] 张志峰. 论和谐校园的三大关系[J]. 中国教师. 2009(1):54-55.

[12] 张志峰. 普通教师专业成长迫在眉睫[N]. 中国教育报,2012-05-10(7).

[13] 张志峰. 成为研究型教师为什么这么难[N]. 中国教育报,2013-01-23(9).

［14］张志峰. 教师培训中的专家讲座需求分析［J］. 中国教师，2013（21）：51-53.

［15］张志峰. 减轻优秀教师的行政工作负担［N］. 中国教育报，2013-12-10（3）.

［16］张志峰. 变教师"被发展"为主动发展［N］. 中国教育报，2016-03-23（11）.

［17］张志峰. 从"政"到乐"教"：这个向怎么转［N］. 中国教育报，2016-04-13（10）.

［18］张志峰. 教师专业发展及其工作体验与校本教学研究［M］. 苏州：苏州大学出版社，2019.

# 后　记

学校管理是一门学问，但是，就目前的情况而言，中小学校长大多缺少学校管理方面的理论功底，更缺少理论与实践相结合的经验。近十年来，社会各界要求教育家办学的呼声一直很高，期盼校长早日成为教育家。部分省市开启了"教育家培养对象培训计划"，然而，时至今日，校长成为教育家依然还有很长的路要走。成为教育家要具备哪些条件？一是要有独立的教育思想，二是要有显著的实践成果，三是要有深远的社会影响。本书有意对这一课题进行探讨。

学校管理是一项重要工作，它包括学校工作的计划、组织、决策、指导、协调、统一等方面。为此，本书就学校多年来的办学经验进行了回顾和总结，就办学思路、办学方向、办学理念和办学过程中的主要事件进行了描述，对办学中存在的一些问题进行了阐述和论证，并形成解决方案，以便落实到具体实践中去，促进学校管理工作的改进，全面推进学校高质量发展。

在本书的写作过程中，我们得到了《中国教育报》陈中原、王珺、赵小雅、杜悦、苏令、齐林泉、汪瑞林等编辑的支持和帮助，得到了《中小学管理》沙培宁、孙金鑫、谢凡、王淑清、许丽艳等编辑的支持和帮助，得到了中国教育科学研究院张宁娟、李书华、刘烨、李霞等专家的支持和帮助，还得到了《中国教育学刊》《中国教师》《教学与管理》等杂志社编辑的支持和帮助，书中的一些文章凝聚了他们大量的心血，在此一一向他们表示最诚挚的感谢！

由于作者水平有限，不足之处在所难免，因此，请读者、专家和同行批评指正，以便在今后再版时修改更正。谢谢诸位！

张志峰<br>
2022 年 3 月 30 日